Kohlhammer

Jörg Schlee

Schulentwicklung gescheitert!

Die falschen Versprechen der Bildungsreformer

Verlag W. Kohlhammer

Alle Rechte vorbehalten
© 2014 W. Kohlhammer GmbH Stuttgart
Umschlag: Gestaltungskonzept Peter Horlacher
Gesamtherstellung:
W. Kohlhammer Druckerei GmbH + Co KG, Stuttgart
Printed in Germany

ISBN 978-3-17-020888-9

Inhaltsverzeichnis

Vorwort

Zum Entstehen dieses Buches haben Begegnungen mit vielen Menschen beigetragen. Diesen bin ich dankbar, dass sie mir auf unterschiedliche Weise Impulse gegeben haben. Durch *Bernd Semrau* bin ich vor mehr als 20 Jahren anlässlich einer Lehrerfortbildung in Nordrhein-Westfalen auf Schulentwicklungsvorhaben aufmerksam geworden. Auf seine Empfehlung hin habe ich das Buch *Institutionelles Schulentwicklungsprogramm (ISP)* von Dalin & Rolff (1990) gelesen. Die darin vorgestellten Ideen zur Organisationsentwicklung an Schulen schienen mir eine wirksame Veränderung von schulischer Wirklichkeit zu versprechen. Als wenige Jahre später das Institutionelle Schulentwicklungsprogramm in Bremen systematisch implementiert werden sollte, hatte ich die Möglichkeit, mehrere von *Hans-Günter Rolff* ausgebildete Schulentwicklungsmoderatoren als Teilnehmer meiner Fortbildungen kennen zu lernen. Ihre Erfahrungsberichte und Anfragen boten mir Einblicke in die Schwierigkeiten schulischer Veränderungen. Aus ihnen schloss ich, dass innerhalb des Institutionellen Schulentwicklungsprogramms die Bedeutung der zwischenmenschlichen Beziehungen nicht genügend beachtet würde. In dieser Einschätzung fühlte ich mich durch die Schriften von *Elmar Osswald* (1995a, 1995b, 1996) bestätigt, dem ich in Basel und Oldenburg begegnete. Er hat seine Thesen zur Schulentwicklung nicht aus Ergebnissen der Bildungsforschung, sondern aus eigenen Erfahrungen bei Veränderungen in/an Basler Schulen abgeleitet. Bei Osswald spielen für das Gelingen einer Schulentwicklung die Sichtweisen und die emotionale Verfassung von Lehrkräften und Schulleitungen eine zentrale Rolle. Meine Skepsis gegenüber dem ISP nahm zu, als ich auch aus Schleswig-Holstein erfuhr, dass dort – wie in Bremen – in den Schulen die Abläufe und Veränderungen ebenfalls nicht so erfolgreich verliefen, wie das Institutionelle Schulentwicklungsprogramm es vorsah. Ich rechne es *Hans-Günter Rolff* daher hoch an, dass er mich trotz meiner inzwischen entstandenen Skepsis am ISP 1997 zur 5. Tagung des *Netzwerks Organisationsentwicklung an Schulen* nach Dortmund einlud. Neben *Heinz Klippert*, der in der Schulentwicklung die Bemühungen um eine Unterrichtsverbesserung vermisste, konnte ich dort vor skeptischen Zuhörern monieren, dass im ISP Schulleiterinnen und Lehrerinnen als die eigentlichen Akteure zu wenig beachtet würden. Gewissermaßen als Reaktion auf die Kritik schlug Rolff auf dieser Tagung mit dem *Drei-Wege-Modell* eine Bedeutungserweiterung von Schulentwicklung vor. Danach war Schulentwicklung nicht mehr als reine Organisationsentwicklung zu verstehen, sondern sollte nun als Oberbegriff für das Zusammenwirken von Organisations-, Personal- und Unterrichtsentwicklung gelten. Ich war verwundert, wie dieser Vorschlag ohne theoretische Begründungen von den Teilnehmern der Netzwerktagung leichtgläubig sowie begeistert aufgenommen wurde. Dessen ungeachtet hat danach die auf diese Weise in ihrer Bedeutung erweiterte Schulentwicklungsidee alle Bundesländer erreicht. Selbst die Konferenz der Kultusminister machte die Beteiligung an Schulentwicklung in diesem Sinne zu einer verbindlichen Aufgabe für Lehrkräfte. Außerdem haben mich die Stellungnahmen von Lehrkräften und Schulleitungen angeregt, über Schulentwicklung nachzudenken. Sie fielen unterschiedlich aus, insbesondere im Rahmen der Schulprogrammarbeit. Während die Einen froh darüber waren, endlich einen Anstoß zu gemeinsamen Klärungen gewonnen zu haben, befürchteten die Anderen, dass ihr Arbeitsaufwand letztlich nur für den Papierkorb sei. Den entscheidenden Impuls zu diesem Buch erhielt ich jedoch von meinem Kollegen *Hilbert Meyer*. Gemeinsam mit einem engagierten Arbeitskreis organisierte er über viele Jahre Tagungen für Schulleiterinnen. Als ich ihm bei der Vorbereitung einer dieser Veranstaltungen meine kritischen Einwände zur Schulentwicklung erläutern wollte, gab er mir den Rat, diese in einem Buch darzustellen.

Ich danke Frau *Gerhild Werner* für die Durchsicht des Manuskripts und Herrn *Dr. Klaus-Peter Burkarth* vom Kohlhammer Verlag für seine große Geduld, denn die Fertigstellung des Buchs hat sich erheblich verzögert.

Obwohl ich kein Freund von Abkürzungen bin, werde ich aus ökonomischen Gründen »Schulentwicklung« sehr oft mit »SE« abkürzen.

Oldenburg, im Sommer 2013
Jörg Schlee

1 Warum »Schulentwicklung« auf den Prüfstand stellen?

In den vergangenen 20 Jahren hat das Thema Schulentwicklung (SE) für Lehrkräfte und Schulleitungen eine sehr große Bedeutung gewonnen. Auf Schulen kamen wie in Wellen immer neue Aufgaben zu und beschäftigen nach wie vor Lehrkräfte und Leitungspersonen. Der Bildungsforscher Hans-Günter Rolff (2007b, 21) konstatiert: »Schulentwicklung steht in diesen Jahren im Zentrum von Bildungspolitik, Fortbildungseinrichtungen und Einzelschulen.« An Universitäten wurde *Schulentwicklung* in die Denomination von Lehrstühlen aufgenommen. Die Kultusministerkonferenz (2004, 3) hat die aktive Beteiligung an SE zu einer eigenständigen Aufgabe von Lehrerinnen und Lehrern ernannt. SE hat dadurch den Charakter eines verpflichtenden Auftrags erhalten. Ferner wurden in den Bundesländern Einrichtungen geschaffen, um Schulen durch Handreichungen, Empfehlungen und/oder durch ausgebildete Schulentwicklungsmoderatoren für ihren Entwicklungsprozess Unterstützung und Hilfe anbieten zu können.

In Österreich und in der Schweiz ist die Verbreitung der Schulentwicklungsidee vergleichbar verlaufen. Zwischen den entsprechenden Experten der drei deutschsprachigen Länder herrscht ein reger Austausch. Die zum Thema SE in Sammelbänden, Zeitschriften und Handbüchern erschienenen Publikationen sind kaum noch zu überblicken.

1.1 Argumente für eine Stimmigkeits- und Bewährungsprüfung

Warum soll nun trotz dieser Erfolgsgeschichte Schulentwicklung auf den Prüfstand gestellt werden? Auf diese Frage gibt es mehrere Antworten:

- Zum einen ist es durch Schulentwicklung innerhalb vieler Schulen zu erheblichen Veränderungen gekommen, die noch gar nicht ausreichend ausgewertet worden sind. Dieser Umstand legt es aus grundsätzlichen Erwägungen heraus nahe, evaluative Fragen zu stellen.
- Zum anderen gibt es von Vertretern der Schulentwicklungsidee skeptische Äußerungen zur Schulentwicklung, denen sie selbst nie nachgegangen sind. Beispielsweise weisen Rolff, Buhren, Lindau-Bank & Müller (2000) auf so

viele Risiken innerhalb einer Schulentwicklungsberatung hin, dass selbst ein unbefangener Leser hinsichtlich ihres Erfolgs unsicher werden muss. Sie beklagen: »Es kommt häufig vor, dass Schulen im Rahmen ihrer SchuB[1]-Konferenz Entwicklungsschwerpunkte festlegen und das Kollegium in Gruppen einteilen, die diese Schwerpunkte in einer vage begrenzten Zeit mit Inhalt füllen und abarbeiten sollen. Danach geschieht dann erst einmal wenig, was lange Zeit kaum auffällt. Die Gruppen treffen sich ordnungsgemäß und besprechen verschiedene Dinge miteinander. Der Prozess plätschert dahin. Nach geraumer Zeit erinnert sich kaum noch jemand daran, dass in der Schule jemals von einem Schulentwicklungsprozess gesprochen wurde, geschweige denn an die Ziele, die damit verbunden wurden« (Rolff, Buhren, Lindau-Bank & Müller 2000, 110). Ganz in diesem Sinne berichtet auch Eikenbusch (1998, 216): »Gerade wenn man in Schulentwicklungsprozessen und bei Schulprogrammarbeit meint, endlich alles unter Dach und Fach zu haben, kommen oft die Probleme: Ausführlich geklärte und vereinbarte Ziele oder sorgfältige Planungen werden einfach nicht umgesetzt, sie bleiben Papier, Absicht und schöner Plan.« Entsprechend resümiert auch der viel beachtete und häufig zitierte kanadische Bildungsforscher Fullan (2000, 14): »Die Ergebnisse (von Schulentwicklungsbemühungen, J. S.) sind jedoch fragil; wenn eine oder zwei Schlüsselpersonen die Schule verlassen, kann der Erfolg über Nacht verspielt werden.« In der einschlägigen Literatur zur Schulentwicklung wird sehr häufig die Metapher »Stolpersteine« bemüht, was ebenfalls darauf hinweist, dass Schulentwicklungsprozesse nicht immer glatt und erfolgreich verlaufen. Die Gefährdungen einer Schulentwicklung sind offensichtlich so zahlreich, dass Leonard Horster (1996) sich veranlasst sah, zur Verminderung der Risiken ein sehr einfühlsames Buch »Störungen bearbeiten. Der schulinterne Entwicklungsprozess als Störpotential« zu schreiben. Und als Nestor der Schulentwicklung bilanziert Rolff (2010a, 16) nach mehr als 20 Jahren skeptisch: »Sehr erfolgreich ist Schulentwicklung bisher nicht. (…) Wir haben also eine Menge kritisch aufzuarbeiten und zu lernen, welche Folgerungen daraus zu ziehen sind.« Daher ist es auch für die Vertreter der Schulentwicklungsidee von Bedeutung, prüfende Rückfragen an sie zu stellen.

- Mein Kollege Hilbert Meyer (1997, 199) meint in diesem Zusammenhang: »Es gibt meines Wissens (…) noch keine ›Scheiternsforschung‹ für Schulentwicklungsprozesse. Sie dürfte zu erhellenden Einsichten führen.«
- In Schulentwicklung sind erhebliche Finanzmittel investiert worden. Dies rechtfertigt ebenfalls die Nachfrage, ob die mit einer Schulentwicklung verbundenen Erwartungen eingelöst worden sind.
- Nicht zuletzt sollte Schulentwicklung auch aus Gründen der Glaubwürdigkeit einer kritischen Bewährungsprobe unterzogen werden. Da den Schulkollegien von Seiten der Schulentwicklungsautoren immer wieder nahegelegt wird, ihre Arbeit intern und extern zu evaluieren bzw. evaluieren zu lassen, ist es

---

1 SchuB = Schulentwicklungsberatung

folgerichtig, dass sich auch die Schulentwicklungsidee ihrerseits einer evaluierenden Analyse stellen muss.

1.2 Für welche Personen können die Analyseergebnisse bedeutsam werden?

Die Ergebnisse einer Analyse sind für mehrere Personengruppen von Bedeutung.

- In allererster Linie für die Lehrkräfte und Leitungspersonen in Schulen. Denn sie sind vom Ge- oder Misslingen der Schulentwicklung unmittelbar betroffen. Insbesondere werden sie sich fragen, ob und wie sie ihre Schülerinnen in deren Lernbemühungen durch SE-Maßnahmen erfolgreich unterstützen können.
- Auch wenn Schüler an der SE-Debatte nicht unmittelbar beteiligt sind, geht es letzten Endes um die Frage, ob sie durch die SE-Idee zu Gewinnern oder Verlierern werden.
- Die Resultate einer kritischen Bilanzierung von Schulentwicklung können auch für Lehramtsstudenten und Referendare von Bedeutung sein. Sie sollen sich laut KMK-Beschluss in ihrer Lehrerausbildung nicht allein für das Unterrichten, Beraten, Beurteilen, Diagnostizieren qualifizieren, sondern künftig auch an der SE aktiv beteiligen (können).
- Auch Schulpsychologen und Schulentwicklungsmoderatoren dürften Interesse an den Ergebnissen einer kritischen Überprüfung haben. Denn zu ihren Aufgaben gehört es, Schulleiter und Lehrkräfte bei Entwicklungsprozessen der Schule zu beraten und zu unterstützen.
- Schließlich ist auch und gerade an die Vertreter der Schulbehörden und an Bildungspolitiker zu denken, die für SE zwar nicht im unmittelbaren Sinne zuständig sind, sehr wohl aber für deren politische Rahmenbedingungen die Verantwortung tragen.
- Last not least sollten auch die Autoren von SE-Literatur eine skeptische Prüfung ihrer Vorstellungen begrüßen. Da sie Lehrkräften und Schulleitungen immer wieder empfehlen, sich mit der Rückmeldung ›kritischer Freunde‹ auseinanderzusetzen, darf man zu Recht vermuten, dass sie sich für die Ergebnisse einer kritischen Schulentwicklungs-Analyse interessieren.

1.3 Wer sind die Kontrahenten?

Die Vorstellungen zur Schulentwicklung sind das Ergebnis menschlichen Denkens. Ihre kritische Überprüfung impliziert daher auch eine Auseinandersetzung mit den Personen, die sie entwickelt haben. Wer also Schulentwicklung auf den Prüfstand stellen möchte, muss sich notwendigerweise mit den Autoren der entsprechenden Literatur auseinandersetzen, folglich mit *den* Personen, die durch Wort, Schrift und Bild die Entstehung und Verbreitung der SE-Idee zu verantworten haben. Das sind hauptsächlich Personen, die an Hochschulen forschend und lehrend tätig sind. Sie vertreten untereinander keine konträren Ansichten zur Schulentwicklung. Das ermöglicht mir, in vielen Fällen eine pauschale Auseinandersetzung mit ›den‹ SE-Autoren.

Den Adressaten der Schulentwicklungsidee gilt diese Auseinandersetzung hingegen nicht. Denn Lehrkräfte, Schulleiter, Schulentwicklungsmoderatoren sowie Behördenvertreter und Bildungspolitiker haben kaum Möglichkeiten, pädagogische Konzepte auf systematische Weise zu entwickeln und zu erproben. Dies ist vielmehr eine Aufgabe von Wissenschaftlern und Bildungsforschern. Deshalb müssen Schulleiter und Lehrkräfte einerseits sowie Bildungspolitiker andererseits darauf vertrauen können, dass ihnen von Seiten der Wissenschaft und Forschung Konzepte, Modelle und Theorien für ihre jeweiligen Praxis angeraten werden, die zuvor auf ihre innere Stimmigkeit, ihre praktische Bewährung sowie auf ihren Nutzen hin überprüft worden sind. Andernfalls lässt sich Praxis- und Politikberatung ethisch nicht rechtfertigen. Es geht also darum, Lehrkräften, Schulleitern und Bildungspolitikern Kriterien und Argumente an die Hand zu geben, mit deren Hilfe sie die von Erziehungswissenschaftlern und Bildungsforschern angeratenen Empfehlungen zur Schulentwicklung prüfen und beurteilen können.

1.4 Hinweise zum Vorgehen

Für Leserinnen, die mit der Entstehungsgeschichte der SE-Idee nicht vertraut sind, ist im Kapitel 2 ihr Zustandekommen dargestellt, damit deutlich werden kann, worauf sich die Analyse bezieht. Leser, die sich in den Vorstellungen zur SE auskennen, können dieses Kapitel überschlagen.

Im 3. Kapitel sind die Kriterien benannt, die für die Stimmigkeits- und Bewährungsprüfung der SE-Idee herangezogen werden. Die Leserinnen können sich entscheiden, ob sie sich erst mit diesen Kriterien auseinandersetzen möchten, um sie im Kapitel 4 bei den kritischen Überlegungen zur SE gedanklich parat zu haben, oder ob sie sich jeweils bei Bedarf mit ihnen befassen möchten. In diesem Fall können sie das dritte Kapitel überspringen und gleich im Kapitel 4 den kritischen Fragen an die SE-Idee folgen, um dann ggf. in den entsprechenden Abschnitten die jeweiligen Kriterien heranzuziehen.

Die eigentliche Stimmigkeits- und Bewährungsprüfung der SE-Idee erfolgt im Kapitel 4, das in fünf Unterkapitel aufgeteilt ist, die ihrerseits wiederum mehrfach untergliedert sind. Es ist das umfangreichste Kapitel des Buches.

Kapitel 5 zieht eine Bilanz der Stimmigkeits- und Bewährungsprüfung. Zusammengefasst sind die wichtigsten Ergebnisse der Analyse noch einmal dargestellt.

In Kapitel 6 werden schließlich in knapper Form einige Desiderate und Alternativen als Ausblick aufgeführt.

Es gehört zum Merkmal seriöser Analysen, den Außenstehenden immer wieder Einblick in das zu analysierende Material zu geben. Sie müssen dadurch prinzipiell in die Lage versetzt werden, ihre Schlüsse selbst zu ziehen. Um den Leserinnen und Lesern dies zu ermöglichen, finden sich im Text sehr viele Zitate aus der SE-Literatur. Eilige Leser können diese Belegstellen überspringen.

2 Zum Verständnis von Schulentwicklung

2.1 Zum Entstehungshintergrund: Erste Bedeutungsveränderung

Unter *Schulentwicklung* waren ursprünglich bildungspolitische Planungen zu verstehen, durch die in Kommunen eine angemessene Versorgung der unterschiedlichen Schularten gesichert werden sollte. Hierbei spielten Fragen nach dem Bevölkerungswachstum, nach der soziokulturellen Zusammensetzung, nach Wohngebieten und Verkehrsverbindungen, nach anderen Bildungseinrichtungen sowie nach der weiteren regionalen Infrastruktur eine wichtige Rolle.

Nach Holtappels & Rolff (2004, 51), die in der Bundesrepublik zu den renommiertesten Schulentwicklungsforschern zählen, geht der Begriff »Schulentwicklung« auf die Bezeichnung einer Arbeitsstelle an der Pädagogischen Hochschule Ruhr zurück. Aus dieser Arbeitsstelle ist später das »Institut für Schulentwicklungsforschung« an der Universität Dortmund hervorgegangen. Zu den Aufgaben der Arbeitsstelle bzw. des späteren Institutes gehörten die Planung von Schulstandorten, die Konzeptualisierung geeigneter Gebäude sowie die Berechnung erforderlicher Raumkapazitäten. Es ging also hauptsächlich um kontrollierte Bedarfsanpassungen innerhalb des Schulsystems, nicht um Veränderungen in einzelnen Schulen.

Im letzten Jahrzehnt des vorigen Jahrhunderts begann sich jedoch die Bedeutung von Schulentwicklung zu verändern. Holtappels & Rolff (2004, 54f.) führen hierzu aus: »Erst etliche Jahre später bildete sich das heute dominierende Verständnis von Schulentwicklung heraus, das mit dem weltweiten Paradigmawechsel von der Perspektive zentralistischer Schulplanung zur Entdeckung der ›Einzelschule als pädagogische Handlungseinheit‹ (Fend 1986) eine vehemente Schubkraft entfachte. Die Einzelschule geriet nicht nur aus pädagogischen Gründen ins Zentrum, sondern aufgrund einer weltweiten ›Krise der Außensteuerung‹. (...) Spätestens seit 1990 wird die Einzelschule als Motor der Schulentwicklung (Dalin & Rolff 1990) gesehen, für dessen Wirkungsweise in erster Linie die Lehrpersonen und die Leitung selbst verantwortlich sind und andere Instanzen eher unterstützende und ressourcensichernde Funktionen ausüben. Bezeichnend für diesen Paradigmawechsel war die Einführung von Steuergruppen als Kernelement eines grundlegend neuen Leitungs- und Organisationsverständnisses von Schule (Dalin & Rolff 1990, 54ff). Die ersten schulischen Steuergruppen im deutschsprachigen Raum entstanden 1987 auf Anregung von Dalin und Rolff in Nordrhein-Westfalen. Inzwischen gibt es Bundesländer, in denen bereits mehr als jede zweite Schule über eine Steuergruppe verfügt. Es handelt sich dabei um eine der größten Innovationen der jüngeren Schulgeschichte, die so gut wie unerforscht ist.«

Für die Schulentwicklung im ursprünglichen Verständnis waren Bildungsplaner und Beamte aus den Kultusbehörden zuständig, also Personen, die *nicht* in Schulen tätig sind. Ganz anders versteht sich Schulentwicklung nach dem Bedeutungswechsel: Nun werden die in Schulen tätigen Personen die Akteure der Entwicklung. Sie nehmen die vorgesehenen Veränderungen selbstverantwortlich in die eigenen Hände. So werden im Sinne einer Organisationsentwicklung nun Schulen nicht aufgrund externer Planungen, sondern weitgehend durch die Vorstellungen und Maßnahmen der eigenen Mitglieder weiterentwickelt. Auf diese Weise haben sich auch die Aufgaben von Schulleitungen und Lehrkräften erweitert. Dieser Veränderung hat die Kultusministerkonferenz durch den oben erwähnten Beschluss Rechnung getragen.

Mit der stärkeren Beachtung der Einzelschule und der Frage nach ihrer Optimierung begann zunehmend die Vorstellung einer Organisationsentwicklung an Schulen bedeutsam zu werden. In vielen Bereichen der Wirtschaft und Industrie hatte sich gezeigt, dass sich die Effektivität von Organisationen steigern lässt, wenn die Mitarbeiter die Spielräume in den Organisationsstrukturen besser nutzen oder die organisatorischen Rahmenbedingungen stärker ihren Erfordernissen anpassen konnten. Warum sollte man diese Erfahrungen nicht auf Schulen übertragen können?

Ein Bildungsforscher, der sich mit der Organisationsentwicklung von Schulen intensiv beschäftigt hat, war der Norweger Per Dalin. Als international tätiger Bildungsplaner hatte er viele Kontakte zu Schulforschern anderer Länder. Er sah sich in einer großen Verantwortung gegenüber künftigen Generationen: »Von den Entscheidungen, die wir *heute* treffen, wird es abhängen, ob wir eine neue und bessere Zukunft herbeiführen können. Wir können es uns nicht leisten, dazusitzen und abzuwarten« (Dalin 1997, 19). Dalin nahm zahlreiche revolutionäre Veränderungen in der Gesellschaft wahr. Er war überzeugt, dass das Bildungssystem die Jugend auf diese neuen Gegebenheiten vorbereiten müsse. Er forderte, dass die erforderlichen Reformen von den einzelnen Schulen im Sinne einer Organisationsentwicklung ausgehen müssten. Für ihn wurde die einzelne Schule zur »Veränderungseinheit« (Dalin 1986, 120). Hierbei nahm er an, dass die jeweils einzelne Schule lernen könne, sich selbst zu entwickeln.

Mit diesem Wechsel der Veränderungsstrategie in einem Bildungssystem verändert sich auch das Verständnis für die einzelne Schule. Dalin (1997, 23f.) hielt es für angemessen, sie als einen *Organismus* zu begreifen, dessen Visionen und Ziele zu Veränderungen führen können: »Eine gute Schule ist eine, die selbst lernt, eine *lernende Schule*, die sich kontinuierlich wandelt, eine lebendige Institution, die zum Lernen anregt und in der jeder seine Rolle verantwortungsbewusst wahrnimmt.« Damit wurde *Schulentwicklung* für Per Dalin (1986, 21) »ein übergeordneter Begriff, der Reform, Lehrplanentwicklung, pädagogische Entwicklungsarbeit und Organisationsentwicklung umfasst.«

17

Der Begriff Schulentwicklung hat also eine *erhebliche Bedeutungsveränderung* erfahren. Obwohl die Bezeichnung beibehalten wurde, haben sich die Akteure, die Arbeitsfelder sowie die Aufgaben- und Fragestellungen wesentlich verändert.

2.2 Das Institutionelle Schulentwicklungsprogramm nach Dalin & Rolff

Als es zu einem Kontakt zwischen den Bildungsforschern Per Dalin und Hans-Günter Rolff kam, entwickelten sie im gegenseitigen Austausch konkrete Ideen zur Entwicklung von Einzelschulen, die sie 1990 in einer gemeinsamen Publikation *Institutionelles Schulentwicklungsprogramm (ISP)* darlegten. Sie betonen, dass dieses Programm auf einer umfassenden Veränderungstheorie basiere und seine Tauglichkeit empirisch belegt sei. Das Institutionelle Schulentwicklungsprogramm (ISP) sieht vor, ein SE-Vorhaben in einer festgelegten Phasenfolge durchzuführen: Zunächst wird im Kollegium mit Hilfe eines Fragebogens eine ausführliche Bestandsaufnahme vorgenommen, mit deren Hilfe sich die Schwächen und Stärken einer Schule erkennen lassen. Auf dieser Grundlage lässt sich dann ein Entwicklungsvorhaben konzipieren und durchführen. Wenn sich dieses Vorhaben im Schulalltag bewährt, kann man es in die regulären Abläufe der Schule integrieren. Anschließend kann sich das Kollegium in vergleichbaren Schritten einer neuen Entwicklungsaufgabe widmen.

Solche Vorhaben im Sinne von Dalin und Rolff wurden zunächst in NRW mit der Unterstützung durch das Landesinstitut in Soest durchgeführt. Eine innovative Besonderheit bestand darin, dass die Initiativen, die Planung, die Durchführung sowie die Evaluation nicht mehr von der Schulleitung, sondern von einer Steuergruppe moderiert wurde, die sich aus Mitgliedern des Kollegiums zusammensetzte. Zwar konnten Schulleitungspersonen ebenfalls Mitglieder einer solchen Steuergruppe sein, doch sollten sie darin keine leitende Funktion übernehmen. Diese Organisationsform ermöglichte dem Kollegium einen viel größeren Einfluss auf die Ereignisse im Schulleben. Und sie machte einen intensiveren Austausch zwischen Kollegium und Schulleitung erforderlich.

In einer Steuergruppe haben Kollegiumsmitglieder andere Aufgaben zu übernehmen, als ihnen bislang im Unterricht mit Schülern abverlangt wurden. Denn das Moderieren, Organisieren, Evaluieren, Koordinieren, Anregen und Leiten bei der Durchführung von Projekten gehörte bis dahin nicht zu den klassischen Lehreraufgaben. Um die Lehrkräfte in einer Steuergruppe bei den neuen Aufgaben zu unterstützen, werden ihnen im ISP für eine Übergangsphase SE-Moderatoren zur Seite gestellt. Die Qualifizierung der SE-Moderatoren wurde damals in NRW durch das Landesinstitut für Schule und Weiterbildung in Soest unter Beteiligung des Dortmunder Institutes für Schulentwicklungsforschung vorgenommen.

Dalin & Rolff (1990, 218) haben den in Phasen ablaufenden Entwicklungsgang sowie die hierbei erforderlichen Aktivitäten des ISP in einer graphischen Darstellung übersichtlich verdeutlicht (▶ **Abb. 1**):

Anfangs der 1990er Jahre wurden in NRW viele Kollegien zu SE-Prozessen im Sinne des ISP angeregt. Mit diesem Vorgehen, das durch die gemeinsame Arbeit

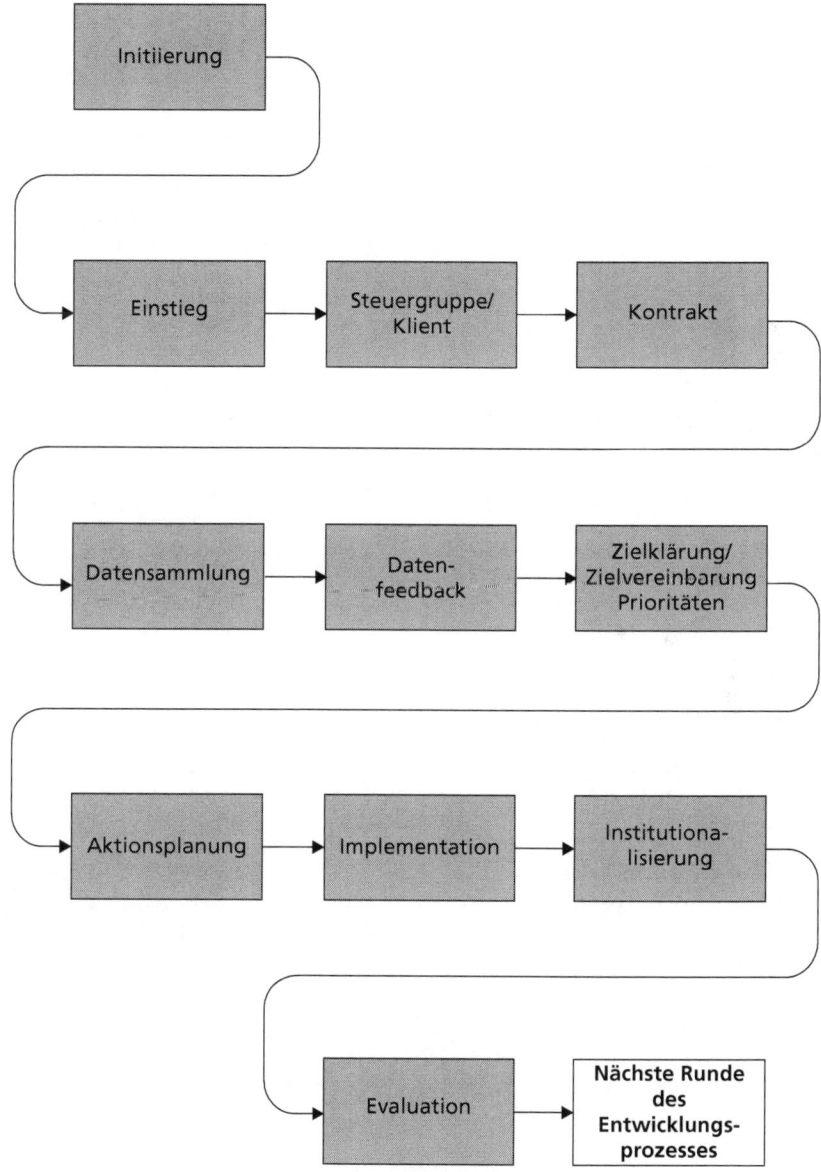

Abb. 1: Phasenschema des ISP (nach Dalin & Rolff 1990, 40)

von Dalin & Rolff (1990) eine orientierende Grundlage erhalten hatte, bekam das Verständnis von Schulentwicklung in der Bundesrepublik neue Konturen.

Bald darauf wurden auch in den Bundesländern Bremen und Schleswig-Holstein unter der Federführung des Dortmunder Institutes für Schulentwicklungsforschung SE-Moderatoren ausgebildet, die dann ihrerseits begannen, Kollegien bei SE-Vorhaben im Sinne des ISP zu unterstützen. Hierbei stellten die Entwicklungsvorhaben in Bremen eine besonders konsequente Variante dar, denn dort waren in den Entwicklungsprozess nicht nur Schulen, sondern auch die Schulbehörde und das Landesinstitut für Schule eingebunden. Wenige Jahre später sprang dann die SE-Idee auch auf andere Bundesländer, auf Österreich sowie auf einige Kantone der Schweiz über.

Weil das Institutionelle Schulentwicklungsprogramm in so kurzer Zeit in so vielen Schulen durchgeführt wurde, konnte Rolff (2007b, 24) bereits nach wenigen Jahren konstatieren: »Das Konzept der Schulentwicklung als pädagogische Organisationsentwicklung, das in Deutschland in den 1970er-Jahren noch als Spezialthema behandelt wurde (z. B. Rolff 1977), ist zwischenzeitlich außerordentlich ausdifferenziert und praktisch vielfach erprobt worden.« Zur Weiterverbreitung der SE-Idee trug bei, dass auf Anregung des Dortmunder Institutes für Schulentwicklungsforschung ein ›Netzwerk Schulentwicklung‹ eingerichtet wurde. Das Selbstverständnis dieses Netzwerkes wird auf seiner Homepage (www.netzwerk-schulentwicklung.de, Stand: 11.09.2012) folgendermaßen beschrieben:

> Das »Netzwerk Schulentwicklung« ist ein Zusammenschluss von Personen, die im Arbeitsfeld Schulentwicklung, Organisationsentwicklung und Schulberatung in Theorie und/oder Praxis tätig sind. Die Mitglieder des Netzwerkes arbeiten in Schulen, Hochschulen, Lehrerbildungseinrichtungen, Schulverwaltungen und Schulministerien in Deutschland, Österreich und der Schweiz. (...) Die Mitglieder des Netzwerkes Schulentwicklung verfolgen im Wesentlichen die folgenden Zielsetzungen:
>
> * Information über sowie die Verbreitung von Ansätzen und Konzepten zur Schulentwicklung.
> * Diskussion unterschiedlicher Theorieansätze zur Schulentwicklung, Organisationsberatung von Schule und verwandten Themenbereichen.
> * Auseinandersetzung mit aktuellen Forschungsergebnissen und Forschungsansätzen.
> * Die eigene Professionalisierung durch eine gemeinsame Reflexion von Praxisbeispielen und Fallstudien zur Arbeit in und mit Schulen.

In der Bildungsforschung stand nun nicht mehr das gesamte Bildungssystem, sondern die Einzelschule im Mittelpunkt. Einige Jahre später konnten Holtappels & Rolff (2004, 54) der SE-Idee in diesem neu entstandenen Verständnis »eine vehemente Schubkraft« bescheinigen.

2.3   Pädagogische Schulentwicklung nach Bastian

Nicht selten ist es so, dass mit dem zunehmenden Erfolg eines Konzepts sich auch kritische Stimmen zu Wort melden. Dies ereignete sich auch mit der Schulentwicklungsidee. Das ISP stieß nicht bei allen Pädagogen auf ungetrübte Zustimmung. Es gab Zweifel, ob man das Konzept der Organisationsentwicklung aus der Wirtschaft und Industrie so ohne weiteres auf Schulen übertragen könne. Schulen würden als Non-Profit-Organisationen mit ihren pädagogischen Zielsetzungen einer ganz anderen Logik folgen als Betriebe, die ihren Zweck in einer Gewinnmaximierung sehen. Deshalb könnten die gängigen Vorstellungen zur Organisationsentwicklung den schulspezifischen Abläufen und Problemen kaum angemessen gerecht werden. Sie wären auch zu zeitaufwändig. So kritisierte Bastian (1997, 9): »Nicht alle Schulen vertragen einen lang andauernden Diagnose- und Zielklärungsprozess. (...) Nicht wenige Gruppen sterben auf diesem Weg.«

Ferner fragte Bastian (1997) skeptisch, ob die Lehrkräfte einer Schule durch die Beratung der SE-Moderatoren eventuell unselbständig und abhängig werden könnten. Es könne ungewollt ein Effekt entstehen, der der SE-Idee widerspräche. Den wesentlichen Mangel am Institutionellen Schulentwicklungsprogramm sah Bastian allerdings darin, dass in ihm die Verbesserung der Unterrichtssituation für Schüler und Lehrer nicht ausreichend thematisiert worden sei. Denn »alle Debatten über Schulentwicklung bleiben hohl, wenn sie nicht den Unterricht erreichen« (Bastian 1997, 6).

Bastian, der diese Zweifel am Institutionellen Schulentwicklungsprogramm am deutlichsten zum Ausdruck brachte, wandte sich jedoch keineswegs *generell* gegen die Schulentwicklungsidee. Vielmehr waren es nur spezielle Einzelaspekte, die er für problematisch hielt. Um dies zu verdeutlichen, plädierte er für eine »*Pädagogische Schulentwicklung*«. Darunter verstand er die konsequente Fortsetzung von innerer Schulreform. Es ging ihm also nicht um ein prinzipiell anderes Vorgehen, vielmehr wollte er die Lehrerschaft ermutigen, in den Schulen kollegiale Initiativen konsequent weiter zu verfolgen. Anfänge dazu bildeten schulinterne Lehrerfortbildungen. Orientiert am eigenen Bedarf konnten sich Kollegien an ihrem Arbeitsplatz mit speziellen Themen auseinandersetzen. Nicht selten ergaben sich daraus Konsequenzen für die Gestaltung des Unterrichts oder des Schullebens. In diesem Sinne wollte Bastian (1997, 1999, 2010) unter dem Stichwort *Pädagogische Schulentwicklung* Lehrkräfte ermutigen, in eigener Regie – also nicht unter der Moderation von externen Schulentwicklungsberatern – neue Unterrichtsformen zu erproben, ihr Methodenrepertoire zu erweitern oder kooperative Arbeitsformen zu praktizieren. Zu bedenken wäre hierbei allerdings, dass Schulen als *pädagogische* Einrichtungen zu verstehen sind und deshalb alle Initiativen und Projekte letztlich für den beruflichen Alltag einen *pädagogischen* Nutzen erbringen sollten.

In diesem Zusammenhang befürchtete Bastian, dass die im Sinne des ISP durchgeführten Vorhaben und Projekte zur Organisationsentwicklung wegen ihres erheblichen Aufwandes bei den Lehrkräften zu große Hoffnungen und kaum erfüllbare Erwartungen auslösen würden. Er empfahl daher den Lehrkräften, sich lieber kleinere und überschaubarere Veränderungen vorzunehmen. Damit erhöhten sich zugleich die Chancen, dass die Lehrer vor Ort als die eigentlichen Experten fungieren könnten und dass sich die Vorhaben leichter in den Schulalltag integrieren ließen. In diesem Sinne verstand Bastian *Pädagogische*

21

Schulentwicklung als ein induktives Verfahren, während er das ISP als ein deduktives Entwicklungskonzept betrachtete.

Bastian hat bei seinen Erwägungen die Lehrerinnen und Lehrer als Akteure im Blick, während Dalin & Rolff (1990) ihr Augenmerk stärker auf die Einzelschule richteten, der sie organismische Eigenschaften und Fähigkeiten zuschreiben und sie damit gewissermaßen als Akteur bzw. als »Motor der Entwicklung« begreifen.

2.4 Vorstellungen zur Schulentwicklung von Klippert

Ein weiterer Kritiker des Institutionellen Schulentwicklungsprogramms war Heinz Klippert (2000). Er hat seine Einwände gegenüber dem ISP allerdings wesentlich konfrontativer als Bastian vorgetragen. Er konnte Dalin & Rolff ein eigenes Alternativkonzept entgegensetzen.

Nach Klippert ist das ISP von Dalin & Rolff viel zu zeit- und arbeitsaufwändig. Die darin vorgesehene Organisationsentwicklung würde den Lehrkräften keine Erleichterungen bringen, sondern sie im Gegenteil mit zusätzlichen Konferenzen und Arbeitsgruppensitzungen über Gebühr belasten. Vor allem aber sei sehr fraglich, ob sich eine Organisationsentwicklung positiv auf das Lernen der Schüler auswirke. Klippert (2000, 12) glaubt auch, bei vielen Lehrkräften eine deutliche Reserve gegenüber dem ISP wahrgenommen zu haben:

> »Da ist die Rede von Selbstorganisation und Schulautonomie, von Budgetierung und Evaluation, von Schulprogrammen und Schulprofilen, von Qualitätssicherung und Qualitätsmanagement, von Organisationsentwicklung und Lernender Schule, von Personalentwicklung und Corporate Identity. Diesen und anderen Schlagworten ist eines gemeinsam: Sie werden von vielen Akteuren in den Schulen als eher abgehoben, praxisfern und in gewisser Weise auch bedrohlich wahrgenommen.«

Insgesamt zeige sich im ISP ein hohes Maß an Unterrichtsferne.

Nach den enttäuschenden Resultaten deutscher Schüler in internationalen Vergleichsstudien muss Schulentwicklung nach Klipperts Auffassung jedoch bevorzugt die Effektivierung schulischer Bildungsarbeit behandeln. Deshalb geht es ihm darum, die Unterrichtsarbeit als das Zentrum von Schulentwicklung zu begreifen. Er möchte an Schulen neue Lehr- und Lernformen einführen und kultivieren. Entsprechend hat er einen umfangreichen Kanon von Unterrichts- und Arbeitsmethoden entwickelt, mit dessen Hilfe Lehrkräfte das eigenverantwortliche Lernen bei ihren Schülerinnen und Schülern anregen und fördern können. Hierbei legte er nicht nur auf die erfolgreiche Vermittlung von Kenntnissen Wert, es war ihm auch ein zentrales Anliegen, die Schülerinnen und Schüler so genannte Schlüsselqualifikationen erwerben zu lassen. Sie sollten also auch in ihren sozialen und kommunikativen Kompetenzen gefördert werden.

Für die entsprechende Qualifizierung der Lehrkräfte legte Klippert (2000, 57) einen Ablaufplan vor, in dem die Schritte eines Methodentrainings für Lehrer und Schüler festgelegt sind. Insofern gibt es *rein äußerlich* eine Ähnlichkeit zwischen dem Vorgehen bei Klippert und dem Vorgehen im Institutionellen Schulentwicklungsprogramm nach Dalin & Rolff. Denn beide Ansätze zur Schulentwicklung laufen nach einer vorgegebenen Schritt- oder Phasenfolge ab. Was allerdings die Inhalte und die Dauer dieser Schritte betrifft, könnten die Unterschiede kaum größer sein: Bei Klippert sind die Themen und Trainingsmethoden einschließlich der Arbeitsmaterialien genau festgelegt. Bei Dalin & Rolff ergeben sich die Themen sowie ihre Bearbeitung aus umfangreichen Datenerhebungen, Erwägungs- und Abstimmungsprozessen. Bei Klippert ist die Dauer des Fortbildungs- und Trainingsprogramms für die einzelnen Schritte auf den Tag genau festgelegt. Das Vorhaben wird insgesamt nicht länger als 12 Tage dauern. Dalin & Rolff machen zur Dauer der einzelnen Phasen keine Aussagen und rechnen damit, dass ein SE-Prozess mehrere Jahre dauern kann.

Vor diesem Hintergrund wird nachvollziehbar, warum sich Klippert mit seinen Vorstellungen, für die er ebenfalls die Bezeichnung *Pädagogische Schulentwicklung* wählte, so scharf vom Institutionellen Schulentwicklungsprogramm absetzen möchte. Nicht zuletzt wird er sich darin dadurch bestärkt gefühlt haben, dass in Nordrhein-Westfalen zunächst Schulentwicklungsmoderatoren für das Institutionelle Schulentwicklungsprogramm, später aber Trainer für die Pädagogische Schulentwicklung in Klipperts Sinne ausgebildet worden sind.

2.5 Zweite Bedeutungsveränderung der Schulentwicklungsidee

Da von Bastian und Klippert betont wurde, dass man sich Schulentwicklung anders als Organisationsentwicklung denken müsse, lagen nun mehrere Varianten der Schulentwicklungsidee vor. Die Mitglieder des Dortmunder Institutes für Schulentwicklungsforschung befürchteten, dass diese um die knappen Ressourcen auf dem Bildungsmarkt konkurrieren und somit das Vorankommen einer Schulentwicklung insgesamt behindern würden. »Darum wurde 1993 am Institut für Schulentwicklungsforschung ein OE-Netzwerk eingerichtet, um die Protagonisten verschiedener Ansätze in das Gespräch zu bringen und einen Lernraum für Beraterinnen und Berater zu schaffen. Wir gehen dabei von der Annahme aus, dass Konkurrenz nur dann im Interesse der Schulentwicklung ist, wenn sie ausgetragen wird und zu konzeptionellen Verbesserungen führt« (Rolff et al. 2000, 29).

Die Bedeutung dieses OE-Netzwerkes für die Verbreitung und Intensivierung der Schulentwicklungsidee ist bereits oben erwähnt. Zur 5. Netzwerktagung wurden 1997 zur Thematik »Kritische Auseinandersetzung mit OE als Ansatz der Schulentwicklung« neben vielen anderen Interessierten und Engagierten auch die Skeptiker Bastian, Klippert und Schlee eingeladen. Nachdem Klippert und Schlee ihre Bedenken gegenüber dem Institutionellen Schulentwicklungsprogramm vorgetragen hatten, machte Rolff in einer Entgegnung den Vorschlag, *Schulentwicklung als Oberbegriff* zu verstehen, dem als *Unterbegriffe Organisationsentwicklung, Unterrichtsentwicklung und Personalentwicklung* zuzuordnen seien. Mit diesem Vorschlag relativierte er einerseits die Bedeutung von Organisationsentwicklung. Andererseits unterstrich er mit der Einbeziehung von Unterrichtsentwicklung und Personalentwicklung das Bemühen um einen verbesserten Unterricht und um eine Qualifizierung der Lehrkräfte. Damit hatte Rolff in den Augen der meisten Tagungsteilnehmer den Einwänden seiner Kritiker auf einleuchtende Weise Rechnung getragen. Zumal nach seinen Vorstellungen Organisationsentwicklung, Unterrichts- und Personalentwicklung nicht isoliert voneinander denkbar seien. Vielmehr sei es so, dass das Eine über kurz oder lang immer auch zu den beiden anderen Komponenten einer Schulentwicklung führen müsse.

Rolffs Vorschlag zu dieser *Bedeutungserweiterung von Schulentwicklung* wurde von den meisten Anwesenden mit großer Zustimmung aufgenommen und kurze Zeit darauf in der Zeitschrift PÄDAGOGIK zum ersten Mal publiziert. Fortan sprach Rolff vom *Drei-Wege-Modell in der Schulentwicklung* und meinte damit, dass man bei SE-Vorhaben entweder mit einer Maßnahme zur Organisationsentwicklung oder mit einer Maßnahme zur Unterrichtsentwicklung oder mit einer Maßnahme zur Personalentwicklung beginnen könne, die dann ihrerseits nahezu automatisch die jeweils anderen »Wege« nach sich ziehen würden. »Man könnte«, so erläutert Rolff (2007b, 31), »diesen Systemzusammenhang auch bündiger formulieren: Keine UE ohne OE und PE, keine OE ohne PE und UE, keine PE ohne OE und UE. Das Neue und Besondere in diesem Systemzusammenhang stellt allerdings OE dar: Ohne OE würde UE ebenso wenig wie PE auf das Ganze der Schule zielen, und dann bliebe es bei modernisierter Lehrerfortbildung und renovierter Schulpsychologie.« Alternativ zu der Bezeichnung »Drei-Wege-Modell« spricht Rolff auch von der Trias Organisations-, Unterrichts- und Personalentwicklung.

Der Schulentwicklungsbegriff hat somit eine zweimalige Bedeutungsveränderung erfahren. Zunächst wurde aus der Schulentwicklungsplanung eine Organisationsentwicklung in Schulen. Im zweiten Schritt wurde deren Bedeutung jedoch dadurch relativiert, dass ihr Unterrichtsentwicklung und Personalentwicklung gleichwertig an die Seite gestellt wurden. Diese von Rolff initiierte Bedeutungserweiterung hat sich inzwischen allgemein durchgesetzt. Die Schulentwicklungsliteratur zeigt, dass bis auf Klippert alle Autoren der Schulentwicklung das Drei-Wege-Modell bzw. die Trias OE, UE und PE als Erweiterung der SE-Idee akzeptiert und in ihre Überlegungen einbezogen haben. Rolff ist es mit diesem Erweiterungsvorschlag also gelungen, wieder ein einheitliches *Verständnis von Schulentwicklung* entstehen zu lassen.

Außerdem haben Dalin und Rolff gemeinsam mit Buchen 1998 an ihren Vorstellungen zur Schulentwicklung eine kleine, jedoch keineswegs unwesentliche Veränderung vorgenommen. Sie haben, »um das Nicht-Lineare, Prozessuale, die Flexibilität und die Lernoffenheit des ISP zu betonen«, die Bezeichnung

24

Institutionelles Schulentwicklungs*programm* gegen die Bezeichnung Institutioneller Schulentwicklungs-*Prozess* (Dalin, Rolff & Buchen 1998) ausgetauscht. Mit dieser Veränderung konnten die Autoren einerseits die inzwischen gebräuchliche (Marken-)Bezeichnung ›ISP‹ beibehalten und andererseits solchen Skeptikern den Wind aus den Segeln nehmen, die das Schulentwicklungsprogramm für die Umsetzung an Schulen als zu statisch und starr kritisiert hatten.

An diesem erweiterten und flexibilisierten Verständnis von Schulentwicklung hat sich bis heute im Prinzip nichts geändert. Wohl aber tauchten noch einzelne Schwerpunktsetzungen – mal nacheinander, mal sich gegenseitig überlagernd – auf, welche die Schulentwicklungsdebatte durch ihre Akzentuierungen bereicherten. Da wäre zunächst die von Rolff und anderen Autoren aufgestellte Forderung zu erwähnen, dass sich Schulen zu *lernenden Schulen* entwickeln sollten – eine Idee, die schon sehr früh bei Dalin (1997) und Fullan (1999) eine große Rolle gespielt hatte. Eine ganze Zeit lang spielte es in der Schulentwicklungsdebatte eine große Rolle, dass Schulen Profile, Programme, Leitbilder und Visionen entwickeln sollten. Dann wiederum wurde die Bildung von Teams und fraktalen Strukturen zu einem Schwerpunktthema. Von großer Bedeutung sind immer noch die Evaluationsaufgabe sowie die damit verknüpfte Verpflichtung zur Qualitätsentwicklung und Qualitätssicherung. Ebenso scheint die Arbeit von Steuergruppen ein Dauerthema zu sein. Ferner wurde die Entstehung von Netzwerken und Bildungslandschaften thematisiert. Und schließlich wandte sich das Interesse von Schulentwicklungsautoren, nachdem zunächst die Organisationsentwicklung eine so wichtige Rolle gespielt hatte, auch der Unterrichts- und Personalentwicklung zu.

So hat die SE-Thematik, wie jüngst Bohl et al. (2010, 11) in der Einführung zu ihrem Handbuch hervorhoben, »in den vergangenen zehn Jahren eine Ausweitung und immer deutlichere Ausdifferenzierung erfahren«. Es habe in dieser Zeit auch neue Theorieschübe gegeben, und eine Vielfalt an Erkenntnissen sei hinzugewonnen worden. In ihrem zentralen Anliegen aber habe sich Schulentwicklung nicht verändert. »Der Kern ist immer noch erkennbar: es geht um die Weiterentwicklung der Qualität von Schule allgemein, insbesondere jedoch um die Weiterentwicklung der Einzelschule.«

2.6 Impulse durch Schulentwicklungsforschung

Eng verbunden mit dem Entstehen und den Veränderungen der SE-Idee ist die SE-Forschung. In ihr übernimmt das Dortmunder Institut für Schulentwicklungsforschung eine Vorreiterrolle. Aber auch verschiedene Landesinstitute haben sich die Beteiligung an dieser Forschung zur Aufgabe gemacht. Zudem bemüht sich eine ganze Reihe von privaten Instituten, Einrichtungen und Stiftungen nicht nur darum, die Ideen der Schulentwicklung weiter zu verbreiten, sich an den hierfür erforderlichen Qualifizierungsmaßnahmen zu beteiligen, manchmal auch als

Sponsoren zu fungieren, sondern auch Erkenntnisse und Erfahrungen zusammenzutragen, die für Schulen und Schulbehörden von Nutzen sein können.

Nach Ansicht einiger SE-Autoren kann die SE-Forschung der Schulentwicklung viele Impulse geben, so wie diese für die SE-Forschung zahlreiche Aufgaben und Fragestellungen bereitstellen kann. Beide Handlungsfelder sind also eng auf einander verwiesen. Insgesamt wird allerdings der Beitrag der SE-Forschung zum Gelingen der Schulentwicklung von Rolff (2007b, 21) bislang als zu mager eingeschätzt. In der Schulentwicklung gäbe es »viel Praxis«, aber »kaum Forschung«. So taucht ›Schulentwicklungsforschung‹ in dem von Altrichter, Schley & Schratz 1998 herausgegebenen »Handbuch zur Schulentwicklung« gar nicht auf – weder als Beitrag noch als Stichwort. In dem 2010 von Bohl et al. herausgegebenen »Handbuch zur Schulentwicklung« widmen sich hingegen schon sieben Beiträge der Thematik »Forschungsrichtungen und Forschungsdesigns der Schulentwicklung«. In ihnen werden unterschiedliche methodische Richtungen beschrieben, die man in einer SE-Forschung einschlagen kann, sowie Gesichtspunkte, die dabei zu berücksichtigen wären. Es werden aber keine Forschungsergebnisse dargestellt, die zu neuen Erkenntnissen oder Fragestellungen führen. So bleibt die Frage vorerst offen, wie das von Rolff angezeigte Defizit der SE-Forschung zu erklären ist und wie es möglicherweise überwunden werden könnte.

3 Kriterien für eine Stimmigkeits- und Bewährungsprüfung

Erkennen ist kein objektiver Vorgang. Das Erkannte hängt erheblich vom Standpunkt des Erkennenden und seinen Erkenntnismethoden ab. Das gilt auch für Analysen. Daher sind in diesem Kapitel die Kriterien offen gelegt, unter denen im nächsten Kapitel die Tauglichkeit der SE-Idee überprüft wird. Nur wenn die Leser sie als sinnvoll anerkennen, können die Analyseresultate für sie bedeutungsvoll werden.

3.1 Zum Zusammenhang von Sprache und Denken

> »In einem gewissen Widerspruch dazu steht die Sprache der mit Schulentwicklung befassten Fachleute. Schulentwicklungsplaner, Wissenschaftler, Schulleiter und Schulaufsichtsbeamte haben inzwischen einen Jargon geschaffen, der es Neulingen im Geschäft schwer macht, überhaupt zu verstehen, wovon da die Rede ist.«
>
> *Hilbert Meyer (1997, 48)*

Für die Frage, ob sich die Schulentwicklungsidee als stimmig und nützlich erweist, spielen die sprachlichen Formen ihrer Darstellung eine erhebliche Rolle. Denn die Sprache ist das Werkzeug, das wir einsetzen müssen, um unsere Gedanken auszudrücken (Stegmüller 1965, 347ff.) und um erkennen zu können (Gipper 1987). Das Bemühen um einen angemessenen Sprachgebrauch wird das zweckvolle Denken sowie das erfolgreiche Handeln befördern wie umgekehrt ein ungenauer oder nachlässiger Sprachgebrauch zu Denkfallen, Missverständnissen und Fehlhandlungen führen kann.

Wenn man sich den Einfluss des Sprachgebrauchs auf das eigene Denken und Handeln nicht immer wieder verdeutlicht, kann man leicht unter den Einfluss von unbegriffenen Prämissen geraten. Daher muss man »an solchen Gefahrenstellen besonders achtsam sein, an denen unsere Gedanken aufgrund eines geläufigen Sprachgebrauchs leicht in die Irre geführt werden können: dann nämlich, wenn man eingebürgerte Redeweisen oder geläufige Metaphern wörtlich und für bare Münze nimmt und aus ihnen ohne weiteres Schlüsse, Thesen und Theorien ableitet« (Binneberg 1993, 53). Derartige Gefahrenstellen können sich auch aus unklaren und mehrdeutigen Formulierungen ergeben. Deshalb ist darauf zu achten, dass Begriffe und Aussagen klar, eindeutig und verständlich formuliert werden. »Die Klarheit und Verständlichkeit der wissenschaftlichen Sprache ist also nicht nur eine schöne Zutat, sondern ein *wesentliches* Element der wissenschaftlichen Kommunikation. Auch die Erziehungswissenschaft steht demnach nicht nur unter dem Anspruch der Wahrheit, sondern unter dem zusätzlichen Anspruch der Klarheit ihrer Sätze« (Binneberg 1993, 30).

Es gibt also insgesamt triftige Gründe, nach der Funktionstüchtigkeit der Sprache zu fragen, in der die SE-Idee dargestellt wird. Die zentralen Fragen lauten:

- *Was ist gemeint, wenn sich Wissenschaftler und andere Autoren zur Schulentwicklungsidee und ihren Vorzügen äußern?*
- *Können Lehrkräfte und Schulleitungen das so verstehen, dass sie daraus für ihre berufliche Tätigkeit hilfreiche Schlussfolgerungen ziehen und wirkungsvolle pädagogische Maßnahmen entwickeln können?*
- *Können sie es so verstehen, dass sie Klarheit gewinnen, sich untereinander verständigen und ohne Reibungsverluste miteinander kooperieren können?*
- *Können auch Bildungspolitiker und Behördenvertreter aus den sprachlichen Darstellungen der Schulentwicklungsautoren klare und eindeutige, logisch nachvollziehbare Vorstellungen entnehmen?*

Da letztere in der Regel keine Fachleute für die pädagogische Arbeit in Schulen sind und sich meist nicht in der Erziehungswissenschaft, sondern in Rechts- und Verwaltungswissenschaften qualifiziert haben, sind sie im Sinne einer *Politikberatung* auf die Empfehlungen von erziehungswissenschaftlichen Experten angewiesen, wenn sie für Schulen geeignete Erlasse erarbeiten sollen. Kann also auch für Personen, die für das Wohl und Wehe von Schülern, Lehrkräften und Schulleitungen rechtliche Rahmenvorgaben entwickeln (müssen), verständlich werden, was mit den Begriffen und den Ausführungen der Schulentwicklungsdebatte gemeint ist?

Schließlich ist ein präziser und verständlicher Sprachgebrauch auch für die Evaluation erforderlich. Wie sollen sonst die Resultate der Schulentwicklung überprüft werden können, wenn sich ihre grundlegenden Annahmen und Nützlichkeitshoffnungen nicht intersubjektiv erfassen lassen?

3.2   Klarheit und Eindeutigkeit

> »Mehrdeutigkeit ist für die Begriffsbildung ein schwerwiegenderes Problem; denn Sätze, die mehrdeutige Begriffe enthalten, sind buchstäblich bedeutungs-los, bis die Mehrdeutigkeit aufgelöst ist. Sie können weder begründet noch kritisiert werden.«
>
> *Eugene J. Meehan (1992, 71)*

Die Forderung nach einem klaren und eindeutigen Sprachgebrauch bezieht sich auf Aussagen, also Sätze, sowie auf deren elementare Bestandteile, also Begriffe. Wenn Begriffe mehrere Bedeutungen haben (»Teekesselchen«) und nicht klar ist, in welchem Bedeutungsverständnis sie jeweils verwendet werden, dann wird dies zu Missverständnissen und Irritationen führen. Insbesondere wenn ein und dasselbe Wort mal mit dieser, mal mit jener Bedeutung eingesetzt wird. *Bedeutungskonstanz* ist daher zur Vermeidung von Irritationen und unangemessenen Schlussfolgerungen eine wichtige Voraussetzung. *Bedeutungsfluktuation* erzeugt hingegen Verwirrung und Fehlschlüsse.

Um Unklarheiten und Mehrdeutigkeiten von Begriffen zu vermeiden, gi_
unterschiedliche Möglichkeiten. Beispielsweise kann man durch die Angabe von
exemplarischen Fällen die Bedeutung eines Begriffs akzentuieren. Oder man kann
seine Bedeutung durch Definitionen festlegen. In diesem Fall dürfen die Formulierungen, mit deren Hilfe die Definition erfolgen soll (»Definiens«), nicht unklarer
und ungenauer als der Begriff sein, dessen Bedeutung festgelegt werden soll (»Definiendum«). Die definierenden Formulierungen dürfen ferner keine Anteile bzw.
Entsprechungen des Definiendum enthalten. Die Definition würde sonst zirkulär
werden und das Definiens hätte deshalb keinen Beschreibungs- bzw. Erklärungs-
wert mehr. Begriffe lassen sich auch dadurch definieren, dass man die erforderlichen
Tätigkeiten bzw. Schritte angibt, die zum Erreichen des Definiendums führen bzw.
in denen es sich konkretisiert. Man spricht dann von operationalen Definitionen.

Es wäre eine naive Vorstellung, die Verbesserung schulischer Wirksamkeit dadurch erreichen zu können, dass man einfach beherzt die Ärmel hochkrempelt
und engagiert anpackt. Nur wenn man zuvor klar und eindeutig begrifflich erfasst und durchdacht hat, was Sache und Ziel ist, gewinnt man eine angemessene
Grundlage für besonnene Entscheidungen und für folgerichtige, kontrollierbare
Maßnahmen sowie für eine gelingende Zusammenarbeit.

Hierbei werden vage, mehrdeutige, monströse Formulierungen nicht helfen.
Sie erweisen sich oft als Leerformeln und rücken in die Nähe so genannter »Imponierprosa« (Opp 2005, 12). »Pompöse Wortzusammensetzungen werden mit
Hilfe von allgemein verwendbaren Versatzstücken erstellt: -aspekt, -charakter,
-prozess, -struktur, -dimension, -potential, -orientierung, -system. Diese Wörter
kann man an fast jedes Nomen anhängen und gewinnt damit die gewünschten
sesquipedalia verba, jene ellenlangen Ausdrücke, die vorgeben, dass ihre Benut-
zer mit einem höchst bedeutsamen Gedanken aufwarten können. ›Wissenschafts-
struktur‹, ›Gesellschaftsstruktur‹, ›Systemstruktur‹ – indem man diese Wörter einfach zusammenzieht, erspart man sich die Klärung der schwierigen sprachlichen
und logischen Beziehung, die hier vorliegen soll, und trifft somit eine sprachliche
Vorentscheidung über eine inhaltliche These, die doch eigentlich erst diskutiert
werden müsste« (Binneberg 1993, S. 25). Wenn man die Beschreibung und Klärung von Zusammenhängen auf diese Art und Weise übergeht, dann beeinträch-
tigt dies ebenfalls die Klarheit und die Eindeutigkeit einer Darstellung.

3.3   Fruchtbarkeit und Falsifizierbarkeit

>»Die Macht der Worte ist die konservativste Kraft in unserem Leben: sie zwingt dem
>Menschen unbewusst und darum unentrinnbar eine vorgegebene Weltauffassung auf,
>noch ehe er selbst einen eigenen Gedanken fassen kann.
>
>*Ernst Topitsch (1962)*

Begriffe und Aussagen sollten nicht nur klar und eindeutig, sondern auch falsifi-
zierbar sein. Daher müssen sie so formuliert werden, dass sich ihre Gültigkeit in

29

empirischen Bewährungsproben kontrollieren und nachweisen lässt. Begriffe und Aussagen, die alles oder nichts betreffen, können nie scheitern und sind daher immer »richtig« bzw. nie »falsch«. Sie verkommen zu Leerformeln und werden für Planungen und Handlungsentwürfe völlig unbrauchbar. Der bekannte Vers »Wenn der Hahn kräht auf dem Mist, verändert sich das Wetter oder es bleibt, wie es ist!« gilt als Exempel für solch eine unfruchtbare Aussage. Begriffe und Aussagen müssen so formuliert werden, dass sie bei einer empirischen Anwendung prinzipiell auch scheitern bzw. falsifiziert werden können.

Wer also Konzepte für größere Vorhaben entwickelt, diese sogar anderen Personen zur Durchführung nahelegt, der sollte in seinen Ausführungen unbedingt Leerformeln, Vieldeutigkeit oder Imponierprosa vermeiden. Sobald man sich mit Handlungsempfehlungen oder Aufforderungen an andere Personen wendet, muss man für deren Brauchbarkeit die Verantwortung übernehmen. Eine Verantwortung tragen auch jene Autoren, die Begriffe, Aussagen und Argumente ungeprüft von anderen Autoren aufgreifen und weiter verbreiten. Denn jeder Autor und jeder Planer ist für die Stimmigkeit und die empirische Tauglichkeit seiner Vorstellungen verantwortlich. Er darf sich nicht auf die Äußerungen anderer Personen verlassen, sondern muss diese kritisch durchdenken und ggf. empirisch überprüfen, wenn er sich auf sie beziehen will. Gerade auch dann, wenn die zitierten Gewährsleute über ein erhebliches Renommee verfügen.

3.4   Unterscheidung von De- und Präskriptionen

> »Fälschlicherweise glauben die Menschen, ihre Vernunft regiere über die Wörter, in Wirklichkeit aber übt die Sprache ihrerseits Macht über das Denken aus.«
> *Ernst Topitsch (1962)*

Mit Hilfe von *deskriptiven Begriffen und Sätzen* können wir darstellen, was *ist* bzw. was *nicht ist*. Und zwar unabhängig davon, ob es sich dabei um Konkretes oder um Abstraktes handelt. Deskriptionen ermöglichen uns, Sachverhalte und Begebenheiten aufzuzeigen und zu schildern. Wir (ge-)brauchen Deskriptionen (Beschreibungen), um uns in der Welt orientieren zu können und um uns und anderen ihre Beschaffenheit beschreiben zu können. Hingegen haben *präskriptive Begriffe und präskriptive Sätze eine völlig andere Funktion*: Mit ihnen drücken wir aus, was unseres Erachtens *sein soll* bzw. was *nicht sein soll*. Mit ihnen betonen wir beispielsweise unsere Wünsche oder unsere Abscheu. Präskriptionen (Vorschriften, Bewertungen) schildern keine Sachverhalte, sondern sie verstehen sich als *bewertende Stellungnahmen* zu Sachverhalten. Mit Präskriptionen beschreiben wir nicht, sondern mit ihnen *beurteilen* wir etwas. Mit anderen Worten: man gibt *Auskunft über seine Einschätzungen, Standpunkte, Einstellungen oder Überzeugungen, also über seine inneren Vorgänge*. Die in einem präskriptiven Begriff oder Satz enthaltenen Bewertungen sind in der Regel das Ergeb-

Deskriptionen	Präskriptionen
Paul kommt als Letzter durchs Ziel.	Paul ist ein Versager.
Karin trägt Zöpfe.	Karin hat eine hübsche Frisur.
Fritz macht im Diktat 27 Fehler.	Fritz hat eine Rechtschreibschwäche.
Die Sonne schien heute 7 Stunden.	Heute hatten wir herrliches Wetter.
Die Zahl der Arbeitslosen ist gestiegen.	Die hohe Arbeitslosigkeit ist ein Unglück.
Herr Pelzer unterrichtet das Fach Physik.	Herr Pelzer ist ein sehr guter Lehrer.
Herr Lehmann schreibt einen Roman.	Dieser Roman ist sehr spannend.
Keiner hat sich im Unterricht gemeldet.	Der Unterricht war eine einzige Katastrophe.

Abb. 2: Beispiele für De- und Präskriptionen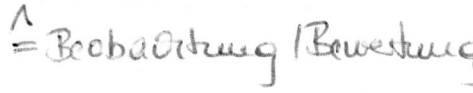

= Beobachtung / Bewertung

nis von Vergleichs- und Kalkulationsprozessen. Welche Bezugspunkte und kritischen Werte hierbei herangezogen werden, bleibt oft – auch für die urteilende Person selbst – im Verborgenen. Um eine intersubjektive Verständigung zu ermöglichen, müssten diese Abwägungsprozesse sowie die verwendeten Bezugspunkte offen gelegt werden (können).

Aufgrund ihrer unterschiedlichen Funktionen dürfen die beiden Begriffsarten De- und Präskriptionen nicht miteinander vermengt oder gar verwechselt werden. Wenn das geschieht, wird das folgerichtige Denken und Planen erschwert. Wenn etwa bei Handlungsempfehlungen oder bei Arbeitsaufträgen präskriptive Begriffe an Stelle von deskriptiven Begriffen verwendet werden, dann werden sowohl die korrekte Verständigung als auch die korrekte Handlungsausführung gefährdet.

> Ein einfaches Beispiel: Wenn die Mutter zu ihrer Tochter sagt: »Wir fahren heute zur Oma. Zieh deshalb bitte den roten Pullover, den blauen Faltenrock, die weißen Kniestrümpfe und die roten Lackschuhe an!«, dann ist die Wahrscheinlichkeit, dass die Tochter sich im gewünschten Sinne ankleidet, erheblich größer als bei der Aufforderung: »Da wir heute zur Oma fahren, musst du dich hübsch anziehen!« Denn das Verständnis von »hübsch« kann bei der Großmutter, der Mutter und der Enkelin durchaus unterschiedlich ausfallen.

Nun lässt sich allerdings die Unterscheidung zwischen De- und Präskriptionen nicht immer so einfach treffen, weil es eine ganze Reihe von Begriffen gibt, die »schillern« und mal im Sinne einer Deskription, mal im Sinne einer Präskription zu verwenden sind. Mitunter kann die präskriptive Qualität mancher Begriffe erst auf den zweiten Blick erkannt werden. Wenn dies der Fall ist, dann kann man mit Topitsch von »kryptonormativen« Begriffen sprechen. Bei ihnen muss man besonders auf der Hut sein, sich nicht auf ungeklärte Vorstellungen einzulassen.

31

3.5 Leistung und Tücken von Metaphern

> »Bei der Argumentation und Kritik, die sich auf die Realität bezieht, muss der Leser den Text rigoros und wortwörtlich verstehen und die Interpretation so gering wie möglich halten. (...) Aus diesem Grund ist die Verwendung von Metaphern oder evokativen Schreibweisen bei der Argumentation und Kritik fast immer inakzeptabel; denn sie haben die Tendenz, den Interpretationsspielraum auszuweiten, anstatt ihn so klein wie möglich zu halten«
>
> *Eugene J. Meehan (1992, 301 f.)*

Unsere Sprache ist so stark von Metaphern durchdrungen, dass wir uns in vielen Fällen kaum noch bewusst sind, wenn wir welche verwenden. Metaphern erweisen sich in vielen Zusammenhängen als hilfreich und nützlich. Man kann sich mit ihrer Hilfe unvertraute Sachverhalte und Gebiete erschließen. Sie können uns den Zugang zu neuen Sachgebieten ermöglichen, gewissermaßen aus vertrauten Zusammenhängen eine Verständnisbrücke in einen neuen Bereich bauen (um es mit einer Metapher auszudrücken). Metaphorischer Sprachgebrauch kann sich somit als sinnvoll erweisen.

Metaphern können sich jedoch auch als ausgesprochen tückisch erweisen, wenn sie unangemessene Vorstellungen entstehen lassen. Sie können ungünstige Annahmen nahelegen, Überlegungen auf eine falsche Fährte locken oder Zusammenhänge und Sachverhalte andeuten, die den tatsächlichen nicht entsprechen. Metaphorischer Sprachgebrauch kann auch verschleiernd wirken. »Gelegentlich mag uns leidlich bewusst sein, dass wir syntaktisch-metaphorisch formulieren, z.B. wenn wir, die metaphorischen Möglichkeiten der Subjekt-Prädikat-Beziehung expansiv nutzend, bestimmte eingeführte Redeweisen gebrauchen, z.B. ›dies Buch möchte ...‹, ›die Wissenschaft sollte sich besinnen auf ...‹, ›die Akademie versteht sich als ...‹. Die Übergänge zum unreflektierten syntaktisch-metaphorischen Denken und Sprechen sind sicher fließend. (...) In die Zone des fließenden Übergangs fallen vielleicht Sätze wie ›die Gerechtigkeit wird sich durchsetzen‹, ›die Revolution verstößt ihre Väter‹, ›die Bildungsreform gerät ins Stocken‹, ›Politik tendiert immer zu ...‹, ›Reform-Modelle zeigen und beweisen uns ...‹. In diesen Beispielen ist der metaphorische Gebrauch der Subjekt-Prädikat-Beziehung damit verknüpft, dass als Subjekte Wörter fungieren, deren Denotate gewissermaßen mit handelnden Personen verglichen oder auch gleichgesetzt werden« (Fooken 1991, 97). Auf diese Weise werden durch den metaphorischen Sprachgebrauch die tatsächlichen Zusammenhänge meist simplifiziert, und es werden die tatsächlich Handelnden nicht mehr erkennbar.

3.6 Risiken bei Abstraktionen und Substantivierungen

Bei der Planung und Durchführung von Vorhaben sollte man sich nicht an anonymen Kräften orientieren, sondern man muss wissen, wer bei welchen Aufga-

32

benstellungen zu welchem Zeitpunkt an welchem Ort die Akteure sind. Abstraktionen in der Beschreibung von Vorhaben können dazu führen, dass nicht mehr erkennbar ist, wer in einem Geschehen verantwortlich handelt und für welche Maßnahmen zuständig ist.

Grundsätzlich kann man Gegenstände, Sachverhalte und Geschehensabläufe in unterschiedlichen Konkretisierungs- oder Abstraktionsgraden betrachten. So kann man sich Vorhaben entweder in sehr vielen konkreten Details oder nur in groben Zügen ausmalen. Für eine Erfassung der Welt und die Bewältigung von Aufgaben haben die Konkretisierung wie die Abstraktion sowohl Vor- als auch Nachteile. Je mehr wir etwas in seinen Einzelheiten betrachten, desto genauer und präziser können wir es begreifen und in seinen Eigenarten durchschauen. Andererseits riskiert man durch das Verbleiben im Konkreten, dass man sich in den Einzelheiten verliert und dadurch den Überblick einbüßt. Der Sinn für größere Zusammenhänge kann verloren gehen. Spätestens dann wird es erforderlich, sich von den Einzelheiten zu lösen und die Gegebenheiten aus einer höheren Warte zu betrachten. Durch diese Abstraktion wird es dann möglich, sich neu zu orientieren, sich zu besinnen und das Denken und Handeln einzuordnen. Verbleibt man andererseits jedoch nur in abstrakten Ebenen und betrachtet die Welt nur noch im großen Überblick, kann es geschehen, dass man bald nicht mehr weiß, »was eigentlich Sache ist«, und dass man »die Bodenhaftung« verliert. Dabei darf man nicht übersehen, dass wir Gegenstände erst dann angemessen handhaben und Sachverhalte treffend bewerten können, wenn wir sie zuvor in ihren Einzelheiten und in deren Zusammenspiel richtig verstanden haben.

Das bedeutet, man muss beides – manchmal im blitzschnellen Wechsel – können: Konkretisieren und Abstrahieren. Das geht jedoch nur dann erfolgreich, wenn die sachlogischen Zusammenhänge zwischen den konkreten Details einerseits und den Abstraktionen andererseits bekannt sind. Wenn dies nicht der Fall ist, riskieren wir Scheinklarheiten. Die abstrakten Begriffe vermitteln nur *den Eindruck* von Klarheit über Sachverhalte und Zusammenhänge, die in Wirklichkeit nicht gegeben ist. Wenn Abstraktionen und Substantivierungen in unserem Sprachgebrauch als Subjekte fungieren, dann kann sich der Eindruck ergeben, dass mit der Existenz des grammatischen Subjekts auch die Frage nach dem handelnden Subjekt beantwortet sei, die in Wirklichkeit jedoch völlig ungeklärt ist.

3.7 Geeignete Betrachtungsebenen

> »Auch beim Planen stellt sich wieder das Problem des Auflösungsgrades, welches uns schon im Zusammenhang mit der Informationsbeschaffung beschäftigt hat. Man kann zu grob planen und zu fein; es kommt darauf an, mit dem *richtigen* Auflösungsgrad zu planen.«
>
> *Dietrich Dörner (1989a, 246)*

Einrichtungen wie Universitäten oder Schulen lassen sich auf unterschiedlichen Ebenen bzw. mit unterschiedlichen Auflösungsgraden betrachten. Je nach Auflö-

[handschriftliche Randnotiz: sauber auf kommen → Ausnahmen → Evaluierung]

sungsgrad bzw. Betrachtungsebene zeigt sich eine solche Einrichtung in einer anderen Gestalt. Auf der so genannten Mikroebene der Einrichtung werden als Einheiten die handelnden Personen erkennbar. Auf dieser Betrachtungsebene bzw. bei diesem Auflösungsgrad können nicht nur die Entscheidungen und Handlungen der einzelnen Akteure, sondern auch die Kommunikation und die Interaktion zwischen ihnen gesehen/dargestellt werden. Auf der nächsthöheren Ebene, der so genannten Mesoebene, geht es um Gruppierungen. Als Einheiten erscheinen jetzt Arbeitsgruppen, Teams oder Belegschaften. Bereits unter diesem Auflösungsgrad werden die konkreten Individuen als Akteure nicht mehr erkennbar, weil von ihnen abstrahiert worden ist (Beispiel: »Die Steuergruppe hat beschlossen.«). Durch eine weitere Abstraktion würde man wiederum den Auflösungsgrad verringern bzw. sich auf eine weitere höhere Betrachtungsebene begeben. Damit ändern sich ebenfalls die Einheiten, in denen sich die Einrichtung zeigt. Das können beispielsweise Stationen, Fakultäten, Unter- oder Oberstufen oder andere Abteilungen sein, in die sich die Gesamtorganisation untergliedert. Wenn man schließlich auch von diesen Untergliederungen abstrahiert, reduziert man den Auflösungsgrad weiter und wechselt bei der Betrachtung in die so genannte Makroebene. Nun ergibt sich als Einheit die *Vorstellung* von der gesamten Einrichtung.

Für die Planung und Durchführung von Vorhaben ist es zweckmäßig, häufig die Betrachtungsebene zu wechseln, hierbei aber die jeweils angemessene auszuwählen. Dabei kommt es hauptsächlich auf die Aufgabenart an, die es zu bearbeiten gilt, um entscheiden zu können, ob sich die Wahl der Betrachtungsebene als angemessen und günstig oder eher als ungeeignet erweist. Die jeweilige Betrachtungsebene sollte also je nach Anliegen und Ziel ausgewählt werden (können). Mit der Betrachtungsebene ändert sich auch die (innere) Logik des Gegenstandes. Die Logik der übergeordneten Ebenen muss sich immer an der Logik der untergeordneten Ebene ausrichten.

Die Logik der Mikroebene sollte damit letztlich den Bezugspunkt für die Logiken der übergeordneten und abstrakteren Betrachtungsebenen ausmachen. Denn die Aufgaben einer Einrichtung (hier: Schule) können nur dann erfolgreich und zweckmäßig durchgeführt werden, wenn sich Meso- und Makroebene an den Gegebenheiten und Logiken der jeweils unteren Ebene (hier: Lernen der Schüler) ausrichten.

3.8   Klares und angemessenes Gegenstandsverständnis

Eine wichtige Voraussetzung für das Gelingen von Vorhaben ist die Orientierung an einem geklärten und angemessenen Gegenstandsverständnis. Um eine Angelegenheit sach- und fachgerecht erledigen zu können, muss man etwas von der entsprechenden Materie und ihren spezifischen Eigenarten verstehen. Nur wer sich darin gut auskennt, kann als ein Fachmann gelten. Wenn hingegen Personen mit Aufgaben betraut werden, für die sie das erforderliche (Sach- oder Gegenstands-)Verständnis nicht mitbringen, dann spricht der Volksmund davon, dass man einen Bock zum Gärtner gemacht habe, dass sich jemand wie ein Elefant im Porzellanladen verhalte oder dass jemand versuche, ein Pferd von hinten aufzuzäumen.

Alle ›Gegenstände‹ – einerlei, ob konkret oder abstrakt, ob beständig oder prozesshaft, ob lebendig oder leblos – enthalten (je nach Betrachtungsebene) eine innere Logik. Je besser Personen diese Logik(en) kennen, desto angemessener können sie mit dem jeweiligen Gegenstand umgehen und ihn erfolgreich handhaben. Der Anspruch an die Klarheit und die Angemessenheit des Gegenstandsverständnisses erhöht sich, wenn man die Gegenstände gestalten, verändern, heilen, reparieren oder »entwickeln« möchte.

Das Gegenstandsverständnis bildet nicht nur die Grundlage für angemessene Handlungsvorstellungen, es begrenzt auch mögliche Veränderungs- oder Zielvorstellungen. Die innere Logik eines Gegenstandes lässt nur bestimmte Umgestaltungen und Entwicklungen zu und schließt andere aus. Ein »Gegenstand« ist nicht beliebig veränderbar, belastbar oder entwicklungsfähig. Verstöße gegen seine innere Logik würden sich bitter rächen. Das Wissen darum hilft bei der Formulierung angemessener Zielvorstellungen und bei der Vermeidung von vergeblichen Wünschen und Hoffnungen. Dieser Sachverhalt enthält nicht nur einen ökonomischen, sondern vor allem auch einen ethischen Aspekt. Er konkretisiert sich in der Metanorm »Sollen impliziert Können«.

3.9   Klare und angemessene Zielformulierungen

> »Wer nicht weiß, wo er hin will, braucht sich nicht wundern, wenn er ganz woanders ankommt.«
> *Dietrich Dörner (1989a, 246)*

Man braucht Lehrern nicht zu sagen, dass klare und angemessene Ziele eine wichtige Voraussetzung für das Gelingen ihres Unterrichts sind. Es ist einsichtig, dass Vorhaben und Projekte nur dann eine reelle Chance auf eine zweckmäßige Planung und eine erfolgreiche Durchführung haben, wenn sich die Verantwortlichen an klaren Zielvorstellungen orientieren (können).

Im Zusammenhang mit seiner Analyse vom Gelingen und Scheitern bei komplexen Aufgaben hat Dörner (1989a) eine Reihe von Gesichtspunkten zusammengestellt, die für das Formulieren von Zielen bedeutsam sind. So ist es beispielsweise günstiger, Ziele so zu formulieren, dass erkennbar wird, was man erreichen möchte, nicht aber das, was man vermeiden möchte. Daher empfiehlt es sich, Ziele sowohl positiv als auch möglichst konkret zu formulieren.

Mit einer klaren und eindeutigen Zielformulierung verhindert man, ungeeignete Maßnahmen zu ergreifen. Hingegen besteht bei diffusen Zielvorstellungen das Risiko, dass man die falschen Aufgaben bearbeitet oder man versucht sich gar an der Lösung von Problemen »nach Maßgabe der Verfügbarkeit über die Methoden. Man löst nicht die Probleme, die man lösen soll, sondern die, die man lösen kann« (Dörner 1989a, 90). Bei unklar oder zu abstrakt formulierten Zielen kann auch nicht genau festgestellt werden, ob ein Vorhaben erfolgreich durchgeführt worden ist oder nicht. Wenn also die Eignung von Maßnahmen und Vorgehensweisen zur Erreichung von Zielen richtig eingeschätzt werden soll, spielt deren sprachliche Fassung eine gewichtige Rolle. »Daher ist die Formulierung und die Umformulierung von Zielen eine zentrale kognitive Tätigkeit« (Dörner 1989a, 74) und hat für die Planung von Vorhaben eine eminente Bedeutung.

Die Frage nach den Zielen ist nicht zuletzt auch deshalb so wichtig, weil man ein Vorhaben nur unter klaren Zielvorstellungen erfolgreich evaluieren kann. Anderenfalls wird man nur schwer erkennen können, ob es seine Bewährungsprobe bestanden hat oder ob eventuell Nachbesserungen erforderlich werden.

3.10 Leistungsfähige Modelle

Es wäre sicher unüberlegt, wenn bei einem Schulentwicklungsvorhaben alle Beteiligten ohne weitere Absprachen einfach mit großem Eifer loslegten. Denn unkoordiniertes Engagement führt zu Ineffektivität und Vergeblichkeiten. Daher braucht man Übersicht und abgestimmte Arbeitspläne.

Bei einer sorgfältigen Planung und Durchführung von Vorhaben sind zahlreiche Einzelheiten in ihrem vielfältigen Zusammenwirken zu bedenken. Das Wissen um deren Zusammenhänge muss man ordnen. »Man braucht keinen Informationshaufen, sondern ein ›Bild‹ von der Sache, damit man Wichtiges von Unwichtigem trennen kann und weiß, was zusammengehört und was nicht. (...) Man muss darüber hinaus die Informationen so integrieren, dass sich eine Art von Gesamtbild, ein ›Modell‹ der Realität, mit der man umgeht, ergibt« (Dörner 1989a, 68).

So wie sich viele Handwerker zunächst einmal eine Zeichnung anfertigen, bevor sie sich ans Werk machen, so kann man sich auch in allen anderen Bereichen das Planen von Vorhaben durch zeichnerische Darstellungen erleichtern. In solch einem Modell sind nicht nur die wichtigsten Elemente oder Variablen aufzuführen, sondern vor allem sind die Beziehungen zwischen ihnen darzustellen. Insbesondere jedoch sollten die Beziehungen zu den erwünschten Zielvorstellungen dargestellt werden, damit das angenommene Wirkgefüge im Vorhaben erkennbar werden kann. Auf diese Weise lassen sich beispielsweise unterschiedliche Phasen oder Stationen innerhalb eines Ablaufs grafisch darstellen: Was muss *zuerst* gegeben sein und was kann erst *danach* in Angriff genommen werden? Man kann auch veranschaulichen, ob man sich den Zusammenhang zwischen einzelnen Elementen als ein *einseitiges Kausalverhältnis* oder als ein *Wechselwirkungsverhältnis* vorstellt. Ebenfalls könnte man den Unterschied zwischen *notwendigen* und *hinreichenden* Bedingungen in einem Modell erkennbar werden lassen. Es könnte auch verdeutlicht werden, ob ein Element sich auf mehrere, andere Elemente auswirkt oder ob sich mehrere Elemente auf ein einziges Element auswirken. Für die *Veranschaulichung der Vorstellungen* innerhalb eines Modells gibt es viele Möglichkeiten wie Notwendigkeiten.

Modelle werden für ihre Aufgaben umso brauchbarer und nützlicher, je genauer und eindeutiger ihre Elemente sowie die Beziehungen zwischen ihnen beschrieben werden können. Umgekehrt gilt, dass Modelle mehr oder weniger nichtssagend und unbrauchbar werden, wenn ihre Elemente ungenau oder mehrdeutig beschrieben werden und die Qualität der Beziehungen zwischen ihnen nicht festgelegt worden ist.

3.11   Taugliche Theorien

>»Immer dann, wenn jemand irgendwo in der Welt durch Handeln ein Ziel zu erreichen versucht, ist eine Theorie erforderlich.«

Eugene J. Meehan (1992, 129)

Theorien kann man als einen Verbund von Aussagen verstehen, die sich auf einen bestimmten Realitätsausschnitt oder Anwendungsbereich beziehen. Sie haben als Ausgangspunkt bestimmte Annahmen, die deutlich gemacht werden müssen, um sie nicht unreflektiert in weitere Überlegungen, Ableitungen, Schlussfolgerungen einfließen zu lassen. Diese müssen ihrerseits in sich selbst widerspruchsfrei sein und dürfen sich auch untereinander nicht widersprechen. Das heißt, die Aussagen dürfen nicht gegen die Regeln der Logik verstoßen. Neben dieser inneren Stimmigkeit ist für Theorien die empirische Fruchtbarkeit ein zentrales Qualitätskriterium.

Theorien werden nicht um ihrer selbst willen geschaffen, sondern weil man mit ihnen etwas erreichen möchte. Insofern lassen sich Theorien als gedankliche Werkzeuge oder als Instrumente für Problemlösungen begreifen. Sie dienen dem Ordnen der Gedanken und dem Bewältigen von Aufgaben. Ebenso sollen sie helfen, Unverständliches und kompliziert Erscheinendes zu verstehen und überschaubar zu machen. Ferner können sie weiterführende Fragen und Hypothesenbildung anregen.

Theorien sind demnach alles andere als unverbindliches und abgehobenes Fabulieren. Sie sollen etwas leisten. Das, was Theorien ›praktisch‹ erbringen sollen, lässt sich gewissermaßen in vier Stufen darstellen.

1. Theorien *beschreiben* etwas. Beschreibungen von Realitätsausschnitten oder Sachverhalten – und zwar möglichst präzise und angemessene – sind erforderlich, wenn man sich erfolgreich orientieren und mit anderen Personen darüber verständigen möchte.

2. Theorien *erklären* etwas. Wenn man wissen will, *warum* sich etwas ereignet hat, dann muss man auch dafür Theorien heranziehen. Ferner gibt es Konstellationen, in denen man wissen möchte, wie ein Geschehen seinen Verlauf nehmen wird oder was künftig passieren könnte.

3. Theorien sind notwendig für *Vorhersagen*. Im Gegensatz zu Beschreibungen basieren Erklärungen und Prognosen auf Wenn-Dann-Aussagen.

4. Theorien braucht man, wenn man etwas erfolgreich *herstellen, gestalten, verändern, bewirken* möchte. Auch in diesem Fall bezieht man sich auf Wenn-Dann-Aussagen.

Diese vier unterschiedlichen Leistungen oder Funktionen von Theorien können in einem Voraussetzungsverhältnis gedacht werden, bei dem das Beschreiben gewissermaßen die Grundlage darstellt, weil die anderen drei Leistungen ohne Beschreibungen nicht erbracht werden können. Klare und eindeutige Beschreibungen sind somit unabdingbar notwendige Voraussetzungen für das Erklären, Vorhersagen sowie für das Bewirken und Verändern.

Theorien, mit deren Hilfe *Beschreibungen, Erklärungen* oder *Prognosen* erstellt werden, nennt man *nomologische* Theorien. Ihre Tauglichkeit wird daran gemessen, ob die Aussagen, die man mit ihrer Hilfe machen kann, zutreffen oder nicht. Wenn man jedoch mit Hilfe von Theorien *Handlungs- und Herstellungswissen* erhalten möchte, dann spricht man von *technologischen* Theorien. Sie sollten nicht danach beurteilt werden, ob ihre Aussagen »wahr« oder »falsch« sind, sondern ob man mit ihnen seine Handlungsabsichten erfolgreich erreichen kann. Sie müssen also für bestimmte Zwecke *nützlich und brauchbar* sein. Das heißt, dass man zum Planen und Durchführen von Vorhaben und Projekten – somit auch für eine erfolgreiche Schulentwicklung – technologische Theorien benötigt, die ihrerseits wiederum auf nomologische Theorien zurückgreifen.

Theorien fallen nicht vollendet vom Himmel, sondern sie sind das Werk von Menschen. Somit gibt es nicht nur über ihre Erfordernisse, Ansprüche und Ausformungen unterschiedliche Vorstellungen, sondern sie können auch in ihrer Qualität und Leistungsfähigkeit unterschiedlich ausfallen. Theorien können ihrerseits wiederum der Gegenstand von Theorien – so genannten Metatheorien bzw. wissenschaftstheoretischen Theorien – werden. In und durch Metatheorien wird beschrieben und begründet, wie man sich den Aufbau von Theorien denken sollte.

Unabhängig davon, wie man sich in den unterschiedlichen metatheoretischen Ansätzen die angemessene Struktur des Aussagenverbundes einer Theorie vorstellt, kann festgestellt werden, dass jemand, der eine ertragreiche Theorie entwickeln möchte, mindestens folgende Leistungen erbringen muss: Zunächst hat er möglichst klare und präzise Vorstellungen – zumindest heuristisch – von dem Gegenstand oder von dem Wirklichkeitsausschnitt zu bilden, für den die zu entwickelnde Theorie taugen soll. Danach sind diese sprachlich so zu formulieren, dass er sich darüber mit anderen Personen verständigen und Intersubjektivität sicherstellen kann. »Die in einer Theorie enthaltenen Begriffe oder Variablen müssen gut definiert sein; denn eine Theorie, die X und Y verbindet, ist nicht sehr nützlich, wenn die Bedeutung von X und Y unklar bleibt« (Meehan 1992,

165). Die Aussagen über den Gegenstand oder den Wirklichkeitsausschnitt dürfen keine Zirkelschlüsse oder Widersprüche enthalten. Vielmehr müssen sie in einem stimmigen Verhältnis zueinander stehen und dürfen die Regeln der Logik nicht verletzen. In einem weiteren Schritt wäre dann zu prüfen, ob man die Aussagen und die aus ihnen vollzogenen Ableitungen auch erfolgreich für Erklärungen und Prognosen heranziehen kann. Dies ist nur dann möglich, wenn sich diese als Hypothesen verstehen, die man empirisch prüfen kann. Es darf sich bei ihnen nicht um Leerformeln handeln. Sollte die erarbeitete Theorie schließlich Beschreibungen, Erklärungen und Vorhersagen erfolgreich leisten können, dann könnte der Theorieentwickler besondere Überlegungen darüber anstellen, mit Hilfe welcher Prozeduren er sie in eine technologische Theorie umwandeln kann, um sie dann fundierend für die Generierung von Handlungen und Maßnahmen einsetzen zu können. Und selbstverständlich hätte er auch in diesem Fall die Bewährung und Nützlichkeit seiner Wenn-Dann-Aussagen durch empirische Überprüfungen nachzuweisen.

Mit anderen Worten: Es reicht für eine Theoriebildung nicht aus, in gut klingenden Formulierungen allgemeine Betrachtungen anzustellen. Auch durch die Einführung eines neuen Begriffs erhält man noch keine Theorie. Ebenso wenig ergeben sich aus Spiegelstrich-Aufzählungen theoretische Vorstellungen. Nicht einmal Aufsatzsammlungen können den Anspruch auf eine Theoriebildung oder eine Theoriepropädeutik erheben, wenn deren innerer Zusammenhang nicht plausibel dargelegt wird. Neben der Klarheit und Eindeutigkeit muss man von Theorien mindestens die Möglichkeit zur Herleitung von Wenn-Dann-Aussagen fordern.

Da sich Theorien auf unterschiedliche Gegenstände oder Wirklichkeitsausschnitte beziehen und auf unterschiedlichen Annahmen basieren, können sie nicht wie Puzzelteile oder Druckknöpfe ineinander greifen. Auch wenn sie in ihren Aussagen dieselben Wörter enthalten mögen, können diese als Begriff wegen der verschiedenen Annahmen und Vorverständnisse unterschiedliche Bedeutungen haben. Man sollte nicht versuchen, divergente Theorien zu einem Theoriebündel zusammenzuführen in der Hoffnung, dass sich daraus ein leistungsfähigeres gedankliches Werkzeug, gewissermaßen eine Art von Supertheorie ergeben würde. Ein Mehr an Theorien garantiert keineswegs automatisch ein Mehr an Leistung und Praktikabilität. Widersprüche, Ungereimtheiten, Konfusionen oder Beliebigkeit könnten ebenfalls das Resultat sein.

Es ist durchaus nicht zwingend, dass die Erfassung komplexer Sachverhalte komplexe Theorien erfordert. Theorien sollten gerade auch die Reduktion von Komplexität ermöglichen. Denn »Komplexität ist keine objektive Größe, sondern eine subjektive« (Dörner 1989a, 61). Sie hängt erheblich von den kognitiven Mitteln und Fähigkeiten der Betrachter bzw. Akteure ab. Wem es gelingt, geeignete Theorien heranzuziehen oder durch eigenes Nachdenken und Erproben selbst zu entwickeln, wird Komplexität zugunsten von Übersichtlichkeit und Vereinfachung reduzieren können.

Es ist ebenfalls nicht zwingend, dass komplexe bzw. komplizierte Theorien leistungsstärker sein müssen als weniger verzweigte Theorien. Vielmehr sollte man versuchen, Theorien so einfach und so verständlich wie möglich zu gestalten. Auch auf Theorien lässt sich ein Bonmot von Albert Einstein beziehen: »Alles sollte so einfach wie möglich gemacht werden, aber nicht einfacher.«

Vorhaben müssen auf tauglichen Theorien basieren, sonst werden Verständigung und Intersubjektivität unter den beteiligten Personen kaum möglich. Abgestimmte Planungen und systematisches Handeln werden ebenfalls erschwert. Ohne Theoriebezug schwindet die Möglichkeit, aus Fehlern zu lernen. Hingegen wächst das Risiko zu Gschaftelhuberei und Betriebsamkeit, zum Verschleudern von Ressourcen, zur Vergeudung menschlicher Arbeitskraft und Lebenszeit. Ohne theoretische Fundierung werden die beteiligten Personen gewissermaßen blind und riskieren, sich trotz eines erheblichen Engagements im Kreis zu drehen.

Daher ist nach der Theorie bzw. nach den Theorien zu fragen, durch welche die SE-Idee ihr gedankliches Fundament erhalten soll.

- Sichern sie als nomologischen Theorien klare und eindeutige Beschreibungen, können sie Sachverhalte erfolgreich erklären und erlauben sie verlässliche Prognosen?
- Können sie als technologische Theorien in überzeugender Weise auf geeignete Instrumente und Maßnahmen verweisen?
- Inwieweit wird durch technologische Theorien den Randbedingungen in der Schulentwicklung Rechung getragen?
- Wird dem Unterschied zwischen nomologischen und technologischen Theorien überhaupt Bedeutung beigemessen?
- Werden unterschiedliche Theorien eventuell konkurrierend herangezogen, um herauszufinden, mit welchen Theorien man in der SE-Praxis am erfolgreichsten die angestrebten Ziele erreichen kann?
- Ist es im Verlauf der kurzen SE-Geschichte aufgrund empirischer Erfahrungen zur Bildung neuer Hypothesen oder Veränderungen in den herangezogenen Theorien gekommen?
- Finden in der SE-Debatte überhaupt theoretische Diskurse statt?

3.12 Bedeutung von Randbedingungen

Technologische Theorien gelten nicht unabhängig von konkreten Gegebenheiten. Vielmehr ist es so, dass ihre Geltung nur unter bestimmten Voraussetzungen gegeben ist. Je allgemeiner eine technologische Theorie formuliert wird, desto größer wird die Wahrscheinlichkeit, dass man bei ihrer Anwendung auf Ausnahmebedingungen stößt, unter denen sie nicht fruchtbar werden kann. Im Alltag hören wir oft auf die Frage, ob dieses oder jenes wohl gelingen könnte, die Antwort »Das kommt ganz darauf an, ob ... « und hören dann von Randbedingungen, die die Gelingenswahrscheinlichkeit sichern, erhöhen, vermindern oder ausschließen (können). Wir erfahren also, was wo, wie und wann gegeben sein muss, damit etwas eintreten oder gelingen kann. Eine Maßnahme kann somit unter einer bestimmten Voraussetzung zum Erfolg führen, während sie unter anderen Bedingungen scheitern kann.

Je größer die Klarheit über die Anzahl der Randbedingungen und über deren Voraussetzungsqualität ist, desto präziser lässt sich der Erfolg des Vorhabens berechnen und desto zweckmäßiger kann man bei der Planung vorgehen. Wenn über die Ge- oder Misslingensvoraussetzungen hingegen nichts bekannt ist, dann riskiert man ein unbedachtes oder gar leichtfertiges Vorgehen. Damit erhöht sich nicht nur die Wahrscheinlichkeit eines Scheiterns, sondern auch die Vergeblichkeit der in das Vorhaben getätigten Investitionen. Daher ist zu fragen, ob und wie in der SE-Debatte die Bedeutung von Randbedingungen angesprochen und beachtet wird.

3.13 Aussagen und Forderungen begründen (können)

Vorhaben können auch deshalb misslingen, weil sich in den Überlegungen zu ihrer Planung und Durchführung unerkannte Lücken befinden. Durch einen unsorgfältigen Sprachgebrauch kann der Eindruck erweckt werden, als seien alle Sachverhalte geklärt, obwohl noch offene Fragen bestehen. Ein Beispiel: Eine Referentin legt ihren Zuhörern dar, dass man Aufgabenstellungen in der Schulentwicklung dadurch bewältigen könne, indem man «intelligente Lösungen« einsetzt. Da die Referentin aber nicht konkret ausführte, was sie unter einer intelligenten Lösung verstand, hatte sie nur scheinbar einen Lösungsweg aufgezeigt, tatsächlich jedoch eine Lücke in ihrer Argumentation geschickt kaschiert. Ohne präzise Erläuterungen müssen »intelligente Lösungen« eine Leerformel bleiben, weil man sich darunter alles Mögliche vorstellen kann.

Es sollte eine Selbstverständlichkeit sein, dass Autoren nicht unbewiesene Behauptungen von sich geben, sondern ihre Aussagen glaubhaft belegen können. Wenn die Aussagen eines Autors etwas als bedeutsam erscheinen lassen, tatsächlich jedoch wegen der fehlenden Erläuterungen keinen weiteren Informationswert haben, dann spricht Meehan (1992, 310) von »Räuspern«. Man hört zwar Geräusche oder liest Wörter, kann daraus aber keine eindeutigen Informationen entnehmen.

3.14 Anwendung erprobter Verfahren

Spätestens dann, wenn bei der Planung eines Vorhabens die einzelnen Schritte festgelegt worden sind und klar ist, welche (Zwischen-)Ziele durch sie erreicht werden sollen, wird es Zeit, sich zu überlegen, welche Instrumente und Verfahren hierbei eingesetzt werden sollten. Für Schulentwicklungsvorhaben veranschaulichen dies Bohl et al. (2010, 14): »Die Protagonisten der Entwicklungsprozesse, Lehrkräfte, Schulleitungen und Steuergruppen sind immer wieder auf konkrete Methoden und Instrumente angewiesen, mit denen sie Maßnahmen evaluieren, Sitzungen gestalten, Konflikte regeln, gezielt beraten, Programme voranbringen oder Teams stärken können.« Dann gilt es, zwei Aspekte zu beachten: Zum einen müssen sich die geplanten Methoden und Verfahren für die angestrebten Ziele eignen. Zum anderen muss gesichert sein, dass sie das erwünschte Resultat auch tatsächlich herbeiführen. Ihre Bewährung sollte empirisch nachgewiesen sein.

Um Missverständnissen vorzubeugen: Dies ist kein Plädoyer dafür, allein nur bewährte Verfahren und Vorgehensweisen anzuwenden und neue, ungewohnte auszuschließen. Im Gegenteil: Auf der Suche nach Verbesserungen müssen wir uns – ganz im Sinne von Karl Popper – immer wieder um neue und auch ungewöhnliche Ideen und Verfahren bemühen. Diese sind jedoch vor einem endgültigen Einsatz gründlich zu prüfen, ob sie das Erhoffte auch tatsächlich einlösen können. Solche Bewährungsprüfungen sollten aber nicht innerhalb eines größeren Vorhabens, sondern außerhalb und zeitlich früher vorgenommen werden, um unnötige Risiken ausschließen zu können. Für die Prüfung der SE-Idee ergibt sich daher die Frage, ob Lehrkräften und Schulleitungen bewährte Methoden und Verfahren angeraten werden oder ob sie riskieren, als »Versuchskaninchen« zu dienen?

3.15 Beachtung von Nebenwirkungen

Handlungen führen nie nur zu einem einzigen Resultat, sondern immer auch zu so genannten Nebeneffekten. Während man bei der Herstellung und Anwendung von Pharmazeutika sehr sensibel für das Thema »Nebenwirkungen« ist, wird es in pädagogischen Zusammenhängen nur sehr selten angesprochen, obwohl es dort ebenfalls um das Wohl und Wehe von Menschen geht. Bevor neue Medikamente auf den Markt kommen, werden ihre Auswirkungen zunächst in Tier- oder Laborversuchen, später an Menschen untersucht. Fast immer geschieht das in so genannten Doppel-Blind-Versuchen. Wenn dann nach einer aufwändigen Forschung die Wahrscheinlichkeiten der erwünschten und unerwünschten Auswirkungen bekannt sind, werden die Resultate in Fachzeitschriften veröffentlicht und auf Beipackzetteln den Medikamenten beigelegt, so dass Ärzte und Patienten nach Abwägung von Nutzen und Risiken sich für oder gegen die Einnahme des Medikamentes entscheiden können.

Es ist klar, dass sich die Auswirkungen von pädagogischen Handlungen und von Schulentwicklungsmaßnahmen nicht so exakt erfassen lassen wie die Effekte von Medikamenten. Man kann daher pädagogische Maßnahmen nicht mit der

Verordnung von Medikamenten vergleichen. Aber muss das bedeuten, dass man hinsichtlich ihrer möglichen Nebenwirkungen geringere Sorgfaltsansprüche haben darf? Es ließe sich auch der umgekehrte Schluss ziehen: Gerade weil sich Handlungen und Vorhaben im Rahmen von Schulentwicklung in ihren kurz- und längerfristigen Auswirkungen und Risiken nicht exakt bestimmen lassen, muss man bei ihrem Einsatz mit großer Sorgfalt und viel Bedacht vorgehen. Werden also in der SE-Debatte die kurz-, mittel- und längerfristigen Nebenwirkungen von Schulentwicklungsmaßnahmen bedacht, diskutiert und untersucht?

3.16 Neu gleich besser?

Durch die empirische Erforschung von Haupt- und Nebenwirkungen in der Pharmaindustrie enthält das Adjektiv »neu« bei der Präsentation *neuer* Medikamente eine zusätzliche Bedeutung. Und zwar bedeutet es unter diesen Bedingungen: *»Bereits sorgfältig und vielfach auf seine Effekte hin untersucht«.* Da viele Produkte – von Lebensmitteln bis hin zu Automobilen – meist in einer längeren Entwicklungszeit auf Herz und Nieren geprüft werden, bevor sie auf den Markt kommen, darf in diesen Fällen »neu« durchaus zu Recht mit »erprobt, bewährt und besser« konnotiert werden. Diese zusätzliche Bedeutung ist jedoch in dem eigentlichen Wortsinn von »neu« weder automatisch noch zwangsläufig enthalten. Etwas Neues kann im Normalfall keineswegs von vornherein für sich beanspruchen, besser oder leistungsfähiger als das Bisherige zu sein. Wenn nicht vorher systematische Leistungsprüfungen vorgenommen wurden, sagt die Bezeichnung »neu« zur Güte eines Produkts, einer Idee, eines Verfahrens oder einer Methode zunächst einmal gar nichts aus. Denn das Neue kann sich auch als minderwertig, unnütz oder überflüssig erweisen. Ob man sich von dem Neuen Erfreuliches erhoffen darf oder ob man von ihm Schlimmes befürchten muss, kann man erst nach empirischen Bewährungsproben wissen. Entsprechend sagt auch »alt« nur etwas über *zeitliche Verhältnisse*, nicht aber etwas über Tauglichkeit und Nützlichkeit eines Produkts bzw. Verfahrens aus. So kann man »alt« ebenso mit »verbraucht, untauglich oder verschlissen« wie mit »bewährt, erfahren, gediegen, erprobt und zuverlässig« kombinieren.

Die Erfahrung zeigt: Nicht wenige Ideen, Methoden und Organisationsformen wurden im pädagogisch-schulischen Bereich als »neu« bzw. als hoffnungsträchtige Innovationen bejubelt und haben sich dann doch als kurzfristige Moden entpuppt. Daher können die Bezeichnungen »neu« oder »Neuheit«, »innovativ« oder »Innovation« nicht für sich beanspruchen, von vornherein für etwas Besseres, Tauglicheres oder Nützlicheres zu stehen. Die Berechtigung für diese zusätzliche Bedeutung müsste durch weitere Erläuterungen und insbesondere durch empirische Belege nachgewiesen werden. Vor allem müssten die dahinter stehenden Wert- und Zielvorstellungen expliziert werden. Auch die Begriffe *Reform*, *Wandel* oder neuerdings *Change* bezeichnen zunächst einmal nur Veränderungen – nicht mehr! Diese Begriffe wie selbstverständlich mit »Verbesserungen« gleichzusetzen, ist eine sprachliche Ungenauigkeit, die sich dem Ideologieverdacht aussetzt, wenn die unterstellten Optimierungen nicht explizit begründet oder empirisch nachgewiesen und wenn die Bewertungsmaßstäbe nicht offengelegt werden.

Wer also an Veränderungen oder Reformen nur preisen kann, dass sie zu ›Neuem‹ führen, oder wer in schwierigen Situationen einfach nur »Neues« bzw. »Neuerungen« fordert, macht es sich zu leicht und riskiert, als Schwadroneur entlarvt zu werden, wenn er das »Neue« weder konkret beschreiben noch seine Nützlichkeit aus empirischen Belegen ableiten noch seine Bewertungskriterien benennen kann.

3.17   Einen Probelauf durchführen

Im Unterkapitel 3.14 wurde betont, dass man bei umfangreichen Vorhaben darauf achten sollte, nur solche Instrumente und Maßnahmen einzusetzen, deren Tauglichkeit in vorangegangenen empirischen Bewährungsprüfungen belegt werden konnte. Doch selbst wenn sich innerhalb der Planung alle Einzelmaßnahmen als tauglich erwiesen haben sollten, ist damit noch nicht gesichert, dass sie sich im Zusammenspiel eines Gesamtvorhabens bewähren werden. Das Gelingen von Einzelmaßnahmen garantiert noch nicht den Erfolg eines Gesamtvorhabens. Aus diesem Grund müssen Gesamtvorhaben oder Endprodukte ihrerseits noch einmal daraufhin überprüft werden, ob sie die in sie gesetzten Hoffnungen und Erwartungen einlösen können. So werden beispielsweise in der Industrie, bevor ein neues Produkt in Serie geht, zunächst nur wenige Einzelexemplare als so genannte Prototypen hergestellt, die dann unter Alltagsbedingungen vielerlei Tauglichkeits- und Bewährungsproben unterzogen werden. Im pädagogisch-schulischen Bereich prüft man die Eignung neuer Schulkonzeptionen hin und wieder dadurch, dass diese nicht sofort flächendeckend eingeführt werden, sondern zunächst einmal an wenigen so genannten Modellschulen erprobt werden. Erst wenn sich die Bewährung der neuen Konzeption erwiesen hat, sollte man über ihre Implementation auf breiter Basis nachdenken und entsprechende Entscheidungen treffen.

3.18   Einlösen von Ansprüchen

Bei Matthaeus 7, 16 heißt es: »An ihren Früchten sollt ihr sie erkennen!« Wer nicht einlösen kann, was er verspricht, riskiert im Sinne dieses Bibelverses als falscher Prophet entlarvt zu werden. SE-Projekte und andere Vorhaben werden nicht um ihrer selbst willen durchgeführt. Man verknüpft mit ihnen vielmehr Erwartungen, Hoffnungen und Wünsche.

Solange Vorhaben noch in den Kinderschuhen stecken, können verständlicher-
weise hier und da noch Ungereimtheiten oder Fehler entdeckt werden, die eventuell einen vollen Ertrag verhindern. Über dieses Stadium ist die Schulentwicklung aber nach Altrichter, Schley & Schratz (1998, 7) längst hinweg. Die Autoren
schreiben bereits vor mehr als einem Jahrzehnt in dem von ihnen herausgegebenen Handbuch zur Schulentwicklung: »Die Schulentwicklungsdiskussion ist aus
den Kinderschuhen heraus, hat die Wachstumskrise der Pubertät bald durchstan-
den mit emotionalem Auf und Ab, ›himmelhoch jauchzend und zu Tode betrübt‹,
sie wird erwachsen und professionell.« Zwölf Jahre später bestätigen Bohl, Helsper, Holtappels & Schelle (2010, 11) diese Einschätzung und schreiben unter
ausdrücklicher Bezugnahme auf dieses Zitat: »Seit Ende der 1980er Jahre hat
sich die Schulentwicklung als ein beständiges Thema von Forschung und Praxis
gleichermaßen erhalten, etabliert und ausgeweitet. (...) Die Thematik der Schulentwicklung hat in den vergangenen zehn Jahren eine Ausweitung und immer
deutlichere Ausdifferenzierung erfahren. (...) Bereits bekannte Theorieansätze
wie diejenigen von Rolff oder Dalin (vgl. Rolff 1993, Dalin 1999), der von Fullan (1999), von Altrichter (vgl. Altrichter & Posch 1996) oder auch von Konzepten der Schulkultur wurden weiterentwickelt.« Also darf man zu Recht fragen: An welchen Früchten lässt sich der Erfolg der SE-Idee ablesen und wo sind
sie zu finden?

3.19 Zweckmäßige Evaluationen

Es war kein Geringerer als Karl Popper, der immer wieder betonte, dass wir
bei der Entwicklung neuer Ideen kühne Phantasie und Kreativität einsetzen sollten, dann aber im zweiten Schritt die Ergebnisse unserer Überlegungen strengen
empirischen Bewährungsproben aussetzen müssten. Nur so lässt sich herausfinden, welche Ideen und Konzepte sich als tauglich erweisen. Damit die Evaluation
von Maßnahmen und Projekten wirklich einen Zugewinn von Kenntnis bringen
kann, müssen bei der Erhebung der Prüfdaten jedoch einige Gesichtspunkte berücksichtigt werden.

So kann man mit einer einmaligen Messung im Anschluss an ein Vorhaben
eigentlich nur dann halbwegs brauchbare Auskünfte erhalten, wenn man zuvor
auf der Grundlage von theoretischen Überlegungen Prognosen über das Eintref-
fen bestimmter Resultate aufgestellt hat. Allerdings können solche ex-post-facto-
Messungen allenfalls Hypothesenbildungen zum Zustandekommen der Resultate anregen. Für den eindeutigen Nachweis von Effekten ist es erforderlich,
sowohl Vorher- als auch Nachher-Messungen durchzuführen. Auf diese Weise
kann man einen Veränderungseffekt besser belegen. Dabei lassen sich noch
nicht die Gründe für sein Entstehen herausfinden. Hierzu müsste man für die
Datenerhebung einen Versuchsplan mit Kontrollgruppen vorsehen. In den Sozialwissenschaften haben sich mehrere – auch multivariate – Vorgehensweisen

als *quasi-experimentelle Versuchspläne* zur Erfassung von Effekten und zu Vergleichen bewährt (Diekmann 2010, Opp 2005), die auch in der Schulentwicklung(sforschung) eingesetzt werden könn(t)en (van Ophuysen 2010). Lange vor Beginn der SE-Debatte hatte bereits Elisabeth Schwarz (1970) im Handbuch für Unterrichtsforschung die methodischen Wege beschrieben, mit deren Hilfe sich Wirkungseffekte unterschiedlicher Vorgehensweisen nachweisen lassen. Da die SE-Idee an sehr vielen Schulen umgesetzt worden ist, hat es unzähligen Möglichkeiten für vergleichende Untersuchungen gegeben. Bedingt durch die große Zahl an interessierten Schulen dürfte dabei die Erstellung von aussagekräftigen multivariaten, quasi-experimentellen Versuchsplänen (mit Wartegruppen) keine prinzipiellen Schwierigkeiten bereiten bzw. bereitet haben.

So darf man auch hier fragen: Hat es in der SE-Forschung Bemühungen gegeben, die Auswirkungen der SE-Idee in einem angemessenen methodischen Vorgehen systematisch zu erfassen? Sind in der Schulentwicklungsforschung vergleichende Untersuchungen vorgenommen worden, mit deren Hilfe sich die Überlegenheit der SE-Idee beim Erreichen bestimmter Ziele gegenüber anderen Vorgehensweisen nachweisen lässt?

3.20 Ethische Erwägungen

Während bei den vorangegangenen Kriterien hauptsächlich nach der Zweckmäßigkeit und nach logischen Zusammenhängen der Gelingensbedingungen gefragt wurde, geht es nun um moralische Grundsätze, um Tugenden, um Haltungen. Es geht um die Frage, welche Entscheidungen und Maßnahmen sich verantworten lassen, insbesondere wenn davon das Wohl und Wehe von anderen Menschen betroffen ist. Es geht um Prinzipien, die möglichst für *alle* Menschen annehmbar sein sollten. Ethische Erwägungen bieten sich als eine Orientierungshilfe gerade auch bei Veränderungen an, wenn Gewohntes und Vertrautes durch bis dahin unbekannte Erneuerungen ergänzt oder ersetzt werden sollen.

Das bekannteste ethische Prinzip zur Steuerung des eigenen Handelns ist der kategorische Imperativ von Immanuel Kant: »Handle nur nach derjenigen Maxime, durch die du zugleich wollen kannst, dass sie ein allgemeines Gesetz werde.« Eine umgangssprachliche Entsprechung findet sich in der Formulierung »Was du nicht willst, das man dir tu, das füge keinem anderen zu!« In anderen Zusammenhängen wird von diesem Grundgedanken auch als »Selbstanwendungsprinzip« oder »Gegenseitigkeitsprinzip« gesprochen. So ist es unter ethischen Gesichtspunkten problematisch, von anderen Personen Entscheidungen und/oder Handlungen zu verlangen, die man für sich selbst prinzipiell ablehnen würde.

Eine weitere ethische Orientierung kann die Metanorm »Sollen impliziert Können« bieten. Da es in der Pädagogik und in der Schulentwicklung darum geht, durch Handlungen und Maßnahmen Ziele zu erreichen, ist es unter ethischer Perspektive höchst bedeutsam, dass solche Forderungen nur dann als redlich und fair gelten können, wenn auch das Potenzial zur Zielerreichung prinzipiell gegeben ist.

Zum Kapitelabschluss: Eugene J. Meehan (1992, 16) fordert in seiner »Praxis des wissenschaftlichen Denkens«: »Kein kritisches Instrumentarium sollte unkritisch übernommen werden.« Daher sind in diesem Kapitel zwanzig Gesichtspunkte zusammengestellt, mit deren Hilfe man die Tauglichkeit von Projekten und Vorhaben sowie die Stimmigkeit ihrer grundlegenden Ideen prüfen kann. Bei ihrer Auswahl dienten sowohl der so genannte gesunde Menschverstand als auch wissenschaftstheoretische Ansprüche zur Orientierung. Anhand dieser Kriterien soll nun die Schulentwicklungsidee auf ihre Stimmigkeit und praktische Tauglichkeit überprüft werden. Die Leserinnen und Leser können sich zuvor ihrerseits mit kritischem Blick entscheiden, ob ihnen diese Prüfkriterien als angemessen erscheinen oder nicht.

4 Anfragen an die Schulentwicklungsidee

Die theoretische Stimmigkeit, die praktische Tauglichkeit sowie die Glaub-würdigkeit der Schulentwicklungsidee werden in diesem Kapitel anhand folgender fünf Fragen überprüft:

1. Was ist mit dem Begriff Schulentwicklung eigentlich gemeint?
2. Wozu soll Schulentwicklung taugen?
3. Wie soll Schulentwicklung funktionieren?
4. Welche theoretischen Vorstellungen fundieren Schulentwicklung?
5. Genügen die Schulentwicklungsidee und ihre Praxis ethischen Kriterien?

4.1 Was ist eigentlich unter Schulentwicklung zu verstehen?

Es gilt zunächst herauszufinden, was mit der SE-Idee genau gemeint sein soll. Denn fairerweise kann man nicht von Schulleitern, von Kollegien oder von Steuer-gruppen verlangen, an ihren Schulen Schulentwicklung begründbar und kompe-tent voranzutreiben, wenn es hierfür weder klare noch eindeutige Vorstellungen gibt. Es wäre auch den Lehrkräften gegenüber nicht redlich, von ihnen neben den bereits bestehenden beruflichen Aufgaben Unterrichten, Beraten, Innovie-ren usw. zusätzlich einen weiteren Arbeitsschwerpunkt »Beteiligung an Schul-entwicklung« zu fordern, wenn es hierfür keine klaren Kriterien gäbe (▶ Kap. 3.2).

Zudem sind auch Dozenten und Studierende in der Lehrerbildung auf ein kla-res und eindeutiges Verständnis von Schulentwicklung angewiesen. Denn ohne klare Vorstellungen von dem zu vermittelnden Gegenstand würden Lehre und Ausbildung kaum gelingen können. Desgleichen brauchen Schulentwicklungsbe-rater präzise Kriterien für eine gelingende Schulentwicklung.

4.1.1 Gibt es klare und eindeutige Vorstellungen?

Die im 2. Kapitel angeführten Hinweise und Erläuterungen zum Verständnis von *Schulentwicklung* beschreiben nur, wie der Begriff eingeführt wurde und dass er *zwei Bedeutungsveränderungen* erfahren hat. Damit wird aber noch nicht klar, was mit ihm genau gemeint sein soll. Diese Unklarheit wird meist nicht bemerkt, weil der Begriff *Schulentwicklung* inzwischen eine große Geläufigkeit erlangt hat. Da er in aller Munde ist, scheint seine Bedeutung sicher und über Zweifel erhaben zu sein. Eine konsequente Überprüfung, ob wirklich alle Begriffsbenutzer dasselbe Verständnis von Schulentwicklung haben, steht aber noch aus. Tatsächlich kann man in der SE-Literatur unzählige Aussagen zur Schulentwicklung finden, die auf den ersten Blick wie Definitionen klingen, die aber de facto den Ansprüchen an Definitionen nicht genügen. Entweder handelt es sich um zirkuläre Formulierungen oder die im Definiens (▶ Kap. 3.2) angeführten Bestimmungsmerkmale sind so ungenau und variabel, dass dadurch die Bedeutung von Schulentwicklung aufgebläht und vage wird.

Viele Beschreibungsvorschläge, die zunächst wie Definitionen klingen mögen, erweisen sich als zirkulär, weil in ihnen »Entwicklung« wiederum mit »Entwicklung/entwickeln« erklärt wird. Einige Beispiele: Esslinger-Hinz (2006, 23) schreibt »Schulentwicklung heißt, dass die Mitglieder eines gesamten Kollegiums in Kooperation eine gemeinsam verantwortete Gestalt von Schule entwickeln und verwirklichen.« An anderer Stelle formuliert sie einen vergleichbaren Zirkel: »Schulentwicklung, (hat) die (...) gezielte Entwicklungsarbeit der gesamten Schule im Blick« (Esslinger-Hinz 2006, 23). Auch Rahm & Schröck (2004, 539) formulieren zirkulär: »Wege der Schulentwicklung, die als systematische Bewältigung von Krisen im Sinne einer Weiterentwicklung von Unterricht und Schule verstanden werden können.« Rolff formuliert (2007d, 134): »Schulentwicklung besteht aus den drei Prozessen Unterrichtsentwicklung (UE), Organisationsentwicklung (OE) und Personalentwicklung (PE).« Gemeinsam mit Buhren beschreibt er diesen Zirkel mit folgenden Worten: »Deshalb wird Schulentwicklung stets als eine Verknüpfung von Organisationsentwicklung, Unterrichtsentwicklung und Personalentwicklung verstanden« (Buhren & Rolff 2009, 13). Und Holtappels (2009, 588) drückt die Zirkularität folgendermaßen aus: »Unter Schulentwicklung wird im Wesentlichen die systematische und zielorientierte Entwicklung von Einzelschulen verstanden.« Aufgrund ihrer Zirkularität erweisen sich alle diese Definitionsbemühungen als untauglich.

Mehrere Autoren versuchen Schulentwicklung durch die Hervorhebung besonderer Merkmale oder Eigenheiten zu kennzeichnen, können damit jedoch keine *so* konkreten und signifikanten Vorstellungen entstehen lassen, dass diese für die Planung und Durchführung von Projekten eine ausreichende Orientierung schaffen könnten:

- »Dreh- und Angelpunkt der Schulentwicklung ist die Einzelschule« (Kempfert & Rolff 2002, 17).
- »Schulentwicklung bedeutet einen gemeinsamen Prozess der Schulmitglieder« (Rolff et al. 2000, 110).
- »Schulentwicklung bedeutet einen tiefen Einschnitt in historische Auffassungen vom Lehrberuf, die vom Unterrichtsbeamten bis hin zum autonomen Schulreformer reichen« (Rahm & Schröck 2004, 540).
- »Schulentwicklung bedingt weitgehend Freiwilligkeit« (IFS – OE-Netzwerk 2000, 87).

- »Schulentwicklung findet in der Schule statt« (IFS – OE-Netzwerk 2000, 87).
- »Schulentwicklung (...) bleibt eine eigene, nicht ausrechenbare Arbeit und ein offener Lernprozess« (Eikenbusch 1998, 133).
- »Schulentwicklung ist ein ganzheitlicher Prozess« (Meyer 2001, 158).
- »Schulentwicklung ist ein komplexer Prozess« (Eikenbusch 1998, 80).
- »Schulentwicklung ist ein Lernprozess« (Eikenbusch 1998, 34; Rolff 2007b, 48).
- »Schulentwicklung ist ein systematischer Prozess, der das Ganze der Schule betrifft und der sich in Schritten vollzieht« (Rolff 2007d, 150).
- »Schulentwicklung meint nicht Maximieren des Unterrichts in den einzelnen Klassen, sondern die LehrerInnen dazu zu bringen, *gemeinsam* über die *gemeinsame* Gestaltung von Schule und Unterricht nachzudenken, daraus entsprechende Konsequenzen für die (Unterrichts-)Praxis abzuleiten und umzusetzen« (Schratz 1996, 27).
- »Was ist eigentlich Schulentwicklung? Um die Antwort vorwegzunehmen: Es handelt sich dabei um einen Systemzusammenhang von Organisations-, Unterrichts- und Personalentwicklung« (Kempfert & Rolff 2002, 19).
- »Was Schulentwicklung ausmacht, lässt sich auf eine einfache bildungspolitische Formel bringen: Den einzelnen Schulen muss mehr Autonomie eingeräumt werden und im Gegenzug müssen neue Formen von Kontrolle aufgebaut werden« (Oelkers 2003, 10 f.).

Die Vielfalt der Gesichtspunkte, die Schulentwicklung charakterisieren sollen, erleichtert in keiner Weise die Herausarbeitung einer klaren Bedeutung des Begriffs Schulentwicklung. Daher könnte bei einem skeptischen Leser, nachdem er die Einschätzung von Gerhard Eikenbusch (1998, 20) »Schulentwicklung ist ein Sammelbecken für eine Reihe unterschiedlicher Innovations- und Veränderungsstrategien« gelesen hat, vielleicht der Verdacht entstehen, dass es sich bei der SE-Idee um ein Sammelsurium von allerlei Gutgemeintem handeln könne. Doch dann stößt er auf Formulierungen, die Schulentwicklung in einem völlig anderen Licht erscheinen lassen, weil in ihnen beispielsweise von einer Programmatik, von einem Konzept, von Dimensionen oder von einer theoretischen Fundierung die Rede ist, was sich mit einem mehr oder weniger beliebigen Sammelsurium nicht vertragen würde. Diese Erwartung wird verstärkt durch die Einschätzung von Holtappels & Rolff (2010, 73): »Andererseits gibt es in der Zunft der Erziehungswissenschaftler spätestens seit 1980 ernsthafte Bemühungen, Begriff und Theorie der Schulentwicklung zu klären.« Beispiele für solche Hinweise zum Verständnis von Schulentwicklung sind:

- »Das IFS enthält verschiedene Blöcke zu unterschiedlichen Dimensionen von Schulentwicklung« (Philipp & Rolff 2004, 53).
- »Schulentwicklung ist (...) als ein organisationstheoretisch fundierter Aufgabenbereich zu verstehen, der über die klassischen Aufgaben des Lehrberufs (Unterrichten, Erziehen, Beraten, Beurteilen; ...) hinausgeht« (Rahm & Schröck 2004, 533).

- »Die Vorstellung vom lernenden Lehrer in lernenden Schulen wird der Programmatik der Schulentwicklung gerecht« (Rahm 2005, 95).
- »Schulentwicklung als systematischer und gesteuerter Prozess« (Bonsen 2010, 199).
- »Implementations- und Innovationsforschung haben Schulentwicklungstheorie und -forschung beeinflusst« (Holtappels 2010d, 27).
- »Systematische Verfahren der Schulentwicklung sind für effiziente Innovationen erforderlich« (Holtappels 2010a, 102).
- »Das Theoriemodell der lernenden Organisation hat wesentlich dazu beigetragen, eine theoriebasierte Konzeption zur internen Schulentwicklung und Selbststeuerung von Organisationen zu entfalten« (Holtappels & Rolff 2010, 76).

Diese Zitate deuten die Existenz einer konzeptionellen Fassung bzw. einer theoretischen Fundierung von Schulentwicklung an. Kaum hat sich deshalb beim Leser eine gewisse Zuversicht gebildet, die Bedeutung von Schulentwicklung doch noch – und zwar auf der Grundlage von theoretischen Überlegungen – erfassen zu können, da lassen sich andere Äußerungen von SE-Autoren finden, die ihn bei seiner Suche nach einem theoretisch fundierten Verständnis von Schulentwicklung wieder entmutigen können:

- »Für Schulentwicklung und Lehrerentwicklung gibt es weder Patentrezepte noch Erfolgsgarantien oder allgemeingültige Muster« (Eikenbusch 1998, 10).
- »Heute ist das Wort ›Schulentwicklung‹ zum Modewort geworden« (Schratz 1996, 11).
- »Schulentwicklung der ganzen Schule ist ein Experiment« (Eikenbusch 1998, 133).
- »Soll Schulentwicklung mehr sein als ein Modewort, sind Impulse ›vor Ort‹ vonnöten, Kreativität, Querdenken *und* Professionalität, Mut zum Erproben von Neuem, Gelassenheit und Zeit zur Reflexion« (Schratz 1996, 8).
- »Was Schulentwicklung in der einzelnen Schule sein kann und was sie sein soll, das müssen die Beteiligten herausfinden und verantworten« (Eikenbusch 1998, 14).
- »Das ist auch Ausdruck dafür, dass Schulentwicklung selbst immer in der Entwicklung ist und nicht zu einem abschließend definierten und exakt abfragbaren Konzept geworden ist« (Eikenbusch 1998, 20).

In der Summe finden sich in der SE-Literatur sehr viele Hinweise auf Schulentwicklung, die alle ahnen lassen, dass Schulentwicklung von großer Wichtigkeit sein muss. Etwas, das den Rahmen bisheriger Vorhaben in Schulen offensichtlich erheblich übersteigt. Damit haben sich aber noch keine eindeutigen Handlungshinweise ergeben. Erst recht keine Kriterien, nach denen man präzise sagen könnte: Hier handelt es sich um eine Schulentwicklung, dort aber (noch) nicht. Im Gegenteil: »Schulentwicklung ist ein schillernder Begriff« (van Holt, Berkemeyer & Bos 2010, 66). Bohl, Helsper, Holtappels & Schelle (2010, 11) führen diese Unklarheiten auf einen Erkenntniszuwachs zurück, der sich einerseits aus »neuen Theorieschüben« und andererseits aus einer »theoretisch geschärften Reflexion von Schulentwicklungsprozessen« ergeben haben soll. Sie schreiben weiter: »Dass die Situation dadurch unübersichtlicher geworden ist, ist nicht überraschend. (...) Dieses Defizit kann nicht nur aus Sicht der Wissenschaft konstatiert werden – für die Protagonistinnen und Protagonisten an Schulen ist es noch schwieriger die Vielfalt der Erkenntnisse zu erkennen und für den eigenen Prozess zu nutzen« (Bohl, Helsper, Holtappels & Schelle 2010, 10). Unter einer derartigen Unübersichtlichkeit werden nicht nur die Personen Schwierigkeiten bekommen, die Schulentwicklung betreiben wollen, sondern auch diejenigen, die andere darin beraten oder gar ausbilden sollen. Ebenso die Menschen, die auf der (schul-)politischen Ebene Entscheidungen treffen sollen, in denen es um Schulentwicklung geht.

> Allerdings halte ich die Begründung von Bohl, Helsper, Holtappels & Schelle für die entstandene Unübersichtlichkeit und für das Schillern des SE-Begriffs für einen völlig inakzeptablen Übertölpelungsversuch der Leser. Diese Autoren unterstellen, dass der SE-Begriff zunächst klar und eindeutig gewesen sei, dann aber durch »neue Theorieschübe« und »theoretisch geschärfte Reflexion« schillernd und unübersichtlich geworden sei. Sie beschreiben nicht, wie man sich diesen Vorgang durch »die Vielfalt der Erkenntnisse« erklären könnte, sondern stellen ihn als unplausible, vor allem aber als unbewiesene Behauptung dar. Wenn geschärfte Reflexionen und neue Erkenntnisse nicht zu Klärungen, sondern zu Unübersichtlichkeiten beitragen sollen, dann stimmt etwas nicht.

Die Suche nach einem eindeutigen und allgemein akzeptierten Verständnis von Schulentwicklung wird nicht erfolgreich. So kommt beispielsweise Eikenbusch (1998, 12) zu dem Resümee: »Alle reden von Schulentwicklung, aber was heißt das eigentlich? (...) Alles, aber auch alles ist Schulentwicklung, das ist die Antwort.« Eikenbusch (1998, 187 ff.) macht daher den ironischen Vorschlag, im Sinne einer Phrasendreschmaschine einen »Schulentwicklung-Definitions-Generator« zu konstruieren. Und Büeler (2000, 19) zieht für sich folgende Bilanz: »Der Begriff der Schulentwicklung wird *vieldeutig* und *unscharf* verwendet; man könnte manchmal den Eindruck gewinnen, Schulentwicklung sei das Patentrezept schlechthin für Probleme im Schulwesen. Alle möglichen Handlungen und Projekte werden darunter subsumiert, ohne dass die Ausgangs-, die Prozess- und die (erwünschten) Wirkungszusammenhänge hinreichend geklärt wären. Die hohe appellative Wirkung des Begriffs kontrastiert eigenartig mit seiner bescheidenen theoretischen Durchdringung.« Selbst Rolff (2007b, 21) muss feststellen: »In dem Maße, wie Ansätze von Schulentwicklung Konjunktur haben, entsteht Vielfalt, Unübersichtlichkeit, Konkurrenz und Mitläufertum: Fast jede Maßnahme von Politik und Verwaltung, sogar Sparmaßnahmen, werden Schulentwicklung genannt, fast alle, die mit Schulen arbeiten, Lehrkräfte ausbilden oder beraten, nennen sich Schulentwickler, und fast alles, was Schulen betreiben, versehen diese mit dem Etikett Schulentwicklung. Der Begriff erscheint ebenso populär wie inflationär.«

Ein inflationär gebrauchter Begriff hat seinen Nutzen verloren. Er gleicht einer Leerformel. Daher ist es verständlich, dass Rolff »Vielfalt, Unübersichtlichkeit, Konkurrenz und Mitläufertum« bedauert, wenn es um Schulentwicklung geht. Allerdings bietet er dieser Entwicklung keinen Einhalt durch eine klärende Präzisierung von dem, was er selbst unter Schulentwicklung versteht. Er gibt auch keine Gesichtspunkte an, an denen man erkennen könnte, wann der Begriff Schulentwicklung in seiner Bedeutung überstrapaziert wird und wann nicht.

Als vorläufiges Ergebnis lässt sich festhalten: Die Bedeutung von Schulentwicklung ist weder klar noch eindeutig. Die Bedeutungsvielfalt erzeugt eine diffuse Beliebigkeit. Ein Begriff, der mit so vielen unterschiedlichen Sachverhalten kombiniert werden kann, besitzt keine klaren Konturen und erweist sich als völlig vage. Theoretisch wie praktisch wird er unbrauchbar. Für eine systematische Planung und begründbare Durchführung von Vorhaben fehlen die Grundlagen. Das verhindert eine fruchtbare Praxis und erschwert die weitere Analyse.

4.1.2 Klärung durch Merkmalsaufzählungen?

Die Vieldeutigkeit des Schulentwicklungsbegriffs hat die Mitarbeiter des Institutes für Schulentwicklung (IFS) in Dortmund auf den Plan gerufen. Durch ihre Initiativen haben die Teilnehmer des IFS-OE-Netzwerkes 1999 auf zwei Tagungen (in Dortmund und in Liestal) gemeinsam ein »*Leitbild für Schulentwicklung und Schulentwicklungsbegleitung*« erarbeitet und in der Hoffnung verabschiedet, dadurch der begrifflichen Unklarheit von Schulentwicklung einen Riegel vorzuschieben. Das Ergebnis dieses Beratungs- und Abstimmungsprozesses wurde 2000 im Journal für Schulentwicklung, Heft 1, 86–89, veröffentlicht, wobei nicht mitgeteilt wird, welche Personen sich an dieser Resolution beteiligt haben. Man darf aber annehmen, dass es sich um Persönlichkeiten handelte, die für sich beanspruchen, sich mit Schulentwicklung auszukennen. Der verabschiedete Text hat folgenden Wortlaut:

»Die Begriffe Schulentwicklung und Schulentwicklungsbegleitung werden seit einiger Zeit inflationär verwendet. Deshalb schlägt das Netzwerk »Organisationsentwicklung in und mit Schulen« des IFS die folgenden Klarstellungen vor, die sich sowohl auf den Begriff wie auch auf die Tätigkeiten beziehen.

Schulentwicklung zielt im Kern auf eine dauerhafte Verbesserung der pädagogischen Qualität von Unterricht und Schule unter Berücksichtigung der sich verändernden Lebens- und Lernbedingungen (Voraussetzungen und Möglichkeiten) der Schülerinnen und Schüler. Getragen wird eine solche Entwicklung im normativen Sinne von einem gemeinsamen Verständnis von guter Schule als konsensfähiger Vision aller Beteiligten (Leitbild).

Um dieses Ziel erreichen zu können, sind vorrangig Selbstentwicklungs- und Selbsterneuerungsfähigkeiten der einzelnen Schulen zu fördern. Die Entwicklung einer (pädagogischen) Schulkultur bedarf der Entwicklung einer institutionellen Lernkultur. Diese zeigt sich u.a. im Vorhandensein systematischer Formen von Reflexion der schulischen Praxis, umfassender Maßnahmen zur Qualitätssicherung (z.B. als Kombination von internen und externen Evaluationen) sowie in der Etablierung einer kollegialen Feedback-Kultur, die sowohl horizontal als auch vertikal organisiert ist.

Konstitutiv sind für dieses Verständnis folgende Merkmale:

- Schulentwicklung findet in der Schule statt, da sie ihre Ziele nur erreichen kann, wenn sie von Schulen selbst geleistet wird.
- Schulentwicklung bedingt weitgehend Freiwilligkeit, da die Qualität von Entwicklungsprozessen nicht von oben verordnet werden kann.

- Durch Schulentwicklung ist der Unterricht als Lernbereich von Schule zu verbessern. Hierzu gehören Lernprozesse, Lernprodukte und Erziehung.
- Schulentwicklung kann nur dort im Sinne ihrer Zielsetzungen wirksam sein, wo sie als Einheit von Unterrichtsentwicklung, Organisationsentwicklung und Personalentwicklung praktiziert wird.
- Wirksame Schulentwicklung erfordert ein beteiligungsorientiertes Vorgehen. Demnach ist es im Entwicklungsverlauf unverzichtbar, entsprechende Beteiligungsprozesse von Lehrpersonen, Schülern, Eltern und anderen Betroffenen zu organisieren.
- Schulentwicklung ist eine Form organisationalen Lernens; eine Hauptaufgabe ist es demnach, entsprechende Lernprozesse zu organisieren.
- Schulentwicklung umfasst auch die Entwicklung der Schulleiterrolle, da Schulleitung im Gesamtprozess eine Schlüsselrolle einnimmt.
- Kontinuität und Nachhaltigkeit sind unverzichtbare Qualitätsmerkmale.
- Ohne ein komplexes internes und/oder externes Unterstützungssystem lassen sich die anspruchsvollen Ziele von Schulentwicklung nur schwer erreichen.«

Diese Aussagen verstehen sich explizit als Klarstellungen, um den inflationären Gebrauch von »Schulentwicklung« und »Schulentwicklungsbegleitung« zugunsten eindeutiger Vorstellungen einzugrenzen. Tatsächlich bieten sie jedoch keine eindeutigen Abgrenzungs- oder Ausschlusskriterien gegenüber Maßnahmen und Vorhaben, die nicht als Schulentwicklung gelten sollen. Die Klärung des Schulentwicklungsbegriffs soll durch den Verweis auf Begriffe erfolgen, die ihrerseits unklar und klärungsbedürftig sind. Sowohl die Zielvorgaben als auch die hierfür zu erledigenden Aufgaben bleiben so unkonkret, dass sie den Charakter von unverbindlichen Schlagworten nicht verlieren können. Was – gut gemeint – zur Verbesserung einer unklaren Situation beitragen soll, führt zu einer Verschlimmbesserung.

Resümee: Seit der Veröffentlichung des Leitbildes sind mehr als 12 Jahre vergangen. Es hat auf die SE-Debatte keinen Einfluss genommen und konnte die inflationäre Verwendung des SE-Begriffs nicht einschränken, da es selbst von Unklarheiten und Mehrdeutigkeiten durchdrungen ist.

4.1.3 Präzisierung durch Hierarchisierung?

Damit bleibt die Präzisierung des SE-Begriffs weiterhin ein Desiderat. Bei einem weiteren »Versuch, Schulentwicklung auf den Begriff zu bringen«, kommt Rolff (2007b, 47) zu folgendem Resultat: »Wenn zum Schluss versucht wird, ein Fazit zu ziehen, so ergibt sich, dass Entwicklung von Einzelschulen bisher aus einem Gemisch von Ideen, Plausibilitäten und Praxisbeispielen besteht. Die Annahmen, Behauptungen und Zusammenhänge sind kaum erforscht. Es wird viel vermutet und wenig gewusst. Schulentwicklung muss sich deshalb stärker auf Schulentwicklungs-Forschung besinnen« (Rolff 2007b, 47f). Allerdings zieht Rolff aus diesen Überlegungen wiederum keine Schlüsse, indem er aufzeigt, wo man sich in der Schulentwicklungsforschung bereits auf bewährtes Wissen beziehen könnte und wo man sich seines Erachtens in einem Vermutungs- bzw. Hypothesenstadium befindet. Rolff gibt auch nicht an, welche Fragestellungen er in einer erforderlichen Forschung für besonders klärungsbedürftig hält und welche er vernachlässigen würde. Insofern lässt sein Verweis auf die Schulentwicklungsforschung noch keine einleuchtenden Lösungsperspektiven erkennen.

Es ist eine trügerische Hoffnung, mit Rolffs Vorschlag, »die Annahmen, Behauptungen und Zusammenhänge« besser zu erforschen, um durch ein Mehr an Wissen Lösungen gewinnen zu können. Man kann in einer desolaten Situation durch Forschung keine Lösungsidee oder gar ein besseres Konzept entdecken, wenn ihre Ausgangspunkte bereits aus unfruchtbaren Vorstellungen herrühren. Allenfalls würde die Situation durch ein Mehr-Desselben (Watzlawick, Weakland & Fisch 1974) erheblich verschlimmert. Wenn Forschung zur Klarheit beitragen soll, dann müssen die ersten Schritte hierzu im Kopf beginnen,

In dieser verfahrenen Lage versucht Rolff (2007b, 48) die Ungereimtheiten der SE-Idee durch folgenden Hinweis zu verbergen: »Schulentwicklung ist ein Lernprozess. Es geht dabei letztlich um die Einführung einer neuen Praxis durch Erfinden, Erproben oder Erneuern. Was immer der Fall sein mag, die Lernprozesse müssen vom Arbeitsplatz ausgehen und die Akteure neue Einsichten gewinnen, ein anderes Verhalten zeigen, neue Wahrnehmungen machen, alte Routinen aufgeben oder neue schaffen.« Da Rolff nicht konkretisiert, was er genau mit neuer Praxis, neuen Einsichten, anderem Verhalten, neuen Wahrnehmungen und neuen Routinen meint, bleiben seine Forderungen Leerformeln und können den beklagten Zustand von »Vielfalt, Unübersichtlichkeit, Konkurrenz und Mitläufertum« in der Schulentwicklung nicht verhindern, sondern befördern ihn (▶ Kap. 3.16).

Diesem missglückten »Versuch, Schulentwicklung auf den Begriff zu bringen«, fügt Rolff (2007b, 48) einen weiteren Präzisierungsversuch hinzu: »Hinsichtlich des Begriffsverständnisses (von Schulentwicklung, erg. J. S.) sind drei Ebenen zu unterscheiden:

- Schulentwicklung ist die bewusste und systematische Weiterentwicklung von Einzelschulen. Man könnte diese häufig vorkommende Form von Schulentwicklung *alltägliche* Schulentwicklung nennen oder Schulentwicklung 1. Ordnung.
- Schulentwicklung zielt darauf ab, Lernende Schulen zu schaffen, die sich selbst organisieren, reflektieren und steuern. Dies wird von den jüngsten Schulgesetzen intendiert und von etlichen Schulen angestrebt, teilweise auch praktiziert. Dies könnte man als Schulentwicklung 2. Ordnung oder *institutionelle* Schulentwicklung bezeichnen.
- Die Entwicklung von Einzelschulen setzt eine Steuerung des Gesamtzusammenhangs voraus, welche Rahmenbedingungen festlegt, die einzelne Schulen bei ihrer Entwicklung nachdrücklich ermuntert und unterstützt, die Selbstkoordinierung anregt, ein Evaluations-System aufbaut (möglicherweise im Nachhinein) und auf Distanz korrigiert. Dies könnte man als Schulentwicklung 3. Ordnung oder als *komplexe* Schulentwicklung begreifen.«

Doch auch dieser Klärungsversuch des Schulentwicklungsbegriffs lässt weit mehr Fragen offen als er zufriedenstellend beantwortet. So handelt es sich bei der ›Schulentwicklung 1. Ordnung‹ nur wieder um eine zirkuläre Formulierung, aus der sich keine konkreten Vorstellungen ableiten lassen. Wenn diese Form von Schulentwicklung sowohl systematisch als auch alltäglich sein soll, wie Rolff schreibt, dann müsste ihre Systematik schon längst bekannt sein und sich ganz leicht darstellen lassen. Die Ausführungen zur »Schulentwicklung 2. Ordnung« bleiben ungenau, weil sie die beiden ungeklärten Begriffe »Schulentwicklung« und »Lernende Schule« enthalten. Auch bei der »Schulentwicklung 3. Ordnung« wird ein geklärte Verständnis von »Schulentwicklung« bzw. »Entwicklung der Einzelschule« nur *unter*stellt, nicht aber *her*gestellt.

Was also wird mit dem Vorschlag gewonnen, sich Schulentwicklung in drei verschiedenen Ebenen zu denken? Inwiefern können dadurch »Vielfalt, Unübersichtlichkeit, Konkurrenz und Mitläufertum« reduziert und künftig verhindert werden? Die Antwort bleibt völlig offen. Denn weder wurden Klarheit und Eindeutigkeit herausgearbeitet noch wurden Ungereimtheiten beseitigt. Durch die Aufteilung von etwas Nebulösem in drei Portionen gewinnt es weder klare Konturen noch Präzision.

Resümee: Rolffs »Versuche, Schulentwicklung auf den Begriff zu bringen«, führen nicht zu einer eindeutigen Begrifflichkeit oder stimmigen Konzeptualisierung, sondern zeigen theoretische Unbeholfenheit und erhöhen die Unklarheiten um den Schulentwicklungsbegriff.

4.1.4 Die Einzelschule als handelndes Subjekt?

Es stellt sich somit die Frage nach der Stimmigkeit einer zentralen Annahme der Schulentwicklungsidee. »Das heute dominierende Verständnis von Schulentwicklung« hängt nach Rolff (2007b, 22) »mit dem weltweiten Paradigmenwechsel von der Perspektive zentralistischer Schulplanung zur Entdeckung der Einzelschule als Gestaltungseinheit« zusammen. Nach diesem neuen Paradigma soll »die Einzelschule der Motor der Entwicklung« (Rolff 2006a, 313) sein.

Zu dieser Perspektivenveränderung hatten zunächst die umfassenden Überlegungen von Per Dalin (1986, 1997) den Ausschlag gegeben. »Nicht der Einzelne oder das System, sondern *die einzelne Schule* ist in der OE der Ausgangspunkt der Erneuerung. ›Schulgestützte Veränderung‹ ist allmählich zu einem Begriff geworden, der genau dies besagt: dass *die Schule* ›die Veränderungseinheit‹ ist – auch bei rein pädagogischen Projekten« (Dalin 1986, 120). Später allerdings bezogen sich die meisten SE-Autoren, wenn es darum ging, »Schulentwicklung als Entwicklung von Einzelschulen« (Holtappels & Rolff 2010, 75) zu verstehen, auf Helmut Fend (1986), der für die Zeitschrift *Die Deutsche Schule* einen Aufsatz mit dem Untertitel »*Die einzelne Schule als pädagogische Handlungseinheit*« geschrieben hatte. Die »Entdeckung der ›Einzelschule als pädagogische Handlungseinheit‹ (Fend 1986)« hat nach Holtappels & Rolff (2004, 54) eine vehemente Schubkraft entfaltet. Denn diese Formulierung haben viele SE-Autoren übernommen und sich von ihr inspirieren lassen. So schreibt beispielsweise Wenzel (2010, 264): »Daher sollte die Einzelschule durch gezielte Maßnahmen als ›pädagogische Handlungseinheit‹ (Fend 1986) verwirklicht werden.« Andere Autoren haben sie in »Einzelschule als Handlungseinheit« (Bohl 2009, 553; Rahm & Schröck 2007, 156) eingekürzt. In jedem Fall aber hieß nun die Richtung: »Entwicklungsprozesse an Einzelschulen gestalten« (Wenzel 2010, 263). »Die Einzelschule soll zum Ausgangspunkt der Reform gemacht werden – und das kann nur begrüßt werden« (Meyer 1997, 53). »Die Stärkung der Einzelschule, verbunden mit Initiativen zur Verbesserung des Schulklimas, zur Kooperation in professionellen Gemeinschaften sowie zum Aufbau einer schulischen Evaluationskultur ermöglicht innerschulische Verständigungsprozesse über Wege zur Zielerreichung« (Rahm 2005, 61). Über die Bedeutung der Einzelschule fallen die Meinungen der SE-Autoren so einhellig aus, dass der in diesem Zusammenhang verwendete Paradigma-Begriff von keinem SE-Autor moniert wurde.

Was aber ist unter einer *Handlungseinheit* zu verstehen? Dieser Begriff wird in der Jurisprudenz, insbesondere im Strafrecht, dafür benutzt, um bei einem Vergehen einzelne strafbare Handlungen voneinander zu unterscheiden, um sich bei der rechtlichen Beurteilung auf nachvollziehbare Kriterien beziehen zu können. Es kommt auch vor, dass bei der Erstellung von Spielfilmen einzelne Sequenzen als »Handlungseinheiten« bezeichnet werden. Wenn nun in der SE-Debatte die Einzelschule als »Handlungseinheit« bezeichnet und wenn ihr zugleich zugestanden wird, sie verfüge über »Gestaltungsautonomie« und erweise sich als »Motor der Entwicklung«, dann erhält der Begriff *Handlungseinheit* die Konnotation von »Handelnder Einheit«. Die Herausbildung dieser Konnotation wird durch die Möglichkeit unterstützt, *Schule* in sprachlichen Darstellungen als Subjekt verwenden zu können. Der Sprachgebrauch in der SE-Literatur legt es nahe, Schulen nicht nur als grammatisches, sondern auch als handelndes Subjekt zu verstehen. Die SE-Autoren verwenden Formulierungen, durch die Schulen als handelnde Wesen mit menschlichen Fähigkeiten und Attributen dargestellt werden. Beispiele:

- »Immer mehr Schulen überlegen sich deshalb, ein Schulprogramm, ein Leitbild zu entwickeln« (Rolff et al. 2000, 7).
- »Auch wenn die Erstellung eines Leitbilds, Programms oder Profils verpflichtend ist, muss sich jede Schule individuell entscheiden, wann und wie sie es bewerkstelligen will« (Rolff et al. 2000, 7).
- »Schulen als korporative Akteure im lokalen Umfeld« (Buchmann 2009, 96).
- »Gute Schulen tun jedoch sehr *Unterschiedliches*« (Fend 2008, 208).
- »So agieren *gute Schulen in sozialen Brennpunkten* anders als in wohlhabenden Gebieten« (Fend 2008, 208).
- »So müssen Schulen akzeptieren, dass sie es mit einer bestimmten, möglicherweise sozial belasteten Schülerschaft zu tun haben« (Fend 2008, 183).
- »Jede Schule muss zu ihren Kunden gute Kontakte pflegen« (Fend 2008, 157).
- »Schulen mit vornehmlich aktiven Lehrkräften erreichen sowohl in Mathematik als auch in Naturwissenschaften höhere Kompetenzzuwächse als Schulen mit vornehmlich passiven Lehrkräften« (Holtappels, Klemm & Rolff 2008, 69).
- »Die Schule überfordert sich daher, wenn sie Ziele verfolgt, die außerhalb der Reichweite von Unterricht liegen, auch wenn – oder weil – damit massive Glaubenssätze verbunden sind« (Oelkers 2003, 62).

- »Das System Schule hat gelernt, mit solchen Problemen umzugehen, ohne zusammenzubrechen oder die eigenen Stärken zu missachten« (Oelkers 2003, 28).
- »Schulen, verstanden als Motoren der Entwicklung, können (...) eigene Kulturen entwickeln und über die Herausbildung einer eigenen Identität in Bildungslandschaften die Qualität ihres Angebots verbessern« (Rahm 2005, 8).
- »Schulen als lernende Systeme gehen vom Einzelfall aus, sie erschließen Zielorientierungen diskursiv, übertragen der Schulleitung Managementaufgaben, bedienen sich des Instrumentariums der Organisationsentwicklung« (Rahm 2005, 9).

Es gibt bei etlichen SE-Autoren Äußerungen, die erkennen lassen, dass sie sich Schulen wie einen Organismus mit eigenen Bedürfnissen und kognitiven Fähigkeiten bzw. wie Subjekte mit einer eigenen Persönlichkeit vorstellen:

- »Trotz dieser vielfältigen Elemente und der unterschiedlichen Kreise von Beteiligten und Betroffenen ist jede Schule eine Ganzheit, die in ihrer Umwelt als Subjekt auftreten kann« (Schley 1995, 162).
- »Schulen sind ›Individualitäten‹ mit eigenem Profil und unterschiedlicher Qualität« (Steffens 1995, 37).
- »Diese Individualität der einzelnen Schule gilt vor dem Hintergrund allgemeiner und für alle Schulen verbindlicher Vorgaben« (Kleingeist-Poensgen 1995, 11).
- » ... muss man sich bewusst machen, dass jede Schule eine unverwechselbare Persönlichkeit besitzt« (Buhren 1994, 10).
- »Schulen sind Individualitäten mit einer spezifischen und identifizierbaren Lernkultur« (Buhren 1995, 203).
- »Die Schule als sich selbst gestaltende Individualität« (Buhren 1995, 204).
- »Schulen können lernen und sie haben die Freiheit zu handeln« (Buhren 1995, 209).
- » ... es signalisiert, dass Schule keine starre Organisation ist, sondern ein lebendiger Organismus, der in seiner Einmaligkeit, geprägt durch die Menschen, die dort arbeiten, und die damit verbundene Schulkultur seine eigene Entwicklung organisiert« (Schratz & Steiner-Löffler 1999, 118).
- »Schulen sind Organismen, sie leben, sie strahlen Atmosphäre aus« (Schley 2004, 25).
- »Weil Schule ein lebendiges soziales System ist, ...« (Rolff et al. 2000, 204).
- »Schulen sind aufgefordert, auf gesellschaftlichen Wandel zu antworten und initiativ zu werden. Sie sollen sich entwickeln und, so legt es der Begriff nahe, sie sind auf dieser Ebene vergleichbar mit Individuen, die sich entwickeln« (Rahm 2005, 25).
- »Schulen handeln also angesichts von Umwelten« (Fend 2008, 146).
- »Schulentwicklung kann aus einem inneren Bedürfnis einer Einzelschule entstehen« (Kastirke 2005, 18).
- »Die Richtlinien und Lehrpläne eines Landes oder Schulträgers sind der Hintergrund, vor dem jede einzelne Schule ihr individuelles Gesicht klärt« (Philipp & Rolff 2004, 20).

- »Das Schulprogramm ist Ausdruck des ganzen Gesichts der Schule« (Philipp & Rolff 2004, 21).
- »Schulentwicklung (...) strebt an, der Entwicklung von Schule und Unterricht eine Richtung zu geben, die dem Gedächtnis der einzelnen Schule eingeschrieben wird und deshalb nachhaltig wirkt« (Esslinger-Hinz 2006, 24).

Nur bei Meyer (1997, 54 f.) finden sich skeptische Einwände gegenüber einem Sprachgebrauch, der Schulen wie agierende Subjekte bzw. wie Wesen mit menschlichen Zügen und Bedürfnissen beschreibt. Leider zieht er daraus nicht die angemessenen Konsequenzen – und zwar mit einer inakzeptablen Begründung:

> »Schulen sind Handlungseinheiten. Das klingt trivial, ist es aber nicht. Denn wir betrachten die einzelne Schule vor Ort wie ein *leibhaftiges Wesen*. Wir sagen, dass eine Schule Interessen verfolgt, dass sie eine eigene ‹Philosophie› und ein pädagogisches Ethos habe, dass sie Abwehrmechanismen und Öffnungssehnsüchte entwickle. Solche Vermenschlichung einer Institution wirft gewisse philosophische und wissenschaftstheoretische Probleme auf – aber wir befinden uns mit diesem Sprachgebrauch in guter Gesellschaft. Nahezu alle Institutions- und Organisationstheoretiker verfahren gleichermaßen (vgl. Türk 1989; Gairing 1996). Weil Schulen als Handlungseinheiten betrachtet werden, können sie sich auch aus eigener Kraft weiterentwickeln.«

Welch merkwürdiges Kausalverständnis! Die Berufung auf die »gute Gesellschaft« mit anderen Autoren entbindet nicht von der Verantwortung für eigene Äußerungen. Vor allem ersetzt sie keine Argumentation(en). Gerade weil die meisten SE-Autoren von Schulen wie von menschlichen Subjekten sprechen, ist die Klarstellung erforderlich, dass Schulen nichts anderes als Einrichtungen ohne eigenen Subjektcharakter sind. Wenn man diesen Sachverhalt nicht klar sieht, dann werden die von Meyer prophezeiten philosophischen und wissenschaftstheoretischen Probleme nicht zu belanglosen und unverbindlichen Gedankenspielen, sondern zu sehr ungünstigen praktischen Konsequenzen führen. Das gilt gerade auch für die sprachliche Formulierung von der »einzelnen Schule als pädagogischer Handlungseinheit«.

Zu dieser missverständlichen und leider auch missverstandenen Formulierung ist es folgendermaßen gekommen: Helmut Fend (2008) verfolgte schon immer das Anliegen, zum besseren Verständnis der Bildungsrealität die pädagogischen Wirkungsverhältnisse auf unterschiedlichen Ebenen zu untersuchen. Bereits 1973 hat er einen ersten Versuch unternommen, pädagogische *Wirkungsanalysen* auf der Schulebene durchzuführen. Da er schon früh bei seinen Erkundungen festgestellt hat, dass sich Schulen trotz derselben Organisationsform erheblich voneinander unterscheiden können, erschien ihm für seine Forschungstätigkeit die Schulebene besonders interessant zu sein. Damit wurde von ihm die Bedeutung der einzelnen Schule hervorgehoben. Indem er sie als *Untersuchungs- und Analyseeinheit* heranzog, konnte er auch ihre pädagogischen Wirkungen erkennbar werden lassen. Als Fend 1986 in diesem Zusammenhang zur Fragestellung »Gute Schulen – schlechte Schulen« wiederum von ihm erhobene empirische Daten analysierte, bezeichnete er die Einzelschule nicht als »Auswertungs-, Untersuchungs- oder Analyseeinheit«, *wie es angemessen gewesen wäre*, sondern verwendete hierfür den unglücklichen Begriff »Handlungseinheit«. Unglücklich ist dieser Begriff deshalb, weil sich aus einer schulspezifischen Auswertung der Daten nicht ableiten lässt, dass Schulen *handeln* (können). Zumal Fend gar keine *Schulen* untersuchte, sondern von *Lehrerkollegien* Einschätzungen zu unterschiedlichen Themenbereichen eingeholt hat. Dabei konnte er feststellen, dass die Merkmale Arbeitszufriedenheit, reichhaltiges Schulleben, Höhe des Integrationsgrades und der Kollegialität, Konsens versus Konflikt, Schülerzuwendung und wahrgenommene Verantwortlichkeit in einem Extremgruppenvergleich besonders gut zwischen »guten Schulen« und »schlechten Schulen« differenzierten. Auch die befragten Lehrkräfte haben in der Untersuchung von Fend gar nicht *gehandelt*. Schon gar nicht innerhalb eines quasi-experimentellen Versuchsplans. Vielmehr hat Fend versucht, *Einflüsse oder Wirkungen* auf Schüler ex-post-facto aus den Lehrereinschätzungen zu erschließen. Fend (1986, 276) ging »es dabei aber vor allem darum, eine Illustration der Erscheinungsformen extrem guter und schlechter Schulen zu liefern, um einen *plastischen Einblick in die Verhältnisse in den entsprechenden Lehrkörpern zu geben*« (Hervorhebung: J. S.). Ferner interessierte ihn bei seiner Wirkungsanalyse die Frage, ob sich eventuell auch außerunterrichtliche Gegebenheiten auf die Schüler auswirken würden. In diesem Zusammenhang zeigte beispielsweise das Item »Tanzveranstaltungen und ähnliches kommen an dieser Schule ziemlich selten vor« die größte Trennschärfe zwischen guten und schlechten Schulen. Insgesamt betont Fend (1986, 276) die Vorläufigkeit seiner Arbeitsergebnisse: »Wir sind aber erst auf dem Weg zu einer Theorie der Schule als pädagogische Handlungseinheit – in Abgrenzung zu Auswirkungen von Bildungssystemen bzw. von Folgen einzelnen Lehrerhandelns. Noch zu wenig wissen wir über die Prozesse, die in solchen Lehrkörpern ablaufen.«

Unter gewissen Fragestellungen mag es bedeutsam sein, die auf Schüler wirkenden Einflüsse auch auf der Schulebene zu analysieren. *Doch sollte man die Analyseebene bzw. die Analyseeinheiten mit ihrer jeweiligen Gemengelage nicht mit einer »Handlungseinheit« verwechseln.* Allenfalls dürfte man von einer Wirkungseinheit sprechen. Der von Fend eingeführte Begriff wurde jedoch leider von vielen SE-Autoren im Sinne einer »handelnden Einheit« (miss-)verstanden und trug auf diese Weise dazu bei, dass sich in der SE-Debatte ein unangemessenes Gegenstandsverständnis von Schule durchgesetzt hat (▶ Kap. 3.8).

Diese Bedeutungsverschiebung erweist sich für zweckmäßige Planungen und Gestaltungen als höchst problematisch. Schulen sind Einrichtungen zur Verfolgung bestimmter Zwecke. Nichts anderes. In der SE-Literatur aber werden Schulen neben speziellen Bedürfnissen viele Eigenschaften und Fähigkeiten von lebendigen Organismen zugeschrieben. Damit beruht die Schulentwicklungsdebatte nicht mehr auf klarem Denken, sondern sie orientiert sich an einer Mystifikation. Diese führt zu folgendem Nachteil: Wenn Schulen als handelnde Einheiten begriffen werden, dann abstrahiert man in der Betrachtungsebene so stark, dass die *eigentlichen* Akteure, um die es in Schulen gehen sollte – nämlich die Menschen – nicht mehr erkennbar werden. Damit wird verschleiert, wer im Schulbetrieb wofür zuständig ist und die entsprechende Verantwortung zu tragen hat. Somit stehen Ausführungen über Schulentwicklungsprozesse – was immer das im Einzelnen sein mag – in dem permanenten Risiko, in die unverbindliche Anonymität abzurutschen.

Die Fokussierung auf die Einzelschule wird jedoch in der SE-Debatte als Paradigmawechsel gefeiert. Es werden den Schulen ein eigenes Gesicht, spezielle Bedürfnisse, eine Individualität, eine unverwechselbare Persönlichkeit, ein eigenes Profil, eine spezielle Kultur sowie eine Entscheidungs- und Handlungsfähigkeit zugesprochen. In der SE-Debatte wird suggeriert, dass bei den vielen Tausenden Schulen in der Bundesrepublik die Unterschiede zwischen ihnen größer als ihre Gemeinsamkeiten seien. Tatsächlich aber gelten für alle Schulen dieselben Schulgesetze, dieselben Inspektionskriterien, das Beamtengesetz, vergleichbare Lehrpläne und Vergütungsrichtlinien. Ebenso erweisen sich die Lehrerausbildung, der Fächerkanon sowie die Genehmigungskriterien für Schulbücher als vergleichbar.

Resümee: Mit der Einzigartigkeit der Einzelschule wird ein Konstrukt erschaffen, das sich für eine fruchtbare Orientierung nicht eignet. Dem diesbezüglichen Eingeständnis von Rolff (2010b, 35) ist nichts mehr hinzuzufügen: »Wenn zum Schluss versucht wird, ein Fazit zu ziehen, so ergibt sich, dass Entwicklung von Einzelschulen bisher aus einem Gemisch von Ideen, Plausibilitäten und Praxisbeispielen besteht. Die Annahnen, Behauptungen und Zusammenhänge sind kaum erforscht. Es wird viel vermutet und wenig gewusst.«

4.1.5 Was ist eigentlich mit »Schule« gemeint?

Wie oben erläutert, ist Fend (1986) bei der Formulierung seines Untertitels »Die einzelne Schule als pädagogische Handlungseinheit« missverständlich vorgegangen. Unklar bleibt aber auch, was er mit *Schule* gemeint haben mag. An manchen Stellen kann man vermuten, dass er dabei an das *Kollegium* unter Ausschluss der Schulleitung gedacht hat. An anderen Stellen scheint er damit das *Schulleben* zu meinen. Dann wiederum ergibt sich der Eindruck, es gehe ihm um so etwas wie eine *Schulatmosphäre* oder um eine pädagogische *Haltung*. Der Begriff *Schule* erhält von Fend (1986 und ebenfalls 2008) unterschiedliche Bedeutungen. Doch nicht nur bei Fend, sondern in der gesamten SE-Literatur wird der Begriff *Schule* mal mit dieser, mal mit jener Bedeutung verwendet – ohne dass dies von den Autoren angezeigt wird. Die Leser der SE-Literatur können also manchmal *ahnen*, aber *nie sicher wissen*, was gemeint sein soll, wenn SE-Autoren den Ausdruck *Schule* verwenden. Bisweilen kann man auch den Eindruck bekommen, dass die Autoren selbst nicht zu wissen scheinen, was sie genau mit *Schule* meinen.

Einige unterschiedliche Bedeutungsmöglichkeiten von »Schule« aus der Alltagssprache lassen sich an folgendem fiktiven Schülergespräch verdeutlichen:

»Gehst du eigentlich schon zur Schule?« (=> Einrichtung, Institution)
»Welche Schule besuchst du denn?« (=> Schulart)
»Na, dann holt mein Vater dich morgen von der Schule ab.« (=> Ort, Schulgebäude)
»Der ist nämlich noch einer von der alten Schule.« (=> Höflichkeit, Anstand)
»Das soll aber nicht zur Schule werden!« (=> Gewohnheit)
»Gefällt es dir eigentlich in der Schule?« (=> Unspezifisch und mehrdeutig)
»Klar, meine Schule hat sogar den Wettkampf gewonnen!« (=> Schulmannschaft)
»Außerdem veranstaltet meine Schule morgen einen Basar!« (=> Einrichtung)
»Der findet in diesem Jahr allerdings nicht in der Schule statt.« (=> Schulgebäude)
»Mit dem Ertrag will die Schule ein Entwicklungsprojekt in Afrika unterstützen.« (=> Schulleitung in Abstimmung mit dem Kollegium und der Schülervertretung)
»Das hat die ganze Schule unterschrieben.« (=> Schulleitung und Kollegium)
»Solche Maßnahmen hat unsere Schule im Schulprogramm festgeschrieben.« (=> Kollegium)
»Daher war unsere Schule beim Empfang nicht vertreten.« (=> Schulleitung, Delegation)
»In der Projektwoche fährt unsere Schule nach Berlin.« (=> Ausgewählte Klassen)
»Deshalb habe ich die Schule nicht angesprüht.« (=> Außenwand des Schulgebäudes)
»Hast du deine Bewerbung schon bei der Schule eingereicht?« (=> Sekretariat, Verwaltung)
»Die Schule ist auch nicht mehr das, was sie mal war.« (=> Unspezifisch und mehrdeutig)
»Ich finde Schule einfach zum Kotzen!« (=> Unspezifisch und mehrdeutig)

In der Schulentwicklung geht es aber nicht um den Sprachgebrauch von Jugendlichen, sondern es sollen Konzepte und Maßnahmen erarbeitet werden, um in der Zusammenarbeit von vielen Menschen anspruchsvolle Veränderungen gestalten zu können. Deren ultimatives Ziel sollen die Lernfortschritte von Schülern sein. Dieser Anspruch verlangt einen präzisen und eindeutigen Sprachgebrauch. Doch verwenden auch die SE-Autoren den Begriff »Schule« mehrdeutig und missverständlich. Wenn in ihren Ausführungen von Schule die Rede ist, kann damit ganz Unterschiedliches gemeint sein. Hierfür wieder einige Beispiele:

- »Ein hoher Reflexionsgrad einer Schule im Sinne einer professionellen Lerngemeinschaft von Lehrenden erweist sich als Kern von aufgabenorientierten und problembewältigungsstarken Kollegien« (Fend 2008, 209).
- »Jede Schule muss zu ihren Kunden gute Kontakte pflegen« (Fend 2008, 157).
- »Studien zu eigenverantwortlich geführten und restrukturierten Schulen lassen vermuten, dass die meisten Schulen nicht so organisiert sind, dass sie Initiativen von Lehrkräften unterstützen« (Feldhoff, Kanders & Rolff 2008a, 52)
- »Diese (Ausbildung) reicht aus, den Schulen zu helfen, neue Aufgaben anzupacken, wie zum Beispiel Evaluation, partizipative Schulleitung, Motivation des Kollegiums, Teamentwicklung, Projekt- und Konfliktmanagement« (Rolff et al. 2000, 249).

Wenn als ultimative Zielsetzung von Schulentwicklung die Lernfortschritte von Schülern gelten sollen, dann darf man annehmen, dass diese im Schulunterricht auch lernen sollen, ihre gedanklichen Vorstellungen und Interessen klar und eindeutig zu artikulieren. Wie aber soll durch Schulentwicklung dieser Anspruch eingelöst werden können, wenn schon ihre Idee und ihre Gegenstandsbestimmung auf einem unklaren Sprachgebrauch basieren? Dass sich eine Mehrdeutigkeit und eine Bedeutungsfluktuation bei Begriffsverwendungen für gegenseitige Verständigung, die Planung von Vorhaben und die kooperative Zusammenarbeit äußerst nachteilig auswirken, wurde bereits im ▶ Kap. 3.1 ausführlich dargestellt. Dies gilt umso mehr, wenn diese sprachlichen Ungenauigkeiten nicht erkannt und aufgedeckt werden. Wenn SE-Autoren selbst nicht mehr bemerken, dass sie innerhalb eines Satzes »Schule« in unterschiedlichem Verständnis, zugleich als handelndes Subjekt und als behandeltes Objekt oder als Ort verwenden – wie die nachfolgenden Beispiele zeigen –, dann werden präzisierende Korrekturen und gedankliche Klarheit kaum noch möglich.

- »Die einzelne Schule soll befähigt werden, die pädagogisch-organisatorische Gestaltung und Entwicklung der eigenen Schule – im Sinne von Selbsterneuerung – möglichst vollständig und professionell in die Hand zu nehmen« (Holtappels 2007, 13).
- »Im Kern geht es darum, Schulen zu einer »lernenden Organisation« zu entwickeln, die kontinuierlich die Schule erneuert und an neue Anforderungen anpasst« (Holtappels 2007, 13 f.).
- »Schulentwicklung findet in der Schule statt, da sie ihre Ziele nur erreichen kann, wenn sie von Schulen selbst geleistet wird« (IFS-OE-Netzwerk 2000, 86).

Resümee: Wenn die Bezeichnung *Schule* – meist unbemerkt - in unterschiedlichen Bedeutungen verwendet wird, kann es keine klaren Vorstellungen über ihre innere Logik geben. Wenn die innere Logik eines Gegenstandes nicht geklärt ist, wird dessen Entwicklung (im Sinne einer Verbesserung) kaum möglich werden können.

4.1.6 Wie ist eine ganze Schule zu denken?

Etliche Schulentwicklungsautoren betonen, dass es bei der Schulentwicklung um die Entwicklung der *ganzen* Schule gehe. »Mit Einzelschule ist das Ganze der Schule gemeint« (Rolff et al. 2000, 14). So stellen Philipp & Rolff (2004, 26) die These auf: »Nur wenn der Blick aufs Ganze gerichtet wird, kann verhindert werden, dass man sich in Methodenfragen und technischen Einzelheiten verliert.« Nach ihren Erfahrungen bekommen Schulentwicklungsprozesse durch die Einrichtung von Steuergruppen bessere Chancen »sich auf das Ganze der Schule zu beziehen« (Philipp & Rolff 2004, 34). Außerdem habe die neuere Schulforschung gezeigt, dass Schulprogramme sich vorzüglich eigneten, um »am Ganzen der Schule (zu) arbeiten« (Philipp & Rolff 2004, 15). Insbesondere bei der Entwicklung von Visionen habe ein Kollegium »den Blick aufs Ganze der Schule zu richten« (Philipp & Rolff 2004, 70).

Bei dem von Dalin & Rolff (1990) beschriebenen Institutionellen Schulentwicklungsprogramm (ISP) handelt es sich nach der Einschätzung von Rolff (1996, 9) »um einen Organisationsentwicklungsprozess, der sich auf das Ganze der Schule bezieht.« In diesem Zusammenhang hatten Dalin & Rolff (1990, 48) schon sehr früh auf die Bedeutung der Bedürfnisse von Schulen hingewiesen: »Einzelbedürfnisse mit den wirklichen Bedürfnissen der ganzen Schule zu vermitteln, ist mithin eine der Hauptaufgaben des ISP.« Ohne »den Blick auf das Ganze der Schule«, meint Rolff (1996, 36), würden Vorhaben nur zu einem Projekt neben anderen werden. Denn »charakteristisch für OE-Konzepte ist, dass sie sich auf das Ganze der Schule beziehen und nicht nur auf Teilaspekte« (Kempfert & Rolff 2002, 19). Schratz & Steiner-Löffler (1999, 28) erläutern in diesem Zusammenhang: »Vielleicht ist der Blick aufs Ganze umso wichtiger, je kleiner der Teil ist, den jemand bearbeitet.« Entsprechend geben Schratz, Iby & Radnitzky (2000, 14) die Devise aus: »Das Ganze im Blick haben, aber klein anfangen.« Zusammenfassend betont Rolff (2007d, 150): »Schulentwicklung ist ein systematischer Prozess, der das Ganze der Schule betrifft und der sich in Schritten vollzieht.«

Auch Kastirke (2005, 18 und 25) und Schratz (1996, 7) beziehen sich in ihren Ausführungen zur Schulentwicklung auf »die Schule als Ganzes«. Schratz & Steiner-Löffler (1999, 119) sprechen sogar von der »Selbstentwicklung der Schule als Ganzes.« Unter dieser Sichtweise ist es nur folgerichtig, wenn Rolff & Schley (1997, 12 und 14) Schulentwicklern empfehlen: »Am Anfang muss man bereits aufs Ganze gehen« sowie »fasse das Ganze in den Blick, wenn du einen Teil erfolgreich bewältigen willst.« Entsprechend bekräftigen Dalin & Rolff (1990, 133): »Die Projekte der Schulentwicklung sollte schon aufs Ganze der Schule

63

zielen.« In diesem Sinne begründet Schley (1998a, 25) derartige Vorstellungen: »Der Versuch, die Organisation Schule über psychologische Prozesse zu verändern, (...) hat sich nur als begrenzt funktional und zielführend erwiesen. Für den Einzelnen brachte es Entlastung und Verständnis, für die Organisation als Ganzes keine Veränderung.« Organisations- bzw. Schulentwicklung sei anspruchsvoller. »Darin besteht die Kunst, (...) die Organisation als Ganzes zu verändern« (Schley 1998a, 33). Deshalb gehört für Schley (1998a, 41) zu den Prinzipien der Organisationsentwicklung auch das »Ganzheitliche Denken und Handeln.«

Durch die Verweise auf die *ganze Schule* bzw. auf die *Schule als Ganzes* wird noch viel undeutlicher, worum es bei Schulentwicklung eigentlich gehen soll, weil »das Ganze« einer Schule nämlich gar nicht gedacht und damit auch nicht »in den Blick genommen« werden kann. Die Organisation Schule ist nichts anderes als eine gedankliche Konstruktion, in der Räume, Menschen, Möbel, Geräte, Gesetze, Erlasse und viele weitere Einzelheiten in einem vielfältigen und schwer zu überblickenden Zusammenhangsverhältnis stehen. Jedes einzelne Teil (vom Radiergummi bis zur Pausenklingel) hat eine Funktion und somit eine spezielle Bedeutung. Es ist schlicht unmöglich, all die vielen Einzelteile in ihren gegenseitigen Beziehungen *gleichzeitig* »als Ganzes in den Blick« zu nehmen. Daher muss man, wenn man an *Schule* denkt, notwendigerweise immer Ausschnitte oder Aspekte erfassen. Irgendwo, meist an konkreten Gegenständen oder Räumen, vielleicht auch an Personen oder an Aufgaben müssen die Gedanken in das, was man *Schule* nennt, einen Einstieg finden. Sie können dann im zeitlichen Nacheinander, den unterschiedlichsten Gesichtspunkten folgend, viele weitere Einzelheiten erfassen. Selbst wenn es der Person gelingen sollte, sich nicht zu verzetteln, wird es ihr dennoch nicht möglich werden, all die vielen Einzelheiten »mit einem Schlag« gemeinsam »als Ganzes« zu denken. Daher muss sie von den konkreten Einzelheiten und Ausgangsdaten abstrahieren. Diese Abstraktion kann sie in unterschiedlichem Ausmaß bzw. in unterschiedlich großen Stufungen vornehmen. Auf diese Weise kann sie zu erfassbaren Denkeinheiten gelangen und wieder einen Überblick gewinnen (▶ Kap. 3.7). Möglicherweise gewinnt sie dabei sogar den Eindruck, an etwas «Ganzes« zu denken. Tatsächlich denkt sie nur an eine *Abstraktion*, durch die unzählige Einzelheiten »unsichtbar« geworden sind. In der Abstraktion hat sie etwas »abgezogen« oder von etwas »abgesehen«. *Abstraktion* und *das Ganze* sind deshalb nicht dasselbe (vgl. ▶ Kap. 3.7), sondern Unterschiedliches.

Wenn es um die Frage nach der *ganzen Schule* geht, ist ferner zu bedenken, dass man Schule auch aus unterschiedlicher *Perspektive* bzw. unter verschiedenen *Aspekten* wahrnehmen kann. Dadurch verändert sich ihre Bedeutung. Im Folgenden werden einige Aspekte von Schule *allein* von Helmut Fend (2008) aufgeführt:

- »Schule als ganzheitlicher Erfahrungsraum« (Fend 2008, 162).
- »Schule als eine Institution mit Bildungsauftrag« (Fend 2008, 162).
- »Die Einzelschule als pädagogische Handlungseinheit« (Fend 2008, 160).
- »Einzelne Schulen (...) als komplexe Regelsysteme des Zusammenhandelns« (Fend 2008, 160).

- »Schulen sind Kunstwerke der rationalen Organisation von Lernprozessen« (Fend 2008, 159).
- »Schulen als innovative Unternehmen« (Fend 2008, 156).
- »Schulen als Korporative Akteure« (Fend 2008, 155).
- »Schule als Verantwortungsgemeinschaft« (Fend 2008, 146).
- »Schule als Gemeinschaftsaufgabe« (Fend 2008, 147).
- »Schule als Ort der Interessenaushandlung« (Fend 2008, 206).
- »Schulen sind keine souveränen Betriebe« (Fend 2008, 228).
- »Schulen sind heute (...) eher kundenorientierte Dienstleistungsbetriebe« (Fend 2008, 229).
- »Schulen sind selbstreflexive und lernende Orte« (Fend 2008, 229).
- »Schulen sind gestaltete Lebensräume« (Fend 2008, 229).
- »Schulen sind (...) Orte vielfältiger kultureller und sozialer Erfahrungen« (Fend 2008, 229).
- »Schule als Lebensraum« (Fend 2008, 231).
- »Schule als Ort der Kompetenzentwicklung von Lehrern und der Qualitätskontrolle des Unterrichts« (Fend 2008, 232).
- »In der Summe wird die Schule zu einem strategisch bedeutsamen Ort des Lernens von Lehrern« (Fend 2008, 232).
- »In der Summe wird die Schule zu (...) einem Ort der Personalentwicklung und Organisationsentwicklung« (Fend 2008, 232).
- »Schulen als lernende Organisation und Orte der Qualitätsentwicklung« (Fend 2008, 232).
- »Schule als Erfahrungsraum für die Humanentwicklung« (Fend 2008, 369).
- »Die Schule ist der Mittelpunkt für ein Training von Kompetenzen und Qualifikationen« (Fend 2008, 369).
- »Schulen sind Orte der Identitätsfindung für heranwachsende Menschen« (Fend 2008, 369).
- »Schulen sind Orte zur Erfahrung der Verfügung des Menschen über sich selber« (Fend 2008, 369).
- »Schulen sind Orte der Erweiterung von Ausdrucksmöglichkeiten des Menschen« (Fend 2008, 369).
- »Schulen sind Orte der Erfahrung von Gemeinschaft« (Fend 2008, 370).
- »Schulen sind Orte der Erfahrung von Gesellschaft« (Fend 2008, 370).

Diese unterschiedlichen Perspektiven auf Schule, die durch andere Autoren vermutlich noch erweitert werden könnten – z.B. »Schulen als Entwicklungslabore« (Rolff 2007e, 236) – werden konsequenterweise auch unterschiedliche Verständnisse von Schulentwicklung nach sich ziehen, die ihrerseits zu unterschiedlichen Prioritäten und Maßnahmen führen müssen. Es wird deutlich, dass Schulentwicklung ohne Klärung und Aufdeckung des erkenntnisleitenden Interesses stimmigerweise nicht durchgeführt werden sollte. Auf ihre Vieldeutigkeit und die dadurch entstehenden offenen Fragen wird an dieser Stelle nicht eingegangen.

Somit bleibt, dass die *ganze Schule* bzw. die *Schule als Ganzes* unfassbare Größen sind. Auch der Vorsatz, eine »ganzheitliche Schulentwicklung« (Rolff 2011a) betreiben zu wollen, wird ein frommer, aber unerfüllbarer Wunsch bleiben müssen.

Hilbert Meyer (1999, 32) hat keine Bedenken gegenüber der Ganzheitssichtweise. Er schreibt: »Die Schule als Ganzes kann (...) zu einer reicheren Problemsicht kommen als jeder einzelne Angehörige. Das liegt an den Synergieeffekten bei der Zusammenarbeit von Menschen mit unterschiedlichen Kompetenzen (»das Ganze ist mehr als die Addition der Teile«).« Zu dieser Argumentation bzw. zum angeblichen Vorteil der »Schule als Ganzes« sind zwei Einwände zu bedenken:

Zunächst gilt der Satz, dass das Ganze mehr als die Summe seiner Teile sei, nur für solche »Gegenstände«, die sich in Teile zerlegen lassen, die ineinander greifen, also z. B. für Uhren, Autos, Küchenmaschinen, Gebäude, IKEA-Möbel, Labtops, Tier- oder Menschenkörper. In diesen Fällen ist das »Ganze« deshalb mehr, weil durch die Zusammensetzung der Teile – also durch die *Struktur*, durch die sie verbunden sind – etwas Funktionstüchtiges entsteht. Das »Mehr« ergibt sich aus dem *Wissen um das Zusammengehören* der Teile. Lägen nämlich dieselben Teile unkoordiniert nebeneinander, ergäbe sich aus ihnen kein *Ganzes*, sondern nur ein *Haufen*. Aus vielen Kollegiumsmitgliedern, selbst aus allen ergibt sich ebenfalls kein Ganzes, auch wenn man vom »ganzen Kollegium« sprechen kann, sondern nur eine Summierung, d. h. ein Haufen. »Ganzes« und »Alle« stehen für zwei unterschiedliche Gegebenheiten und sollten deshalb nicht miteinander verwechselt werden. Selbst wenn *alle* Kollegen zusammenständen »wie ein Mann«, ergäben sie eben nur »Alle«, nicht aber ein »Ganzes«, schon gar nicht eine »Schule als Ganzes«.

Zum anderen ist es keineswegs eine gelöste Frage, wie sich aus mehreren unterschiedlichen Problemsichten von Kollegiumsmitgliedern eine gemeinsame »reichere Problemsicht« ergeben können soll. Selbstverständlich ist nicht auszuschließen, dass sich durch Austausch und Diskussionen auch »reichere Problemsichten« und »Synergieeffekte« ergeben können, allerdings ist dies keine automatische Regel. Viele Beobachtungen sprechen dafür, dass unterschiedliche Sichtweisen in Kollegien auch zu Verhärtungen und zur Frontenbildung führen können. Je größer Kollegien werden, desto größer wird auch das Risiko von Anonymität, Teilnahmslosigkeit und Unverbindlichkeit, nicht aber die Wahrscheinlichkeit, dass »reichere Problemsichten« entstehen. Es gibt dann Mehrheitsentscheidungen, manches Mal auch Kompromisse, ganz selten jedoch wird auf der Grundlage einer »reicheren Problemsicht« ein wirklicher Konsens erarbeitet. Nicht zuletzt deshalb wird Steuergruppen empfohlen, sich in ihrer Arbeit von so genannten Schulentwicklungsmoderatoren begleiten und unterstützen (Huber 2009b; Holtappels & Feldhoff 2010, 163) oder sich durch spezielle Fortbildungen (Berkemeyer & Feldhoff 2010) besonders qualifizieren zu lassen. Außerdem wäre skeptisch anzufragen, weshalb in der SE-Literatur der Begriff »Widerstand« so eine große Aufmerksamkeit erhalten hat (Altrichter & Salzgeber 1996, Eikenbusch 1998, Horster 2006, Meyer 1997, Reh 2010, Rolff 2006a, Schley 1998a). Ohne entsprechende empirische Erfahrungen mit Sicherheit nicht. Daher ist die These von den Synergieeffekten und den »reicheren Problemsichten« lediglich eine der vielen Behauptungen innerhalb der SE-Debatte, die nicht durch systematisch erhobene empirische Ergebnisse belegt werden können (vgl. ▶ Kap. 3.18), sondern Lehrkräften und Schulleitungen nur idealisierende Möglichkeiten schildern.

Resümee: Insgesamt ist festzuhalten, dass die Rede von der *ganzen Schule* oder von *der Schule als Ganzes* das Verständnis von Schulen nicht differenzierter, sondern unklarer und nebulöser werden lässt (vgl. Topitsch 1960, 260 f.). Diese Formulierungen gleichen hohlen Phrasen. Was dies für die Gestaltung und Veränderung von Schulen bedeutet, drückt Fend (2008, 12) folgendermaßen aus: »Wer das System nicht versteht, der neigt dazu, in den Oberflächenphänomenen die Probleme zu sehen und auch die Lösung in der Bearbeitung der Oberflächenphänomene zu suchen. Erst wenn man das System versteht, kann man seine Fehlfunktion beheben.«

4.1.7 Können gute Schulen Probleme lösen?

In der Literatur zur Schulentwicklung wird eine Reihe von Begriffen verwendet, die zur genaueren Kennzeichnung von Schulen dienen sollen. Am häufigsten wird von der »guten Schule« berichtet bzw. es wird danach gefragt, woran man sie erkennen könne. So schreiben Dalin & Rolff (1990, 115): »Seit Ende der 70er Jahre konzentriert sich ein Teil der Schulforschung darauf, mit empirischen Untersuchungen die Frage zu beantworten: Was ist eine gute Schule?« Es sieht aber nicht so aus, als ob man dadurch zu einer einleuchtenden Antwort gekommen ist.

Helmut Fend (1994, 15) bestätigt, dass es schwierig sei, empirisch zu erkunden, was eine *gute Schule* ausmache, obwohl man – wie die »überquellende Literatur« zeige – mit großem Aufwand untersucht habe, »wie man gute Schulen identifizieren könnte.« Wie im ▶ Kap. 3.4 nachzulesen, wird man in gedankliche Konfusionen und praktische Schwierigkeiten kommen, wenn man bei seiner Begriffswahl *Deskriptionen* nicht von *Präskriptionen* unterscheidet. Bei der Formulierung »Gute Schule« handelt es sich nämlich nicht um eine *Beschreibung*, sondern um eine *Bewertung*. Deren Bezugspunkte sind nicht in der intersubjektiv zugänglichen Außenwelt zu finden, deshalb auch nicht empirisch erkundbar, sondern liegen in den persönlichen Vorstellungen der Sprachverwender.

Dieses Problem der sprachlichen Mehrdeutigkeit besteht nicht nur bei der *guten Schule*, sondern auch bei vielen weiteren Bezeichnungen von Schulen in der SE-Literatur. Dabei geht es nicht allein um die Frage der *Bedeutungsungenauigkeit*. Es geht auch darum, dass durch den *Einsatz von Adjektiven* der Eindruck erweckt wird, als könnten Schulen bestimmte Eigenschaften in Permanenz besitzen. Auch in diesem Fall kann der Sprachgebrauch gedankliche Vorstellungen nahelegen, die faktisch nicht gegeben sein müssen.

Fooken (1991, 98) schreibt dazu: »Grammatische Attribute können wir einsetzen, ohne syntaktischer Notwendigkeiten wegen etwas über ihre temporale Determinanten – z. B. ihre Dauer – sagen zu müssen. Sofern es sich bei den Attributen nicht gerade um Wörter mit temporaler Bedeutung handelt, können wir hier ohne Zeitangaben formulieren. Diesbezügliche Informationen werden aus dem Zusammenhang erschlossen, zumeist, aber nicht immer, auf angemessene Weise; denn es fehlt die Nötigung zur Kontrolle. So kann in einigen – allerdings sehr wichtigen Rede-Situationen – leicht für relativ dauerhaft gehalten werden, was als nur gelegentlich vorhandenes qualitatives Merkmal gemeint ist oder gemeint sein sollte. Dies kann den verallgemeinernden Kurzschluss begünstigen, die wiederholt auftretenden Merkmale situationsbedingter Handlungen müssten Eigenschaftsmerkmale von Personen sein.«

Folgende Beispiele aus der SE-Literatur illustrieren das. Sie alle enthalten entweder eine nicht erkannte Präskription und/oder ein Adjektiv, das die Existenz einer permanenten Eigenschaft suggeriert:

- »Aktive Schule« (Holtappels & Voss 2008, 68),
- »Dümpelschule« (Philipp & Rolff 2004, 24),
- »Entwickelte Schule« (Rolff et al. 2000, 14),
- »Lernorientierte Schule« (Holtappels & Voss 2008, 68),

- »Passive Schule« (Holtappels & Voss 2008, 68),
- »Problemlösungs-Schule« (Rolff et al. 2000, 37),
- »Projektschule« (Dalin & Rolff 1990, 31; Rolff et al. 2000, 37),
- »Selbständige Schule« (Holtappels, Klemm & Rolff 2008, 8),
- »Selbstlernende Schule« (Rolff et al. 2000, 77),
- »Selbstreflexive Schule« (Meyer 2001, 76).

Die unterschiedlichen Schulbezeichnungen können als ein weiteres Indiz dafür genommen werden, dass es den SE-Autoren kein ernsthaftes Anliegen ist, für die SE-Idee eine saubere und leistungsfähige Begrifflichkeit zu entwickeln. Sie scheinen ihre Bezeichnungen und Begriffe mehr oder weniger zufällig oder nach persönlichem Gusto zu verwenden. Diese Annahme bestätigen Rolff, Buhren, Lindau-Bank & Müller (2000, 14), wenn sie schreiben: »Schule muss (...) als Ganzes gestaltet werden. Dafür gibt es in der mittlerweile sehr umfangreichen Literatur viele Begriffe. Die Schule soll zur ›lernenden Schule‹, zur ›Problemlöse-Schule‹, zur ›autonomen Schule‹, zur ›selbststeuernden Schule‹, zur ›selbst-refle-xiven Schule‹ oder zur ›offenen Schule‹ werden. Über diese Begriffe zu streiten, erscheint uns müßig, weisen sie doch alle auf wichtige Aspekte der Schulentwicklung hin.« Wer über Begriffe nicht streiten möchte, dem ist die Klarheit der Gedanken kein Anliegen.

Resümee: Es ist den SE-Autoren nicht gelungen, ihre Vorstellungen von Schulentwicklung und ihrem Gegenstand in einer klaren, eindeutigen und konsistenten Begrifflichkeit zu fassen. Die vielen Unklarheiten und Ungereimtheiten lassen einen Streit um die Klärung der Begriffe unbedingt notwendig erscheinen. Andernfalls bleibt man in einem Gespinst aus nicht explizierten Wertvorstellungen und wohlklingenden, aber nichtssagenden Leerformeln gefangen, auf dem sich keine tragfähigen Handlungskonzepte aufbauen lassen.

4.1.8 Was leistet eine lernende Schule?

»Eine moderne und zugleich ambitionierte theoretische Hintergrundfolie bildet die Betrachtung der Schule als lernende Organisation, wenngleich die empirische Bestätigung bislang noch unzureichend erscheint« (Holtappels 2010a, 99). Unter den vielen in der Schulentwicklungsdebatte verwendeten Bezeichnungen für eine Schule spielt die *Lernende Schule* eine ganz besonders bedeutsame Rolle. »Der Begriff liegt im Trend, wer heute über Schul- oder Unterrichtsentwicklung schreibt, kommt, scheint es, nicht an ihm vorbei« (Schratz & Steiner-Löffler 1999, 21). Schley (1995, 160) bilanziert entsprechend: »Die Schule als selbst lernendes System zu begreifen, ist zum Thema der systemorientierten Organisationslehre geworden.« Nach Holtappels (1995a, 22) enthält die »Schule als lernende Organisation« die »Schlüsselfaktoren für Schulwirksamkeit und Selbsterneuerung«, und er beschreibt sie folgendermaßen: »Als Lernende Schulen werden solche Schulen verstanden, die sich bewusst entwickeln, Ziele und Normen klären, schuleigene Schwerpunkte im Curriculum herausarbeiten, gemeinsame Analysen und Diagnosen der Schulsituation durchführen, Projekte entwickeln,

Teamarbeit aufbauen und Wirkungen der eigenen Arbeit überprüfen. Lernende Schulen kennzeichnet insbesondere, dass sie Strukturen für eigenes Lernen, Reflexion und Selbstentwicklung schaffen, z. B. Prioritäten für Entwicklungsvorhaben abstimmen, Steuergruppen und Qualitätszirkel einrichten, Fortbildungsbedarfe klären oder Lerngelegenheiten für Einzelne ermöglichen« (Holtappels 2010a, 100).

Auch diese so genannte *lernende Schule* wird offensichtlich wieder von etlichen SE-Autoren wie ein handelndes Subjekt begriffen. »Wir glauben«, so schreiben Schratz & Steiner-Löffler (1999, 11), »dass Schulen dazulernen und sich weiterentwickeln, auch wenn das nach außen hin nicht so deutlich wird.« »Lernende Schulen sind« nach Holtappels & Rolff (2004, 56) »nicht nur Einrichtungen, in denen Schüler lernen, sondern solche, die selber zum Lernen fähig sind.« »Das Konzept von der Schule als einer lernenden Organisation führt« nach Fullan (1999, 168) »zu neuen Ansätzen in Bezug auf die Kontrolle und die Verantwortlichkeit.« Nach Fullan (1999, 121) hat »die Führungskraft von morgen (...) die Aufgabe, *lernende Organisationen aufzubauen*.« »Zwei theoretische Modelle haben« nach der Auffassung von Holtappels & Rolff (2004, 56) »dazu beigetragen, das Verständnis der Schule als besonderer pädagogischer Organisation zu klären: Das Konzept der lernenden Organisation und das Drei-Wege-Modell pädagogischer Schulentwicklung.« Insgesamt ist also unter den Schulentwicklungsautoren eine große Überstimmung zu finden, dass die Vorstellung von lernenden Schulen für die Schulentwicklung sinnvoll und nützlich sei.

Überwiegend wird die *lernende Schule* als etwas Positives dargestellt. Sie verkörpert offensichtlich eine Zielidee von Schulentwicklung bzw. sie wird zu einem »Schulentwicklungsleitbild« (Meyer 2001, 113). Schratz & Steiner-Löffler (1999, 21) sehen darin »viel mehr als eine Modeerscheinung: Das Entwicklungsmodell, das damit beschrieben wird, halten wir für das zukunftsträchtigste, signalisiert es doch *per definitionem* weitgefasste Lernfähigkeit und -willigkeit, somit genau jene Schlüsselqualifikationen, die die Qualität der einzelnen Schule letztlich ausmachen werden; Lernfähigkeit und -willigkeit werden darüber hinaus das Schicksal der gesamten Institution Schule in Zukunft maßgeblich bestimmen.« Meyer (2001, 142) postuliert hingegen: »Eine lernende Schule ist keine Vorzeigeschule und kein elitäres Modell, sondern eine stinknormale Schule von nebenan, die sich auf den Weg gemacht hat, ihr Konzept selbst zu bestimmen.« Nach Meyer (1998, 3) signalisiert der Begriff also kein Ideal, sondern die Erlaubnis auch »Fehler machen zu dürfen.« Denn »es gibt keine fehlerfreie Schule!« (Meyer 1998, 5). Ähnlich scheint Fullan (1999, 145) zu denken, wenn er schreibt: »Lernende Organisationen halten die Bitte um Hilfe für ein Zeichen von Intelligenz, nicht von Schwäche.« Während also bei Meyer mit »Lernen« auch der Aspekt des (noch) Unvollkommenen enthalten ist, weist Holtappels (2010a, 105) auf den abgeschlossenen Lernprozess hin, der bereits zu einer Art Vollkommenheit geführt hat: »Eine Schule kann dann als lernende und selbstreflexive Organisation betrachtet werden, wenn sie in ihrer Organisationsstruktur und -kultur ein System mit pädagogischer Selbstentwicklungsfähigkeit und Selbsterneuerungsfähigkeit, zielorientierter Analyse, Planung und Gestaltung und damit hoher Problemlösefähigkeit erlangt hat, um auf neue oder veränderte Situationen innerhalb der Schule

69

oder ihres sozialen Umfelds angemessen reagieren zu können. Innovationsbereitschaft, Organisations- und Gestaltungsbewusstsein des Lehrerkollegiums und die Entwicklung gemeinsamen Organisationswissens und selbstreflexiver Lernsysteme in teamartiger Kooperation stellen Voraussetzungen dar.«

Fullan (1999, 79) behauptet: »Bislang ist die Schule noch keine lernende Organisation.« Hingegen vertreten die deutschsprachigen Autoren, die sich in mancher Hinsicht auf Fullan berufen, die Überzeugung, dass es bereits lernende Schulen gäbe. So schreiben Holtappels und Rolff (2004, 57): »Gleichzeitig zeigen immer mehr Schulen, dass sie bereits lernende Schulen sind – oder doch ein Stück auf dem Weg dahin.« Und Meyer (2001, 142) betont: »Wenn mich jemand fragt, ob ich eine *Lernende Schule* kenne, so könnte ich sofort mehrere benennen.«

Die Formulierungen von Holtappels, Rolff und Meyer erwecken den Eindruck, als ließe sich anhand eindeutiger Kriterien intersubjektiv feststellen, ob es berechtigt sei, eine Schule als »lernend« zu bezeichnen. Falls dieses der Fall wäre, könnte sich der Terminus »Lernende Schule« – so wie es die Schulentwicklungsautoren unterstellen – tatsächlich für die Schulentwicklung als nützlich und hilfreich erweisen. Deshalb ist genauer zu fragen, was sich die Autoren unter einer »Lernenden Schule« vorstellen. Am ausführlichsten haben sich dazu Holtappels (2010), Schratz & Steiner-Löffler (1999) sowie Meyer (1997, 2000, 2001) und Meyer & Vogt (1997) geäußert.

> Schratz & Steiner-Löffler (1999, 9) schildern, wie sie zu ihren Vorstellungen einer Lernenden Schule gekommen sind: »Zunächst war's bloß eine vage Idee: von unseren vielfältigen Erfahrungen mit dem System Schule ausgehend, das wir erlebt, erforscht, auch erlitten hatten, das Modell einer Lernenden Schule zu entwickeln. Dann setzte sich diese Idee in unseren Köpfen fest und begleitete uns Jahre hindurch überallhin, ins Klassenzimmer, in den Uni-Hörsaal, zu Konferenzen, Lehrerfortbildungs- und Schulmanagementveranstaltungen, zu den Vortragspulten internationaler Schulentwicklungskongresse, zu turbulenten Sitzungen mit Vertretern der Elternbehörde, in Elternsprechstunden, in Till Eulenspiegels Schreibkontor. (…) So setzten wir alle Steinchen, die für uns eine neue Kultur der Schule im Sinne einer Lernenden Schule begründen, zum Puzzle zusammen: die Sieben Axiome, unsere schulentwicklerischen Glaubenssätze, sowie die Kapitel über systemisches Denken, Lerntheorie, Vision und Schulprogramm, Analyse- und Evaluationsinstrumente und über Konfliktmanagement.«

Aus dieser Entstehungsgeschichte kann man entnehmen, dass Schratz & Steiner-Löffler ihre Vorstellungen aus Puzzleteilen zusammengesetzt haben. Man kann jedoch nicht überprüfen, ob sie die richtigen Steinchen richtig miteinander verbunden haben, weil sie ihre hierfür zur Orientierung eingesetzte gedankliche Schablone, nämlich ihre Vorstellung von der »*neuen Kultur der Schule im Sinne einer Lernenden Schule*«, zuvor nicht expliziert haben. Somit ist man darauf angewiesen, ihr implizites Verständnis von einer Lernenden Schule aus den so genannten Puzzleteilen zu erschließen. Hier sind zunächst einmal die von Schratz & Steiner-Löffler (1999) aufgeführten, als Axiome bezeichneten Merkmale zu prüfen, an denen sich ihrer Ansicht nach eine Lernende Schule erkennen lässt:

- Das erste Axiom: Die Lernende Schule ist daran zu erkennen, dass sich ihre Entwicklung förderlich auf die Qualität des Unterrichts auswirkt.

- Das zweite Axiom: Die Lernende Schule verändert Schul-Raum, Schul-Zeit und Schul-Kausalität und fasst diese Veränderungen als Indikatoren für Erfolgschancen und Nachhaltigkeit ihrer Entwicklung auf.
- Das dritte Axiom: Die Lernende Schule ist daran zu erkennen, dass das Ethos einer Schule und der pädagogische Eros zusammenwirken.
- Das vierte Axiom: Die Lernende Schule schöpft umso mehr aus ihrem Entwicklungspotenzial, je bewusster sie sich aus dem Problemraum in den Lösungsraum begibt.
- Das fünfte Axiom: Die Lernende Schule bedient sich ihrer fraktalen Struktur und setzt Strategien ein, die die größte Hebelwirkung erzielen.
- Das sechste Axiom: Die Qualität der Lernenden Schule ist abhängig von der Qualität der Kooperation ihrer Mitglieder, diese wiederum von der Qualität der Kommunikationsprozesse zwischen ihnen.
- Das siebte Axiom: Das System Lernende Schule geht bewusst mit seinen ›Schnittstellen‹ um: Es schafft klare Rahmenbedingungen, wo ihm dies möglich ist, und schöpft Potenzial aus der ›fuzziness‹ des Ungeklärten.

Wer sich durch die so genannten Axiome Hoffnungen auf Eindeutigkeit und Klarheit im Verständnis einer Lernenden Schule gemacht hatte, steht nun vor einer Fülle offener Fragen, denn bei jedem einzelnen dieser »Glaubenssätze« von Schratz & Steiner-Löffler bleibt ungeklärt, wie man sich eine Konkretisierung bzw. Operationalisierung vorstellen muss. Vergleichbares gilt, wenn man sich mit den »geistigen Wurzeln der Lernenden Schule« befasst, die »jeweils zum Gesamtkonzept beigetragen haben« (Schratz & Steiner-Löffler 1999, 35f).

- »Wir gehen grundsätzlich von einem emanzipatorischen Bildungsbegriff im Sinne Klafkis (1976) aus und fühlen uns den Ideen der Reformpädagogik (Dewey 1964) verbunden.
- Unser Zugang zu den Themen Organisation und System ist von den Klassikern der Organisationsentwicklung wie Glasl (1983) und von den systemtheoretischen Überlegungen Luhmanns (1984) und Simons (1993) geprägt, ebenso von Pechtls (1991) Vorstellung von der Organisation als Organismus.
- Auf der strukturellen Ebene der Schulentwicklung sind für uns Modelle von H.-G. Rolff (1993) wichtig, unser Verständnis der Psychodynamik in Beratungsprozessen ist am tiefsten und nachhaltigsten von Wilfried Schley (1993) beeinflusst worden.
- Bedeutsame methodische Erkenntnisse verdanken wir sowohl der Aktionsforschung (Elliot 1991, Altrichter/Posch 1990) als auch der Handlungsorientierten Didaktik eines Hilbert Meyer (1987).
- Unseren Blick für die System-Ebene geschärft haben die aktuellen Gutachten der Bildungskommission Nordrhein-Westfalen (1995) und das Verfahren der Peer Review, wie wir es bei der Arbeit der Evaluationskommission für die Lehrerfortbildung in NRW (Ekholm u. a. 1996) kennengelernt haben.
- Beeindruckt haben uns in letzter Zeit auch die Konzepte zur Selbstentwicklung aus der Neurobiologie von Maturana/Varela (1987); Sprengers Theorie der Motivation (1993) und Selbstverantwortung (1995) halten wir für faszi-

nierend, zugleich jedoch für gefährlich, da sie als Aufforderung zur Verweigerung politischer und sozialer Verantwortung verstanden werden kann.

- Wichtig finden wir zudem die Befunde zur emotionalen Intelligenz (Golemann 1996), zum ganzheitlichen Denken (Ulrich/Probst 1991) und zum vernetzten Problemlösen (Gomez/Probst 1995).
- Am liebsten selbst erfunden hätten wir Hartmut von Hentigs (1985) so schlichte wie einleuchtende Handlungsanleitung ›Die Menschen stärken, die Sachen klären‹, möchten sie aber im Sinne Schleys durch den Zusatz ›... das System verstehen‹ erweitert sehen.
- Nicht zu vergessen den wichtigsten Einfluss auf unser pädagogisches Selbst- und Weltverständnis, den pädagogischen Eros und das Engagement jener vieler Lehrer/innen, die uns schon als Schülerin und Schüler und später dann als Kollegin und Kollege persönlich beeindruckt haben, und die Weisheit unserer Schüler/innen, die uns immer wieder ›eines Besseren belehren‹.«

Anhand einer Abbildung, die einen Baum mit vielen Wurzeln zeigt, versuchen Schratz & Steiner-Löffler (1999, 35) zu verdeutlichen, wie sich diese Einflüsse ihres Erachtens zu dem »Gesamtkonzept« einer Lernenden Schule zusammenfügen. An diesem Wurzelgeflecht lässt sich erkennen, dass es den Autoren hierbei nicht um kohärente Ableitungen und/oder theoretische Übereinstimmungen geht. Ihr »Gesamtkonzept« erweist sich als eine eklektische, »bunte Mischung« (Schratz & Steiner-Löffler 1999, 9) von mehr oder weniger klar umrissenen Ideen, bei der völlig offen bleibt, wie man sich deren Zusammenwirken im Einzelnen vorstellen muss.

Es erübrigt sich, darauf hinzuweisen, dass die Einlösung der zahlreichen Ansprüche von Schratz & Steiner-Löffler nicht empirisch überprüft worden ist. Es handelt sich bei ihnen ebenso nur um Wunschvorstellungen wie bei den so genannten Axiomen. Viele ihrer Aussagen klingen nicht unsympathisch. Ihre »vage Idee der ›Lernenden Schule‹« erweist sich daher als ein liebenswürdiges Sammelsurium, konnte von ihnen aber nicht zu einem kohärenten Begriff oder Konzept ausformuliert werden. Als gedankliches Instrument zur Beschreibung, zur Erklärung oder zur Vorhersage von intersubjektiv eindeutig feststellbaren Sachverhalten ist die vage, bunt und vieldeutig schillernde Bezeichnung nicht tauglich. Schon gar nicht taugt sie unter technologischer Perspektive zur verantwortungsvollen Planung und Gestaltung oder Evaluation von pädagogischen Gegebenheiten.

Anders oder gar besser sieht es mit den Vorstellungen, die Meyer zu der Frage »Was ist eine lernende Schule« zusammengestellt hat, auch nicht aus. Meyer (1997, 114) leitet diese mit der Schilderung einer Begebenheit ein: »Aber ist das Schlagwort *Lernende Schule* mehr als eine Worthülse für gute Absichten? Als ich meinem Oldenburger Kollegen, Jörg Schlee, erzählte, dass ich einen Vortrag mit diesem Titel halten wollte, wurde er ungehalten! Das sei eine völlig missglückte Formulierung! Nicht die Schule als Institution lerne, sondern einzig und allein die Menschen, die an diesen Schulen arbeiteten. Ich habe den Einwand gründlich durchdacht, bleibe nun aber doch bei dem Begriff. Er ist für mich kein Kategorienfehler, auch keine bloße Metapher, sondern eine wissenschaftliche Hypothese, die ausformuliert folgendermaßen lautet:

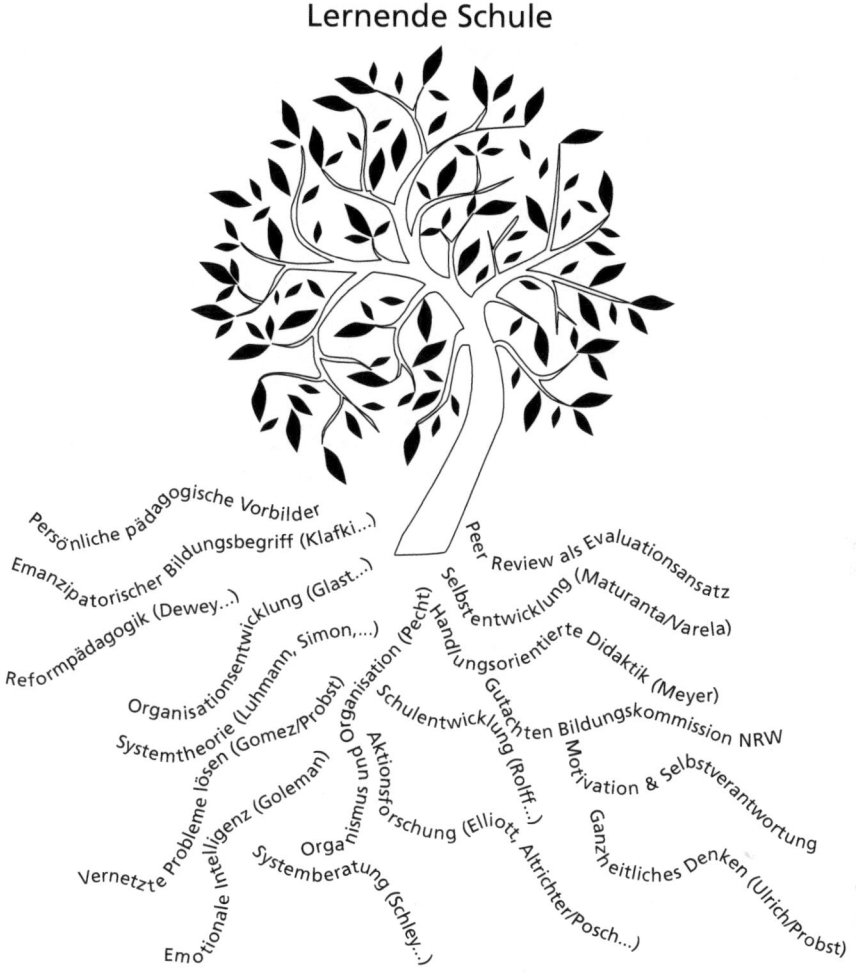

Abb. 3: Die Wurzeln der Lernenden Schule (nach Schratz & Steiner-Löffler 1999, 35)

»Eine Schule ist ein soziales System, das sich durch das Handeln seiner Subjekte verändern kann. Die Schule als Ganzes macht dabei einen Lernprozess durch. Sie lernt:

- anders
- anderes
- weniger
- und mehr

als jedes einzelne Mitglied der Schule.«

Meyers Explikationsvorschlag einer angeblich wissenschaftlichen Hypothese erweist sich als reine Leerformel. Durch die Aneinanderreihung von *anders, anderes, weniger, mehr* wird die schon vorhandene Ungenauigkeit potenziert. Er lässt sich nicht seriös überprüfen, weil er noch mehr Unbestimmtheiten enthält als die Aussage »Wenn der Hahn kräht auf dem Mist, verändert sich das Wetter oder es bleibt, wie es ist« (▶Kap. 3.3 und 3.11). Meyer (1997, 114 f.) scheint sich seiner Hypothese von der lernenden Institution Schule selbst nicht ganz sicher zu sein:

> »Um welche Art von Lernprozessen es sich beim kollektiven Lernen von Institutionen handelt, ist allerdings noch wenig durchdacht und noch weniger empirisch erforscht:
> - Lernt ein Kollegium vom Widerstand in den eigenen Reihen? Wenn ja, wie?
> - Lernt ein Kollegium leichter aus den eigenen Erfolgen oder leichter aus Fehlern und Niederlagen?
> - Hat ein Kollegium so etwas wie ein kollektives Gedächtnis? Wenn ja, wo und wie materialiesiert es sich?«

In diesen Fragen hat Meyer jedoch unter der Hand aus der »*Schule als Ganzes*« bzw. aus der *Institution* Schule ein »*Kollegium*« werden lassen. Wenn er nun fragt, ob und wie ein Kollegium lernen könnte, dann geht es um *Menschen*. Deren Lernfähigkeit wurde von mir nie bestritten. Es ist andererseits nicht anzunehmen, dass Meyer »die Schule als Ganzes« oder die Institution mit dem »Kollegium« der Schule gleichgesetzt, also gewissermaßen wie ein Synonym verwendet hat. Denn sonst würde er nicht Formulierungen wie »an einer Lernenden Schule« oder »eine Lernende Schule/eine ›Anstalt‹ ..., in der ...« verwenden. Das gründliche Nachdenken über meinen Einwand, Schulen könnten nicht lernen, hat nicht zu einer klaren Argumentation geführt.

Im Weiteren erläutert Meyer (2001, 149) seine Vorstellungen zur Lernenden Schule folgendermaßen:

> »Eine Lernende Schule ist eine selbstreflexive (= ihren eigenen Entwicklungsprozess reflektierende) Schule. Dazu wird sie nicht durch Beschluss der Gesamtkonferenz gebracht, sondern dadurch, dass in ihr ein Klima gegenseitiger Achtsamkeit und aufgabenbezogener Ernsthaftigkeit herrscht, das das institutionelle Lernen erleichtert:
> - Die Lernende Schule bemüht sich, ihre Rahmenbedingungen nüchtern zur Kenntnis zu nehmen.
> - Sie arbeitet kontinuierlich an der Weiterentwicklung ihres Profils.
> - Sie setzt sich selbstbewusst und selbstbestimmt Entwicklungsaufgaben, sie achtet darauf, sich nicht zu überheben.
> - Sie bemüht sich um Selbst- und Fremdevaluation und formuliert zur Selbstvergewisserung und Außendarstellung ein Leitbild ihrer Ziele, Menschenbildannahmen und Handlungsmaximen.

Eine Lernende Schule hat sich auf den Weg gemacht, um den Herausforderungen der Zukunft zu begegnen, ohne im Detail zu wissen, wohin die Reise geht. Ich definiere:

Arbeitsdefinition:

1. Eine *Lernende Schule* ist eine Einzelschule, die ihren Entwicklungsprozess bewusst
   - reflektiert,
   - so weit wie möglich steuert und
   - kontrolliert.
2. Eine Lernende Schule hat kein starres Schulprogramm, auf das hin die Entwicklung vorgenommen wird, sondern rechnet mit einem dynamischen Prozess der Ziel- und Maßnahmen-Klärungen.
3. Bei diesem Prozess werden alle von der Schulentwicklung Betroffenen zu Beteiligten gemacht:
   - Lehrer und Lehrerinnen
   - Schüler und Schülerinnen
   - die Schulleitung
   - die Eltern
   - Hausmeister und weiteres Personal.«

Auch hier wird wieder nicht klar, ob von der Einrichtung Schule, von einem Kollegium oder von beidem die Rede sein soll.

Lernende Schule versteht sich auch bei Meyer (2001, 150 ff.) als eine Zusammenstellung von (Wunsch-)Vorstellungen, erweist sich aber nicht als Konzept oder als eine kontrollierbare Hypothese. In diesem Konglomerat wird sich immer etwas finden lassen, mit dessen Hilfe man begründen kann, dass man »auf dem Weg« sei. Und es wird sich immer etwas finden lassen, mit dessen Hilfe sich Unzulänglichkeiten rechtfertigen lassen. Es fehlen hingegen klar und überprüfbar formulierte gedankliche Zusammenhänge, wie dieses Wunschgebäude zu planen und zu errichten sein könnte. Und zwar in einer logisch stimmigen Folge, mit Begründungszusammenhängen und Ableitungen (▶ **Kap. 3.9** und **3.10**). Die Vorstellung, dass eine Schule als Ganzes lernen könne, hält Meyer (2001, 147) zwar für gewöhnungsbedürftig, aber inzwischen für gesichert. Und zwar deshalb, weil andere Autoren, bei denen er sich in »guter Gesellschaft befände« (Meyer 1997, 114), dies direkt oder indirekt behaupten.

Wie sehen nun die Überlegungen zur lernenden Schule rund 10 Jahre später bei Holtappels (2010a) aus? Er hat seine Vorstellungen von einer Lernenden Schule in Form einer grafischen Darstellung niedergelegt. In ihr verdeutlicht er, welche Komponenten es für die »Architektur der Lernenden Schule« braucht und wie diese seines Erachtens miteinander zusammenhängen.

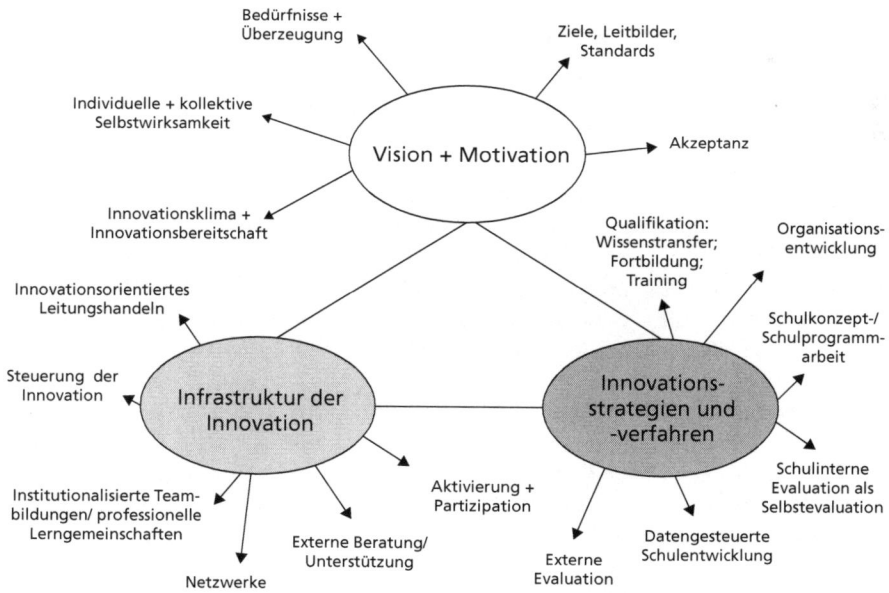

Abb. 4: Architektur der Schule als lernende Organisation (nach Holtappels 2010a, 103)

75

An dieser Darstellung fällt zunächst auf, dass keine Akteure zu erkennen sind. Wer oder was soll beispielsweise die »Vision und Motivation« vermitteln oder bekommen, die in der oberen Ellipse aufgeführt werden? Wer ist für was zuständig und verantwortlich? Bei allen aufgeführten Komponenten handelt es sich um Abstrakta, bei denen nicht zu erkennen ist, ob es sich um Handlungsfelder, Aufgaben, Ziele, Methoden oder Zustände handeln soll. Die aufgeführten Bezeichnungen sind so unkonkret, dass sich erhebliche Bedeutungsspielräume für sie ergeben. Damit ist ziemlich sicher, dass verschiedene Personen jeweils Unterschiedliches herauslesen.

Die entscheidende Frage aber ist: Was sollen die Pfeile und Verbindungslinien in dieser Darstellung bedeuten? Für welche Beziehungen zwischen den Komponenten einer Lernenden Schule stehen sie? Handelt es sich um Voraussetzungs- oder Bewirkungsverhältnisse? Geht es um Oberbegriffe und deren Unterordnungen? Oder soll ein zeitliches Nacheinander verdeutlicht werden? Sind in der gesamten Darstellung Wenn-Dann-Beziehungen vorgesehen? Hat es eine Bedeutung, ob ein Pfeil in diese, jene oder eine andere Richtung zeigt (▶ Kap. 3.10)? Wie mag es wohl einem Schulleiter gehen, der sich bemüht, aus dieser Darstellung Hinweise und Hilfen für die Bewältigung seiner beruflichen Aufgaben zu erhalten? In dieser »Architektur der Schule als Lernende Organisation« ist nicht einmal ein Ort zu finden, der für Schüler vorgesehen ist.

Resümee: Schulen sind Einrichtungen, in denen Schüler zum Lernen angehalten und unterstützt werden sollen. Schulentwicklung soll angeblich ihre Lernfortschritte als ultimatives Ziel anstreben. Anstatt sich darüber Gedanken zu machen, wie man diese Aufgabe besser bewältigen könnte (Terhart 2000a), wird in der Schulentwicklungsdebatte viel Zeit und Energie darauf verwendet, sich mit dem nebulösen Konstrukt *lernende Schule* zu beschäftigen. Dabei machen sich etliche SE-Autoren vor dem Hintergrund ihrer eigenen Behauptungen und Sorgfaltsbemühungen selbst unglaubwürdig. So schreibt beispielsweise Meyer (1998, 18): »Eine ›Theorie der Lernenden Schule‹ in einem anspruchsvollen Sinne gibt es noch nicht; sie muss erst geschrieben (und zuvor erarbeitet) werden.« Und Senge (1990, 501 f.), auf den sich viele SE-Autoren bei der These von einer *lernenden Schule* berufen haben, stellt nüchtern fest: »Ein Ding, das da heißt ›lernende Organisation‹, gibt es nicht. (. . .) In Wahrheit gibt es keine lernende Organisation.« Oelkers (2005, 6) beklagt »Viele heutige Illusionen entstehen aus der Rhetorik der ›lernenden Systeme‹, die sich täglich neu als ›intelligente Organisationen‹ erweisen sollen. Was gut klingt sind Metaphern oder allgemeine Sprachregelungen, die nicht mit Praxis verbunden sind, sondern mit politischer Rhetorik, die auf das Machbare nicht achten muss« – und hat selbst mit seinem Aufsatz »Wie lernt ein Bildungssystem?« (1995) genau diese Rhetorik kräftig angeheizt. Schließlich resümieren Hotappels & Rolff (2004, 57), die die *lernende Schule* als bedeutungsvolles theoretisches Modell eingestuft hatten: »Es bleibt zu klären, ob die Rede von der lernenden Organisation eine bloße Metapher ist und ob Schulen überhaupt lernen können. Vermutlich ist es für die Theorie und Praxis der Schulentwicklung belanglos, ob es sich um eine Metapher handelt oder nicht.«

Die begrifflichen Unklarheiten um die *lernende Schule* führen Schulpraktiker, die in ihrer Praxis handeln müssen, und Schulverwaltungsbeamte bei ihren Entscheidungen zu erheblichen Schwierigkeiten. Die zahlreichen Widersprüche in den Darstellungen werden in der SE-Debatte nicht kontrovers diskutiert, sondern von den Autoren so stehengelassen. Das lässt den Verdacht aufkommen, dass einige SE-Autoren weder die Thematik noch ihre Leser ernst nehmen. Die in diesem Zusammenhang von Holtappels & Rolff hierfür beanspruchte *Belanglosigkeit* desavouiert die gesamte SE-Debatte. Wenn ausgewiesene SE-Autoren bestimmte Vorstellungen und Begriffe einerseits im Rahmen von Schulentwicklung für theoretisch höchst bedeutsam ausgeben, andererseits aber deren theoretische und begriffliche Qualität für *belanglos* halten, dann müssen sich Schulpraktiker und Behördenvertreter genarrt vorkommen. Holtappels (2010a, 100) preist an lernenden Schulen, dass sie die »Wirkungen der eigenen Arbeit überprüfen«. Es wäre viel gewonnen, wenn auch SE-Autoren die Nützlichkeit ihrer Begriffsbildungen sowie die Auswirkungen ihrer Nonchalance im Umgang mit theoretischen Fragen und Ansprüchen überprüfen würden.

Die desaströse Situation der SE-Debatte zeigt sich (in nuce) in der Diskussion um die »lernende Schule«: Hochschullehrer zeichnen aus mehr oder weniger beliebigen Versatzstücken ein Wunschbild und halten es ihren Kollegen aus den Schulen als eine anzustrebende Praxis vor. Sie bringen keine Bewährungsproben, zeigen keine konkreten Gelingensbedingungen auf. Sie beschwören immer wieder die Lernfähigkeit von Schulen, können jedoch weder die Nützlichkeit noch die Bewährung ihrer Ausführungen nachweisen.

4.1.9 Schulentwicklung – ein Lernprozess?

Wie aus dem vorangehenden Kapitel zu entnehmen ist, zielt Schulentwicklung nach Ansicht etlicher SE-Autoren »darauf ab, Lernende Schulen zu schaffen, die sich selbst organisieren, reflektieren und steuern« (Rolff 2007b, 48) ohne dass dabei geklärt wurde, wie die Erreichung dieses Ziels theoretisch konzipiert und praktisch umgesetzt werden könnte. Offensichtlich aber ist nach etlichen SE-Autoren die Schulentwicklung ihrerseits als ein Lernprozess zu verstehen. Die *lernende Schule* soll also offenbar über einen Lernprozess zu erreichen sein. So schreiben Dalin & Rolff (1990, 31): »Schulentwicklung ist ein Lernprozess über Bedürfnisse, über Erfahrungen, über Theorie und Praxis und über neue Fähigkeiten und Kompetenzen.« Wer ist die lernende Instanz? Vermutlich ist damit das Kollegium und die Schulleitung einer Schule gemeint. *Sicher* aber ist das nicht. Schon gar nicht erschließt sich, *was* zu lernen ist. Was soll beispielsweise in, bei, mit oder durch Schulentwicklung über Bedürfnisse und Erfahrungen gelernt werden? Was wäre denn in einem solchen Fall angemessen und günstig, was wäre ungünstig und unangebracht? Oder ist es einerlei, was man lernt? Und was müsste oder sollte über Theorie und Praxis bzw. über neue Fähigkeiten und Kompetenzen gelernt werden?

Dalin & Rolff postulieren *nicht*, dass Schulentwicklung einen Lernprozess »erfordere« oder »voraussetze«. Sie setzen vielmehr Schulentwicklung mit einem Lernprozess gleich. Diese Gleichsetzung bleibt unverständlich, da man sich unter einem Lernprozess einerseits sehr Vieles vorstellen kann und andererseits nicht weiß, wie man Lernprozesse intersubjektiv klar und eindeutig erfassen kann. Deshalb ist die Idee, Schulentwicklung als einen Lernprozess auszugeben, weder klärend noch hilfreich für das Verständnis von Schulentwicklung. Im Gegenteil. Wenn Schulentwicklung ein Lernprozess sein soll, was im menschlichen Leben ist dann *kein* Lernprozess?

Doch etlichen SE-Autoren scheint diese Lernprozess-Idee einzuleuchten. Sie kommen nämlich zu vergleichbaren Äußerungen. Ich bringe davon in der Reihenfolge des Erscheinens einige Beispiele:

- »OE wird als Lernprozess von Menschen und Organisationen verstanden« (Holtappels & Rolff 2004, 55)
- »Schulentwicklungsprozesse sind Lernprozesse« (Esslinger-Hinz 2006, 31).
- »Schulentwicklung ist also ein langer, kontinuierlicher, dynamischer und planmäßiger Analyse-, Problemlöse-, Innovations- und Lernprozess, der von der Lehrerschaft einer Schule getragen wird« (Dubs, 2003, 5, zit. nach Seitz & Capaul 2005, 122).
- »Schulentwicklung ist ein Lernprozess« (Kempfert & Rolff 2005, 40).
- »Schulentwicklung wird demnach konsequent zu einem Lernprozess« (Rahm 2005, 25).
- »Unter systemischer Perspektive ist Schulentwicklung ein strukturierter, komplexer Lernprozess im Systemzusammenhang« (Rahm 2005, 37).
- »Schulentwicklung als Lernprozess« (Kober 2005, 7).
- »Gesunde Schulentwicklung als Lernprozess« (Schley 2007).
- »Schulentwicklung ist ein Lernprozess« (Rahm & Schröck 2007, 155; Rolff 2007b, 48).
- »Kooperative Schulentwicklung ist ein Lernprozess« (Rahm 2008b, 19).
- »Schulentwicklung als kulturelles Lernen« (Buchmann 2009, 108).
- »Kooperative Schulentwicklung ist somit ein Lernprozess« (Rahm 2010, 83).
- »Schulentwicklung ist ein ganzheitlicher Prozess« (Meyer 2001, 158).

Die Autoren beziehen sich im Gebrauch nichts sagender Floskeln (Topitsch 1960) gegenseitig aufeinander, die jeweiligen Formulierungen werden ungeprüft voneinander übernommen und dem Leser zum Verschleiern von Unklarheiten als Erklärungsformel angeboten.

Als Dalin & Rolff in der zweiten Auflage »Das Institutionelle Schulentwicklungsprogramm (ISP)« in »Der Institutionelle Schulentwicklungs*prozess* (ISP)« umbenannt haben, gaben sie vor, damit dem Nicht-Linearen, Prozessualen, der Flexibilität und der Lernoffenheit des ISP Rechnung zu tragen. In Wirklichkeit war es jedoch ein geschickt kaschierter Immunisierungsversuch gegen empirische Bewährungsprüfungen, weil man unter einem *Prozess* Vieles und Unterschiedliches fassen und verbergen kann. Unter anderem bleibt unklar, welche Akteure für welche Maßnahmen eine Verantwortung tragen.

Resümee: Die meisten Tätigkeiten werden von Menschen nicht sofort perfekt beherrscht. Bis zu ihrer sicheren Ausübung werden fast immer Lernprozesse eine Rolle spielen (müssen). Tätigkeiten laufen in der Zeit ab und lassen sich deshalb auch immer als Prozess beschreiben. Daher ist die Darstellung von Schulentwicklung als (Lern-)Prozess in Bezug auf Personen, Inhalte und Ziele unklar und damit völlig bedeutungslos. Die Tatsache, dass so viele SE-Autoren die Formulierung von der Schulentwicklung als (Lern-)Prozess ungeprüft übernehmen und arglos weitergeben, ist ein deutliches Indiz für ihre theoretische und wissenschaftliche Anspruchslosigkeit. – Der Tatsache, dass so viele SE-Autoren Schulentwicklung als einen Lernprozess deklarieren, sollte man nicht unterstellen, dass diese Behauptung auf einer gewissen Infamie beruht: Denn wenn Schulentwicklung nicht gelingt, dann könnten sie unter dieser Voraussetzung deren Scheitern auf die unzureichenden Lernprozesse der Schulleitungen und Lehrkräfte zurückführen und müssten deshalb nicht an der konzeptionellen Güte ihrer eigenen Ideen zweifeln. Andererseits lässt sich diese Motivation auch nicht völlig ausschließen.

4.1.10 Welche Bilder beschreiben Schulentwicklung?

> »Hüte Dich vor Metaphern! Ich weiß: Auf uns, die schreibende Zunft, üben Metaphern eine enorme Faszination aus, doch Metaphern sind tückisch, und ehe man sich's versieht, steckt in ihnen ein Pferdefuß, den man schlucken muss.«
>
> *Ernst Rösner (1998, 105)*

»Wer oder was steuert die Schulentwicklung?« fragt Hilbert Meyer (1997, 78) rhetorisch, um gleich darauf die Antwort zu geben: »Natürlich die Menschen, die die Entwicklungsarbeit tragen. Aber woran orientieren sich die Menschen?« Es sind nach seiner Auffassung in erheblichem Ausmaß Bilder und Metaphern, die menschliches Denken und Handeln leiten. Deshalb folgert er: »Wer eine Schule weiterentwickeln will, ist gut beraten, sich klarzumachen, welche teils hilfreichen, teils störenden Bilder von Schule er verinnerlicht hat« (Meyer 1997, 81).

In diesem Sinne betonen Riffert & Paschon (2005, 178 f.): »Metaphern erlauben es gerade durch die notwendige Zuspitzung auf zentrale Züge, wesentliche Überzeugungen von Menschen auf einfache Weise auszudrücken und damit auch leicht kommunizierbar zu machen. Sie bilden deshalb einen idealen *Einstieg* für die Auseinandersetzung einer Gruppe von Menschen mit einem bestimmten Wirklichkeitsbereich wie zum Beispiel der eigenen Schule. (…) Das alles macht Metaphern zu einem wertvollen Instrument im Schulentwicklungsprozess.« Denn »Bilder, die sich ein Kollegium von der eigenen Schule macht, können einflussreiche Steuerungsgrößen dessen sein, was Schule in Wahrheit bewegt und zusammenhält« (Hameyer 1998, 7).

Viele SE-Autoren haben Gefallen am Bild des *Motors* gefunden. Manchmal ist auch von *Schubkräften, Kräften der Erneuerung, Kräften des Wandels* oder *Treibsätzen* die Rede. Es geht insgesamt oft um die Vorstellung, dass etwas angetrieben und in Bewegung gebracht werden müsse. So ergibt sich der Eindruck, dass Schulentwicklung etwas ist, das nicht mit Freude und aus eigener Motivation erfolgt. Bei Schulentwicklung scheint es sich vielmehr um etwas Behäbiges und Schwerfälliges zu handeln, das nur durch kräftiges Antreiben gelingen kann.

- »Der Motor der Schulentwicklung ist die Einzelschule« (Rolff et al. 2000, 14).
- »Das Kollegium (ist) der Motor der Schulentwicklung« (Rolff et al. 2000, 78).

- »Die ganze Schule ist der Motor der Entwicklung.« (Rolff et al. 2000, 214).
- »Die lernende Bildungseinrichtung wird dabei im Systemzusammenhang als Motor der Entwicklung verstanden« (Rahm & Schröck 2004, 532).
- »Die Einzelschule als ›Motor der Entwicklung‹« (Holtappels & Rolff 2004, 55).
- »Ein Blick auf die Ursprünge der Schulentwicklung (zeigt), dass Forschungspraxis und Forschungsergebnisse einen Motor für Schulentwicklungsarbeit bilden« (Esslinger-Hinz 2006, 9).
- »Schulen, verstanden als Motoren der Entwicklung« (Rahm 2005, 8).
- »Eine so genannte *Steuergruppe* fungiert zusammen mit der Schulleitung als Motor und Multiplikator für das gesamte Kollegium« (Kastirke 2005, 29).
- »Schulleistungsstudien und Vergleichsarbeiten als Motoren der Entwicklung« (Peek 2006, 1352).
- »In gelingenden Schulentwicklungsprozessen wird dem Kollegium klar, dass es selbst der Motor der Schulentwicklung ist und deshalb auch die Verantwortung dafür trägt« (Philipp & Rolff 2004, 40).
- »Das Besondere an der Schulentwicklung ist, gerade nicht von einzelnen ›einsamen‹ Lehrern auszugehen, sondern miteinander kooperierende und untereinander vernetzte Teams als Motor der Entwicklung anzusehen.« (Rolff, 2007b, S. 27)
- »Erfolg als Motor der Entwicklung« (Buchmann 2009, 233).
- »Steuergruppe als Motor des Prozesses« (...) »Motor des Schulentwicklungsprozesses« (Huber 2009b, 9).
- »Spätestens seit 1990 gilt die Einzelschule als ›Motor der Entwicklung‹« (Rolff 2010b, 29).
- »Leitbilder weisen darauf hin, was sich eine Schule vornimmt. Sie sind Triebfeder wie im Uhrwerk« (Hameyer 1998, 9).
- »Konflikte bei Licht – Triebfeder der Schulentwicklung?« (Hameyer & Schley 1999).
- »Schüler- und Elternbefragungen (...) sind zudem geeignet, als ›Treibsatz‹ für Schulentwicklung zu wirken« (Philipp & Rolff 2004, 54).

Offensichtlich rotieren sehr viele »Motoren in Sachen Schulentwicklung« (Böhmann & Hoffmann 1999, 64). In einigen Fällen werden in der SE-Literatur jedoch auch Teile des menschlichen Körpers metaphorisch zur Beschreibung von Gegebenheiten herangezogen:

- »Eine Pädagogische Konferenz kann zum Herz des gesamten Prozesses werden« (Philipp & Rolff 2004, 57).
- »Die Steuergruppe ist der Angelpunkt und vielleicht auch das Herz des ISP« (Dalin & Rolff 1990, 64).
- »Dabei sind Klasse und Unterricht der Kern von Schulentwicklung, man könnte fast sagen: Sie sind deren Herz« (Eikenbusch 1998, 78).
- »Dieser Grund-Satz (...) trifft direkt ins Herz der Schule« (Schratz & Steiner-Löffler 1999, 41).

- »Schulen entwickeln deutlicher als bisher ein eigenes Gesicht« (Burkard & Eikenbusch 2000, 52 f.).

Auch von Reisen, Sich-auf-den-Weg-Machen, Meilensteinen und Stolpersteinen ist manchmal die Rede. Insgesamt lässt der Metapherngebrauch in der SE-Literatur jedoch keine eindeutigen Schlüsse auf Schulentwicklungsvorstellungen zu. Die Metaphern erschließen Lehrkräften und Schulleitungen keine neuen Handlungsmöglichkeiten. Vielmehr führen sie zu einer schwer zu erfassenden Ungenauigkeit, bei der nicht auszuschließen ist, dass sie als Immunisierung erwünscht ist. Auf diese Weise kann man sich wie bei dem nachfolgenden Bild immer mal auf das Eine, mal auf das Andere berufen und muss sich nicht festlegen: »Das Bild des Stroms drückt auch ganz gut den Prozesscharakter der Schulprogrammerstellung aus. Schulprogrammarbeit lässt sich nicht auf einen einmaligen Akt reduzieren. (...) Schulprogrammarbeit ist vielmehr eine Daueraufgabe. (...) Der Strom bzw. Prozess der Schulprogrammentwicklung ist zwar prinzipiell unabgeschlossen, er sollte aber dennoch zu Produkten führen« (Philipp & Rolff 2004, 26).

Resümee: Prinzipiell ist nichts gegen Metaphern einzuwenden. Schulz von Thun (1998) hat beispielsweise mit dem »vierohrigen Hörer« und dem »Inneren Team« Metaphern entwickelt, mit denen sich in der pädagogischen Praxis ausgesprochen gut arbeiten lässt. Wer sich allerdings in dem Gebiet der Schulentwicklung, bepackt mit Motoren, Kernen und Herzen, auf den Weg machen soll, kann kaum die Stolpersteine von den Meilensteinen unterscheiden. Es wäre hilfreicher, in der SE-Debatte würden die Metaphern durch Konzepte ersetzt, bei denen die Annahmen offengelegt und die Schlussfolgerungen empirisch überprüfbar sind.

4.1.11 Was ist unter Entwicklung zu verstehen?

Was soll *Entwicklung* bedeuten, wenn von Schul*entwicklung* die Rede ist? Was ist genau damit gemeint? Solange dies nicht klar und eindeutig bestimmt werden kann, wird es nicht einfach sein, Schulentwicklung angemessen zu konzipieren und durchzuführen.

Doch ist Bedeutungsklärung von Entwicklung nicht so ohne weiteres durchführbar, weil auch *Entwicklung* als eine Metapher zu verstehen ist. Obwohl oder gerade weil diese Metapher im Alltag so häufig gebraucht wird, ist ihre genaue Bedeutung damit keineswegs offensichtlich und intersubjektiv bestimmbar. Die Bedeutung der Metapher *Entwicklung* zu rekonstruieren ist schwierig, weil nicht klar ist, aus welchem ursprünglichen Zusammenhang der Begriff entlehnt wurde. Stammt er aus der Biologie, in der Entwicklung fast immer mit einem irreversiblen Verlauf in festen Bahnen auf einem genetisch vorgegebenen Weg (auch eine Metapher) gleichgesetzt werden kann? Oder stammt er aus der Meteorologie, in der sich bestimmte Gegebenheiten (z. B. ein Sturmtief oder ein Hoch) *entwickeln* können, die nur für relativ kurze Zeiträume vorhersehbar sind? Oder stammt die Entwicklungsmetapher aus der Wirtschaft, in der manche Menschen die Vorhersage von Börsenkursen oder Zinsniveaus angeblich aus Glaskugeln ablesen können? Dann verliefen Entwicklungen reversibel, manchmal zirkulär und wiederholbar. Viele Menschen sind fest davon überzeugt, dass sich die Geschicke auf der Erde nach dem Lauf der Gestirne entwickeln: In diesem Fall verlaufen Entwicklungen weitgehend unbekannt, wären aber festgelegt. Muss man sich »Entwicklung als kontinuierlichen Prozess« (Rolff et al. 2000, 25) oder in klar unterscheidbaren Phasen und Stufen vorstellen? Ist Rolff et al. (2000, 249) zuzustimmen, die behaupten: »Entwicklung heißt Lernen« – oder soll mit Entwicklung die Gestaltung äußerer Gegebenheiten gemeint sein? Läuft Entwicklung auf ein Ziel hinaus oder mäandern Entwicklungsprozesse irgendwie vor sich hin?

Der Entwicklungsbegriff schillert auch deshalb in seiner Bedeutung, weil er sowohl *deskriptiv* als auch *präskriptiv* eingesetzt werden kann (▶ **Kap. 3.4**). So lassen sich mit ihm Vorgänge einerseits beschreiben und erklären. Es ist aber ebenso möglich, Entwicklung als etwas Erstrebenswertes darzustellen. Gerade in der SE-Literatur haben *Entwicklung* bzw. *Change* diese positive Konnotation.

Muss man sich die Entwicklung von Schulen, von Unterricht, von Organisationen, von Personen, von Schulleiterrollen, von zwischenmenschlichen Beziehungen, von Bildungslandschaften mehr oder weniger gleichsinnig vorstellen? Oder verlaufen Entwicklungen *abhängig* vom Gegenstand, den es zu entwickeln gilt, in unterschiedlicher Weise, so dass dadurch Entwicklung verschiedene Bedeutungen bekommen kann? Oder sind es die Randbedingungen, die die Gesichtspunkte und die Prinzipien einer Entwicklung bestimmen? All diese Fragen zu klären, wäre für ein besseres Verständnis von Schulentwicklung sowie für ihre Gelingenswahrscheinlichkeit nicht unerheblich, weil in der SE-Debatte der Entwicklungsbegriff recht häufig bemüht wird, wie nachfolgend einige Beispiele zeigen:

- die Entwicklung regionaler Bildungslandschaften (Kanders & Voss 2008, 37);
- die Entwicklung der Qualität schulischer Arbeit (Holtappels & Voss 2008, 63);
- die Entwicklung einer Streitkultur (Kastirke 2005, 146);
- die Entwicklung einer Schulkultur (Holtappels 1995a, Kastirke 2005, 175);
- die Entwicklung von Innovationen (Kastirke 2005, 176);
- die Schulprogrammentwicklung (Krainz-Dürr 2002, 29);
- Schulprogramme und Leitbilder entwickeln (Philipp & Rolff 2004);
- die Qualitätsentwicklung als Schulprogramm (Oechslein 2002, 41);
- die Weiterentwicklung der Lehrer, Schulleiter und Behördenmitarbeiter (Rolff 2011a, 40);
- die Entwicklung der Schulleiterrolle (IFS-Netzwerk (2000).

Wenn aber schon der Entwicklungsbegriff völlig vage und vieldeutig ist, was ist dann mit »Weiterentwicklung« (Rolff 2011a, 40) oder mit »substantiellen Weiterentwicklungen« (Altrichter 2006, 6) gemeint? In diesem Zusammenhang ist interessant, dass sich nach der Auffassung von Rolff (1996, 31) einige Entwicklungskonzepte sogar selbst entwickeln müssen. Rolff (1996, 36) führt dazu aus: »So zeigt sich das ISP letztlich als Entwicklungskonzept, das sich selbst noch entwickeln muss.« Eikenbusch (1998, 20) scheint eine vergleichbare Vorstellung zu vertreten: »Es kann nicht anders sein, zumindest nicht auf der Begriffs- oder Definitionsebene. Das ist auch Ausdruck dafür, dass Schulentwicklung selbst immer in der Entwicklung ist.« Für Menschen, die sich theoretisch und/oder praktisch mit Schulentwicklung auseinandersetzen möchten, wird es demnach schwierig. Denn für diese »Selbst-Entwicklung« werden von Rolff und Eikenbusch weder Regeln und Gesichtspunkte noch zuständige Instanzen oder verantwortliche Akteure angegeben. So muss man annehmen, dass es bei Schulentwicklung um sich selbst erzeugende Veränderungen gehe, für die niemand zuständig ist.

Meyer (1997, 115) spitzt derartige Vorstellungen noch weiter zu, wenn er schreibt: »Schulen, die sich als lernende Institutionen betrachten, arbeiten mit einem Trick: Statt sich mühsam immer wieder neuen, überraschenden Veränderungen anzupassen, entwickeln sie das Entwickeln!«

Resümee: Bei *Entwicklung* handelt es sich um eine Allerweltsvokabel bzw. um ein gestaltloses »Plastikwort« (Pörksen 1994, 262). Wenn SE-Autoren von Schule reden, meinen sie mal dieses, mal jenes. Das gilt in gleicher Weise für »Entwicklung« und »entwickeln«. Insgesamt hat der erste Schritt der Tauglichkeits- und Bewährungsprüfung ergeben, dass in der SE-Literatur für *Schulentwicklung* kein klares und eindeutiges Verständnis zu finden ist. Unter den SE-Autoren finden keine Diskussionen statt, um in gemeinsamen Klärungsversuchen die theoretische Stimmigkeit und praktische Fruchtbarkeit des Begriffs *Schulentwicklung* entstehen zu lassen oder nachzuweisen. Es bleiben belanglose Worthülsen.

4.2 Wozu soll Schulentwicklung taugen?

Um die Idee und das Anliegen von Schulentwicklung besser verstehen zu können, hätte angesichts der vielen Unklarheiten und Ungereimtheiten Neil Postman (1998) vielleicht gefragt: »Was ist oder war eigentlich das Problem, zu dem die Errungenschaft der Schulentwicklung die Lösung darstellen sollte?« Wozu soll also Schulentwicklung taugen?

4.2.1 Welche generellen Ziele verfolgt Schulentwicklung?

> »Ohne Orientierung kann man nie sicher sein, ob Entwicklung überhaupt stattfindet oder bloße Geschäftigkeit vorherrscht, die zudem noch nicht einmal in die richtige Richtung weist.«
>
> *Dalin & Rolff (1990, 197)*

Dietrich Dörner (1989a, 1989b) hat anhand von Computersimulationen aufzeigen können, dass für die erfolgreiche Planung und Durchführung von größeren Aufgaben die Orientierung an klaren Zielen eine grundlegende Voraussetzung darstellt. Holtappels (1995a, 22) bestätigt diesen Zusammenhang für den Bereich der Schulentwicklung und Schulforschung: »Innovationsvorhaben als solche wie auch empirische Forschungsprogramme zur Analyse der Innovationswirkungen setzen voraus, dass eine Verständigung über die grundlegenden Ziele (...) besteht.«

Daher ist es folgerichtig, nach den Zielen von Schulentwicklung zu fragen. Hierzu fallen die Angaben in der Literatur jedoch sehr spärlich aus. Dalin & Rolff (1990, 113) meinen, die Klärung von Schulentwicklungszielen sei schwierig, weil einerseits die Debatte um die Kriterien einer guten Schule schillernde Begriffe enthalte und weil andererseits die Zielfindung nicht empirisch durchgeführt werden könne. Sie vertreten daher die These: »Was die Ziele einer ›guten Schule‹ sein sollen, kann also nicht vorgegeben werden, weder durch die Administration noch durch Schul- und Bildungstheoretiker« (Dalin & Rolff 1990, 119). Somit müsse ihres Erachtens letztendlich ein Kollegium selbst entscheiden, was es unter einer »guten Schule« verstehen wolle.

Im Register der »Studien zu einer Theorie der Schulentwicklung« von Rolff (2007) wird der Begriff »Ziel« gar nicht aufgeführt. In dem »Praxishandbuch Schulentwicklung« von Eikenbusch (1998) sind im Register zu dem Stichwort »Zielklärung/-vereinbarung« acht Textstellen angegeben, in denen die Notwendigkeit von Zielklärungen innerhalb eines Kollegiums betont wird, aber von Eikenbuschs Zielidee für Schulentwicklung nichts berichtet wird. Vergleichbar äußern sich die Autoren des von Altrichter, Schley & Schratz (1998) herausgegebenen »Handbuchs zur Schulentwicklung«. Auch sie heben an den durch das Register angegebenen Stellen die Wichtigkeit von Zielklärungen und Zielvereinbarungen innerhalb eines Kollegiums – insbesondere bei Evaluationsvorhaben – hervor, benennen aber ihrerseits nicht ihre eigenen Zielvorstellungen für Schulentwicklung. In der »Einführung in die Theorie der Schulentwicklung« von Sibylle Rahm (2005) wird der Begriff »Ziel« im Register ebenfalls nicht aufgeführt.

Zugleich sehen fast alle SE-Autoren eine große Notwendigkeit für schulische Veränderungen. Schratz & Steiner-Löffler (1999, 18) meinen, dass das Schulsystem durch »die gegenwärtigen gesellschaftlichen Herausforderungen« vor neue Aufgaben gestellt wird. »Schulische Entwicklungen«, so schreiben Altrichter, Schley & Schratz (1998) im Vorwort des von ihnen herausgegebenen »Handbuch zur Schulentwicklung«, »nehmen gesellschaftliche Veränderungen auf und beziehen daraus ihre Schubkraft.« Besonders ausführlich geht Dalin (1997, 56–94) auf revolutionäre Veränderungen in der Gesellschaft ein, die seines Erachtens in der schulischen Arbeit unbedingt berücksichtigt werden müssen. Sie erfordern, so Dalin, für Schulen »Visionen für das nächste Jahrhundert«. Vergleichbar argumentiert Schley (1995, 157): »Wie andere gesellschaftliche Systeme auch ist das Schulsystem unter Druck geraten und steht vor der Aufgabe, sein Selbstverständnis und seine Organisation zu reformulieren.«

Resümee: Bei der Zielfrage in der SE-Debatte zeigt sich ein merkwürdiger Widerspruch: Einerseits werden starke gesellschaftliche Veränderungen als Grund für einen erheblichen Veränderungs- und Reformbedarf der deutschen Schulen angeführt, andererseits weiß man darauf nur mit sehr pauschalen Vorstellungen zu antworten – oder man überlässt die Frage, in welcher Richtung die erforderliche Veränderung verlaufen solle, den Schulleitungen und Kollegien der Einzelschulen. Nach den Vorstellungen der SE-Autoren wirkt sich der gesellschaftliche Veränderungsdruck also offensichtlich bei den Abertausenden deutscher Schulen jeweils ganz unterschiedlich aus und verträgt keine allgemeinen Antworten, sondern braucht unzählige, für jede Schule jeweils spezifische Reaktionen.

Weil nach den Vorstellungen der SE-Autoren die Verantwortung für die Zielsetzung von Schulentwicklung auf die Einzelschulen, konkret auf die jeweiligen Lehrkräfte, Schüler und Eltern verlagert wird, bleibt die Frage nach den verbindlichen und legitimierbaren Zielen von Schulentwicklung unbeantwortet. Das Abwälzen der Zuständigkeit für Zielfindung der Schulentwicklung auf die Einzelschulen macht erschreckend deutlich, dass es sich bei der Schulentwicklung insgesamt ganz offensichtlich um ein zielloses, zumindest jedoch um ein ziel*un*klares Vorhaben handelt.

4.2.2 Unterrichtsverbesserung und Lernfortschritte als ultimative Zielidee?

Ist es wirklich so, dass SE-Autoren keine Intentionen nennen, die sie mit Schulentwicklung verbinden? Nicht ganz. Denn Schulentwicklung richtet sich nach Rolff et al. (2000, 14) »auf den Kern von Schule, den Unterricht. In einer guten Schule macht das Lernen Freude, sind Schüler wie Lehrer an Leistung interessiert. Der Unterricht findet in einer guten Atmosphäre statt.« Das OE-Netzwerk (2000, 87) des Institutes für Schulentwicklung fordert »eine dauerhafte Verbesserung der pädagogischen Qualität von Unterricht und Schule.«

Daran anknüpfend nennt Rolff (2008a, XVII) für Schulentwicklung folgende Zielsetzung: »Ziel ist die gute Schule, die sich den veränderten gesellschaftlichen Herausforderungen stellt und ihre Schüler angemessen auf die Zukunft vorbereitet.« Und bereits 1990 haben Dalin & Rolff, als sie das Institutionelle Schulentwicklungsprogramm (ISP) vorstellten, die Verbesserung von Unterrichtsqualität und von Schülerleistungen als Ziel dargestellt: »Eine Problemlöseschule ist eine Schule, die die Bedürfnisse von Lehrern, Schülern und Eltern sehr aufmerksam wahrnimmt und registriert, die sich bewusst und klar ist über die Ansprüche des Umfeldes, die über eine Organisationskultur und ein Management verfügt, welches offen ist für Veränderung und Innovation, die Eigentum und gemeinsames Verpflichtetsein gegenüber neuen Visionen ermöglicht und dieses auf einem realistischen Verständnis von Stärken und Schwächen gründet, und die fähig ist, Menschen und Ressourcen im Umkreis des erforderlichen Veränderungsprogramms zu mobilisieren. Das alles trägt dazu bei, die Qualität des Unterrichts zu erhöhen und das Können der Schüler sowie die Ergebnisse der Schule insgesamt zu verbessern« (Dalin & Rolff 1990, 197).

Somit scheint also bei den Zielvorstellungen unter den SE-Autoren doch eine breite Übereinstimmung zu bestehen. So betont Eikenbusch (1998, 28): »Die Verbesserung des Unterrichts, die Steigerung der Schülerleistungen, die Erhöhung der Zukunftschancen der Schüler müssen immer im Zentrum von Schulentwicklung stehen.« Dies unterstreicht auch Oelkers (2008, 14, 19) wenn er ebenfalls anmerkt: »Unterricht ist das Kerngeschäft.« Vergleichbar – wenn auch mit einer anderen Metapher ausgedrückt – sehen es Schratz & Steiner-Löffler (1999, 42): »Der Unterricht, zweifellos das Herz der Schule, ist auch für uns das Herz der Schulentwicklung.« All diese Bekundungen bringen schließlich Kempfert & Rolff (2005, 40) auf den Punkt:»Was immer der Fall sein mag, das ultimative Ziel von Schulentwicklung sollten die Lernfortschritte von Schülerinnen und Schülern sein.«

Die Einmütigkeit der SE-Autoren scheint die These aus dem vorigen Kapitel zu widerlegen. Jedoch garantiert die große Übereinstimmung in den sprachlichen Formulierungen noch nicht die Brauchbarkeit und Nützlichkeit dieser Zielvorstellungen. Anhand von drei Gesichtspunkten sei dies erläutert.

1. Als Zieleinheiten erweisen sich »Lernfortschritte von Schülern«, »Verbesserung der Unterrichtsqualität«, »Erhöhung der Zukunftschancen der Schüler« oder »Verbesserung der Ergebnisse von Schule insgesamt« bzw. »Selbstentwicklungs- und Selbsterneuerungsfähigkeit« zu global und vieldeutig. Insbesondere trägt ihre Formulierung im Komparativ zur Unklarheit bei. Denn »die Angabe eines Zieles in Form eines Komparativs (›wohnlicher‹, ›besser‹, ›verkehrsgünstiger‹, ›benutzerfreundlicher‹) weist oft genug darauf hin, dass man gar nicht genau weiß, was man eigentlich anstrebt« (Dörner 1989a, 68).

2. Es bestehen keine klaren Beziehungen zwischen den Zielen und den Mitteln, mit denen sie erreicht werden sollen. Es ist völlig ungeklärt, wie der Wirkungszusammenhang von so genannten Schulentwicklungsmaßnahmen (wie beispielsweise ›Einrichtung einer Steuergruppe‹, ›Erarbeiten eines Schulprogramms‹, ›Formulierung eines Leitbildes‹, ›Entwickeln einer Vision‹, ›Aufbau einer Bildungslandschaft‹, ›Qualifizierung von Schulleitern zu Change Agents‹, ›Schüler zu Koproduzenten des Lernens ernennen‹, ›Gestaltung eines ganzheitlichen Gesamtprozesses‹, ›organisationales Lernen‹, ›Etablierung eines Qualitätsnetzwerkes‹) auf die Zielvariablen Unterrichtsqualität, Lernfortschritte der Schüler oder der Selbsterneuerungsfähigkeit der Schule zu denken ist.

3. Schließlich muss man sich bei Zielen wie »Lernfortschritte von Schülern«, »Verbesserung der Unterrichtsqualität« oder »Erhöhung der Zukunftschancen der Schüler« nach dem Unterschied zu den regulären schulischen Zielen fragen. Im alltäglichen Schulbetrieb werden nämlich *keine anderen Ziele* verfolgt als diejenigen, die die SE-Autoren benennen. Es gibt in der SE-Literatur jedoch keine begründeten Hinweise dafür, dass die gleichen Ziele durch Schulentwicklungsmaßnahmen besser oder ökonomischer erreicht werden können.

Resümee: Die Notwendigkeit zur Schulentwicklung wird von etlichen SE-Autoren wegen enormer gesellschaftlicher Veränderungen beschworen. Da aber für Schulentwicklung einerseits keine eindeutig bestimmten Zielvorstellungen gefunden werden können und da andererseits die Tauglichkeit von so genannten Schulentwicklungsmaßnahmen für ihre unpräzisen Globalziele weder logisch noch empirisch nachgewiesen werden kann, liegt weiterhin der Schluss nahe, dass es sich bei Schulentwicklung um ein Vorhaben ohne klare Orientierung handelt.

4.2.3 Für welche Probleme soll Schulentwicklung die Lösung darstellen?

Per Dalin verfolgte mit *Schulentwicklung* ein äußerst anspruchsvolles Anliegen. Sie sollte massiven gesellschaftlichen Veränderungen, die Dalin in insgesamt zehn Umwälzungen ausgemacht hatte, Rechnung tragen und dazu beitragen, dass Schülerinnen und Schüler gut auf ihre gesellschaftlichen Aufgaben vorbereitet werden. Als Dalin jedoch in der Zusammenarbeit mit Rolff (später auch mit Buchen) durch das Institutionelle Schulentwicklungsprogramm die Eckpflöcke für das Verständnis von Schulentwicklung einschlug, war von seinen engagierten Veränderungsvorstellungen für Schulen nichts mehr zu erkennen. Denn die im Sinne des ISP ausgebildeten Schulentwicklungsmoderatoren sollten den Steuergruppen, Schulleitungen und Kollegien bei der Planung von SE-Vorhaben weder Inhalte noch Richtungen nahelegen, sondern »das Recht der Schule, selbst zu entscheiden, was sie tun will« (Dalin & Rolff 1990, 36) respektieren. »Das ISP vertritt also nicht bestimmte Ziele, die Domäne der Einzelschulen sind, sondern Metaziele, die wir Prozess- oder Programmziele nennen« (Dalin & Rolff 1990, 36).

Hier ergibt sich ein erheblicher Glaubwürdigkeitsbruch. Denn einerseits werden große gesellschaftliche Veränderungen bzw. Revolutionen zur Begründung von Schulentwicklung herangezogen. Wenn es aber darauf ankommt, für die schulischen Reformen eine thematische Richtung anzugeben, dann wird unterstellt, dass diese gesamtgesellschaftlichen Verwerfungen sich auf die vielen Tausend Einzelschulen in der Bundesrepublik jeweils so spezifisch auswirken würden, dass nur die Personen vor Ort kompetent entscheiden könnten, was für die Schülerinnen und Schüler der jeweiligen Schule das Beste wäre.

Weiterhin haben Dalin & Rolff (1990, 125) den Lehrerkollegien empfohlen, ihre Vorhabensziele über die Mittel zu definieren. Das bedeutet: Sich nur solche Ziele für die Schulentwicklung vorzunehmen, die man mit den eigenen Mitteln und Ressourcen auch erreichen kann. Was vielleicht zunächst wie ein vernünftiger Rat klingen mag, trägt von vornherein zur Beschränkung des Denkens und Handelns bei, kann vielleicht kosmetische Effekte zeigen, nicht aber grundsätzliche Veränderungen ermöglichen.

Resümee: In der SE-Debatte herrscht eine erhebliche Diskrepanz zwischen der oft dramatisch angemahnten Veränderungsnotwendigkeit der Schulen einerseits und den Reaktionen der SE-Autoren andererseits. Diese haben als Lösungsperspektiven lediglich das Schreiben von Schulprogrammen und die Bildung von Steuergruppen anzubieten und überlassen alle weiteren Maßnahmen den Kollegien. In der SE-Literatur werden die konkreten Probleme, mit denen Lehrkräfte, Schulleitungen und Schüler zu kämpfen haben, nicht angesprochen. Schon gar nicht denken SE-Autoren über geeignete Lösungsperspektiven nach. Stattdessen empfehlen sie den Kollegien, sich um die *Selbsterneuerungsfähigkeit* ihrer Schule zu kümmern.

Wie kann man berechtigt über den inflationären Gebrauch des Schulentwicklungsbegriffs klagen und es bedauern, dass sich alles und jedes Schulentwicklung nennen darf (Rolff 2007b, 21; 2007f, 15; IFS-OE-Netzwerk 2000), wenn man sowohl der Lehrerschaft als auch den Vertretern der Bildungsbehörden – außer so abgehobenen Begriffen wie *Selbsterneuerungs- und Selbstentwicklungsfähigkeit* – für die Reformmaßnahmen weder konkrete Bedarfe noch anschaulich-relevante Zielperspektiven anbieten kann, sondern stattdessen die Verantwortung für die Konkretisierung von Schulentwicklung den jeweiligen Mehrheitsverhältnissen in den Kollegien der einzelnen Schulen zuschiebt? Mit einem so großen Grad an Unverbindlichkeit und Zufälligkeit lassen sich keine Reformvorhaben glaubwürdig begründen und erfolgreich bewerkstelligen.

4.2.4 Welche Vorteile sollen Neuerungen bringen?

> »Das abstrakte Bekenntnis zur Reform an sich ist die alles umfassende politische Idee unserer Tage geworden.«
>
> *Konrad Paul Liessmann (2011, 162)*

»Wir brauchen eine von Grund auf erneuerte Schule«, postulieren Buhren & Rolff (2002, 7). Diese Auffassung teilen nahezu alle Autoren der Schulentwicklungsliteratur, allerdings – wie auch Buhren und Rolff – ohne zu spezifizieren, was sie genau unter ›neu‹ oder ›erneuern‹ verstehen wollen. Im ▶ Kap. 3.16 wurde ausgeführt, dass die Formulierungen ›neu‹, ›erneuern‹, ›Erneuerung‹, ›Innovation‹, ›modern‹ zu Leerformeln verkümmern müssen, wenn nicht genau beschrieben wird, was damit gemeint sein soll.

Jürgen Oelkers (2003) hat sich in seinem Buch »Wie man Schule entwickelt. Eine bildungspolitische Analyse nach PISA« vorgenommen, »neu über Bildungspolitik und Schulentwicklung« nachzudenken. Bereits auf den ersten Seiten erwähnt er Dinge, die seines Erachtens im Rahmen von Schulentwicklung *neu* gedacht werden sollten:

- »Neue Steuerungsinstrumente« (2003, 10)
- »Neue Formen von Kontrolle« (2003, 11)
- »Neue Strukturen« (2003, 11)
- »Neue Medien« (2003, 20)
- »Neue Formen der dialogischen Kommunikation« (2003, 23)
- »Völlig neue Möglichkeiten der Mitwirkung« (2003, 24)
- »Neue Herausforderungen« (2003, 29)
- »Neuproduktion von Bildung« (2003, 29)
- »Neue Lehrmittel zu erfinden« (2003, 30)
- »Heute stellen sich neue Fragen der Effizienz.« (2003, 30)
- »… dass fortlaufend Neuanpassungen nötig sind.« (2003, 31)
- »Neue und andere Anbieter« (2003, 31)
- »Neue Reformpädagogik« (2003, 32)
- »Neue Instrumente der Systementwicklung« (2003, 34)
- »Neue Qualität« (2003, 38)

Nicht eine einzige dieser geforderten Neuheiten wird von Oelkers inhaltlich näher beschrieben! Dadurch erweisen sie sich als der Ausfluss belanglosen Schwadronierens. Auch Michael Fullan (1999) plädiert für grundlegende *Erneuerungen* in Schulen. Sein Buch »Die Schule als lernendes Unternehmen« versteht er als ein Konzept »für eine neue Kultur in der Pädagogik.« Im Gegensatz zu Oelkers, der die Erneuerungen *an* und *in Schulen* sehen möchte, sieht Fullan die Veränderungsnotwendigkeiten mehr in den Einstellungen und Haltungen der Personen, die eine Verantwortung für Schulkonzeptionen tragen. Daher plädiert er für »das Konzept der lernenden oder sich selbst erneuernden Person« und führt dazu aus: »Nur wenn wir ein neues Bewusstsein entwickeln und neue Erkenntnisse über die Gesamtheit des Wandels im Bildungswesen gewinnen, werden wir irgend etwas bewegen können« (Fullan 1999, 9). »Wenn wir eine neue Geisteshaltung entwickeln, können wir lernen, mit ›dem Ungewissen umzugehen‹ (Stacey, 1992)« (Fullan 1999, 19). »Jeder einzelne in einer lernenden Organisation muss in der Tat fähig sein, immer wieder neue Partnerschaften des Lernens einzugehen« (Fullan 1999, 141). Daher versucht sich Fullan (1999, 47) an einer »neuen Sprache (...), die wir entwickeln sollen, um die Kräfte des Wandels zu bändigen.«

Holtappels (1995a) sieht ebenfalls einen Bedarf an Erneuerung. Für ihn bietet die »Entwicklung von Schulkultur Ansätze und Wege schulischer Erneuerung«. Als einen »Schlüsselfaktor« für die »Selbsterneuerung« versteht er die »Schule als lernende Organisation« (Holtappels 1995a, 22). Diese »Selbsterneuerung« kommt seines – zirkulären - Erachtens durch eine »Innovation« (Holtappels 1995a, 27) zustande.

Dalin & Rolff (1990, 33) fordern, »zu einer neuen Praxis zu gelangen«, »neue Ideen« (Dalin & Rolff 1990, 178) sowie »neue Visionen« (Dalin & Rolff 1990, 197). Rolff (2011a, 40) mahnt an: »Es muss der Unterricht neu konzipiert und eine neue kooperative Leistungskultur mit einem neu zu schaffenden mittleren Management aufgebaut werden.« Er wünscht eine »neue Praxis« (Rolff 2007b, 48), »neue Einsichten« (Rolff 2007b, 48), eine »neue Schulleiterrolle« (Rolff 2007c, 59) sowie eine »neue Arbeitskultur« (Rolff et al. 2000, 39).

Michael Schratz und Ulrike Steiner-Löffler plädieren ebenfalls für zahlreiche Neuheiten:

- »Mut zum Erproben von Neuem« (Schratz 1996, 8)
- »Neue Formen der Problemlösung« (Schratz & Steiner-Löffler 1999, 65)
- »Neue Lösungsformen« (Schratz & Steiner-Löffler 1999, 65)
- »Neue Denkmöglichkeiten« (Schratz & Steiner-Löffler 1999, 65)
- »Neue Formen der (Zusammen-)Arbeit« (Schratz & Steiner-Löffler 1999, 116)
- »Neues Denken« (Schratz & Steiner-Löffler 1999, 201)
- »Sehnsucht nach was Neuem« (Schratz & Steiner-Löffler 1999, 210)
- »Neue Kultur« (Schratz & Steiner-Löffler 1999, 254)
- »Neue Ansprüche an die schulische Vermittlung« (Schratz 1996, 12)
- »Neue Lernkultur« (Schratz 1996, 18)
- »Neue Wege« (Schratz 1996, 18)
- »Neue Kultur des Lehrens und Lernens« (Schratz 1996, 20)
- »Neue Aufgaben« (Schratz 1996, 27)
- »Neue Formen der (Zusammen-)Arbeit« (Schratz 1996, 27)
- »Neue Formen der Organisationsentwicklung« (Schratz 1996, 40)
- »Neue Vermittlungsformen« (Schratz 1996, 66)
- »Neue akademische Standards« (Schratz 1996, 67)
- »Neue Herangehensweisen« (Schratz 1996, 67)

»Eine Pädagogik und eine Schule, die sich neu begreift«, schreibt Wilfried Schley (1995, 159), »tut nicht gut daran, ständig Defizite zu beklagen und die Schüler von heute an den Maßstäben von gestern zu messen«. Daher sind seines Erachtens »gemeinsame Schritte in ein Neuland schulischen Denkens und Arbeitens« (Schley 1995, 159) erforderlich.

- »Neues Denken« (Schley 2004, 20)
- »Neue Partituren des Lernens« (Schley 1995, 171)
- »Neuland des Denkens« (Schley 1995, 166)
- »Neue Konzepte« (Schley 1995, 169)
- »Neue Formen der Kooperation« (Schley 1995, 158)
- »Neue Kommunikations- und Entscheidungsstrukturen« (Schley 1995, 165)

Zusammen mit Sibylle Rahm fragt sich Wilfried Schley (2005a, 6): »Was ist nur mit dem neuen Denken und den alten mentalen Mustern?« Sie erwarten:

- »Neue Konzepte« (Rahm & Schley 2005a, 5)
- »Neue Formen des Arbeitens und Zusammenarbeitens« (Rahm & Schley 2005a, 5)
- »Neues Land des Lernens« (Rahm & Schley 2005b, 11)
- »Neue Professionalitäten und ExpertInnensysteme« (Rahm & Schley 2005b, 11)
- »Neue Problemlösungsstrategien« (Rahm & Schley 2005b, 12)
- »Neue Ansprüche an pädagogische Professionalität« (Rahm 2005, 82)

Gerd Eikenbusch (1998, 79) spricht von »neuen Lernwegen«, Nicole Kastirke (2005, 29) von »neuen Kommunikationsformen«, Hilbert Meyer von »neuer Lernkultur« (2001, 163) und »neuer Aufgabenkultur« (2011, 13), Hermann Pfeifer (2008a, 11) von »neuen Formen der Unterrichtsorganisation und -gestaltungen«. Schließlich meint Herbert Buhren (1995, 209): »Aus der Summe des individuellen und gemeinsamen Lernens kann neues Handeln entstehen«, wobei unverständlich bleibt, wie sich das Lernen einzelner und mehrerer Personen in einer Summe erfassen lässt.

Resümee: Wie aus den vielen Zitaten zu ersehen ist, sind nahezu alle SE-Autoren von der naiven Hoffnung erfüllt, dass sich schulische Verhältnisse allein dadurch verbessern würden, wenn sie nur *neu* wären. Im ▸ Kap. 3.16 wurde bereits erläutert, dass die Begriffe *neu*, *Erneuerung* oder *Innovation* nur zeitliche Verhältnisse, nicht aber qualitative Verbesserungen bezeichnen. Die SE-Autoren unterstellen jedoch, dass »neu« mit einer Verbesserung einhergehe, ohne dies an irgendeiner Stelle zu konkretisieren und zu begründen. Sie bemerken nicht, dass sie mit ihrer Annahme selbst einem Fehlschluss unterliegen und zugleich ihren Lesern Optimierungsmöglichkeiten vorgaukeln, zu deren Einlösung sie keine Überlegungen anstellen. In seiner metaphorischen Ausdrucksweise würde Meehan (1992, 310) sagen: »Kein Inhalt, kein Argument. Nur Begriffsgeklapper! Sie haben sich geräuspert. Mehr nicht!«

4.2.5 Wie ist Qualität zu gewinnen und zu sichern?

> »Je mehr an einer Universität oder Schule von Qualitätssicherung die Rede ist,
> desto weniger geht es um Qualitäten, sondern einzig darum,
> Qualitäten in Quantitäten aufzulösen.«
>
> *Konrad Paul Liessmann (2011, 84)*

Etliche SE-Autoren sehen in der Entwicklung und Sicherung von Qualität ein Ziel von Schulentwicklung. Allerdings wird aus ihren Darstellungen nicht ersichtlich, was genau mit »Schulqualität« bzw. »Unterrichtsqualität« gemeint sein soll. Der Hinweis, dass der Begriff »Qualität« ursprünglich aus dem Lateinischen stamme (Vomberg 2010, 13; Kempfert & Rolff 2005, 11), hilft Schulleitern und Lehrern nicht wirklich weiter. Die Häufigkeit, in der der Qualitätsbegriff in der Schulentwicklungsliteratur verwendet wird, steht in einem umgekehrten Verhältnis zu der Eindeutigkeit seiner Bedeutung.

Burkhard & Eikenbusch (2000, 53) beschreiben die Situation folgendermaßen: »Dabei erweist sich Qualität als eine Art Zauberwort, das zwar fleißig verwendet, aber selten genau definiert wird.« – Dazu berichtet Müller-Using (2010, 58): »Wie umfassend und unterschiedlich der Begriff ›Pädagogische Qualität‹ gefasst und definiert werden kann, zeigt u. a. Guhn (2005), der allein zur näheren Definition des Qualitätsbegriffs 600 denkbare Qualitäten erarbeitete, die auf insgesamt drei Grunddimensionen, 11 Kategorien, 5 Foki und 12 Perspektiven zurückzuführen sind.« Akkurater lässt sich die Bedeutungsunklarheit des Qualitätsbegriffs nicht aufzeigen. Dennoch oder gerade deshalb sind »Qualitätsmanagement und Evaluation an Schulen (...) in den letzten zehn Jahren zu einer umfassenden Modeerscheinung geworden, die es nahezu unmöglich macht, alle Strömungen, Begriffe und Modelle auch nur annähernd nachzuzeichnen. (...) Dabei entstehen oft programmatische Ansätze, die meist recht zielorientiert sind, denen aber häufig die theoretische Basis und die empirische Bestätigung fehlen« (Dubs 2006, 1207).

Trotz der vielen Unklarheiten hat die Debatte um *Qualitätsentwicklung* und *Qualitätsmanagement* für Schulleitungen und Lehrkräfte an Wichtigkeit hinzugewonnen. Das mag zum einen daran liegen, dass niemand ernsthaft Einwände gegen etwas Qualitätsvolles vortragen mag. Das mag zum anderen aber auch gerade der Unklarheit des Qualitätsbegriffs geschuldet sein, weil mit ihr einer rationalen Auseinandersetzung der Boden entzogen wird. Schließlich könnte die *Zunahme an öffentlicher Aufmerksamkeit auch in dem Versuch begründet sein, ein Anliegen mit ungeeigneten Mitteln zu bearbeiten.* Nach Watzlawick, Weakland & Fisch (1974) können untaugliche Lösungsversuche nach dem Prinzip »Mehr desselben« zu Vergeblichkeiten führen, wodurch sich eine anfängliche Schwierigkeit zu einem ernsthaften Problem auswachsen kann.

Solange man sich mit Qualitätsmanagement auf einer hohen Abstraktionsebene beschäftigt, zeigen sich kaum Schwierigkeiten, erforderliche Maßnahmen und Abläufe darzustellen. So beschreibt Rolff (2007h, 197) beispielhaft ein idealtypisches Vorgehen von Qualitätsmanagement in Schulen folgendermaßen:

91

»Schulen setzen sich selber Qualitätsziele und überprüfen regelmäßig, wieweit sie diese erreichen. Sie geben sich ein Qualitätsleitbild und stellen systematische Überlegungen an, wie sie es umsetzen (›implementieren‹) können. Die Umsetzungsprogramme werden zumeist als Schulentwicklungsprogramme bezeichnet. Kernprozess der Qualitätsentwicklung ist Unterrichtsentwicklung, Personal- und Organisationsentwicklung kommen hinzu, um das professionelle Selbst der in der Schule Handelnden zu fördern und für innerorganisatorische Abstützung zu sorgen. Als ›Treiber‹ des Qualitätsmanagements fungieren vor allem Teambildung und der Aufbau einer Feedbackkultur (vgl. dazu Rolff 2003). Die Teambildung konzentriert sich dabei auf Lehrerteams, die den Unterricht systematisch erneuern und methodisch wie fachlich voranzubringen versuchen. Klassen-, Jahrgangs- und Fachteams stehen dabei im Mittelpunkt. Die Feedbackkultur hat ebenfalls einen Fokus im Unterricht, indem Lehrpersonen von ihren Schülerinnen und Schülern eine datengestützte Rückmeldung zu ihrem Unterricht einholen unter der Fragestellung: ›Was hilft den Schülern beim Lernen – und was hindert?‹ Diese Rückmeldung wird mit den Schülern wiederum besprochen und in Verbesserungsmaßnahmen umgesetzt. Das Feedback bezieht sich aber auch auf Rückmeldungen von anderen Lehrpersonen (›Hospitationen‹) und darüber hinaus durch Schulleitungsmitglieder, Eltern und (bei Berufsschulen) die Dualen Partner«.

Doch wenn man im konkreten Vorgehen viele Entscheidungen treffen und Abwägungen vornehmen muss, ergeben sich zahlreiche Fragen und Probleme. Daher wünschen sich Kempfert & Rolff (2002, 11), »der Qualitätsdebatte den lange vermissten Schub zu geben.« Es geht ihnen darum, die zentrale und schwerfällige Steuerung des Schul- und Bildungswesens dadurch zu kompensieren, dass die Aufgabe einer Qualitätsentwicklung und -sicherung als gesellschaftlicher Auftrag auf die Einzelschulen übertragen wird. Den Start in ein anspruchsvolles Qualitätsmanagement sehen sie in der »Initiierung einer Evaluation der Schule als Ganzes« (Kempfert & Rolff 2002, 60), wobei sie darauf hinweisen, dass man sich allein von Leistungsmessungen und anderen Vergleichen keine Qualitätssteigerung erhoffen dürfe. Vielmehr müsse, »um Leistungsvergleiche für Qualitätsentwicklung produktiv zu machen, (...) zum bloßen Messen und Veröffentlichen etwas hinzukommen oder schon vorhanden sein. (Sie) benutzen für dieses Etwas den Begriff Schulentwicklung« (Kempfert & Rolff 2002, 17) und erläutern dann: »In dem Maße, wie Qualitätssicherung und -entwicklung zur Aufgabe von Einzelschulen wird, beginnen Qualitätsentwicklung und Schulentwicklung zu verschmelzen« (Kempfert & Rolff 2002, 18).

Somit verstehen Kempfert & Rolff (2002, 19) »Qualitätsarbeit als Schulentwicklung«. Um für die Schul- bzw. Qualitätsentwicklung eine Zielorientierung zu erlangen, empfehlen Kempfert & Rolff (2002, 61 f.), »ein Leitbild der Schule zu erstellen, das (sie) als zugespitztes Schulprogramm verstehen (...). Ein Leitbild stellt wie ein Schulprogramm den Ausdruck des pädagogischen Selbstverständnisses einer Schulgemeinde dar. Damit bezeichnet es Prüfkriterien, an denen Schulqualität abgelesen und bewertet werden kann. Ein objektives und allgemein gültiges Verständnis von Qualität kann es in einer pluralen und dynamischen Gesellschaft nicht geben; deshalb muss jede Schulgemeinde (im Rahmen der Vorgaben) selbst und neu klären, was sie unter Qualität versteht und woran sie zu messen ist«.

Auch hier zeigt sich die Parallelität der Qualitäts- und Schulentwicklungsdebatte: In beiden Fällen sollen Schulleitung und Kollegium der Einzelschulen vor Ort darüber entscheiden, von welchen Verständnissen sie sich unter ihren jeweiligen Bedingungen bei ihren Vorhaben leiten lassen wollen. Kempfert & Rolff (2002, 15 und 42) betonen an mehreren Stellen, dass jede Schule letztlich selbst entscheiden müsse, was sie unter Qualität verstehen möchte. Dabei ist Pädagogische Qualitätsentwicklung nach Kempfert & Rolff (2002, 95) »keine punktuelle und auch keine einmalige Angelegenheit, sondern Daueraufgabe«. Deshalb sollten Schulen in einem immer wiederkehrenden »Qualitätskreislauf« kontinuierlich an ihrer Verbesserung arbeiten.

Einen vergleichbaren Vorschlag machen Schratz, Iby & Radnitzky (2000, 10): »Systematisch betriebene Qualitätsentwicklung führt zu einer zyklischen Bewegung, die, so sie erfolgreich ist, in Form einer Spirale aufwärts führt. (...) Auch gibt es viele Einstiegsmöglichkeiten in diesen Zyklus der Qualitätsentwicklung – jede Schule wird den ihren finden müssen.«

In der Diskussion um die Qualitätsentwicklung von Schulen zeigt sich also ein gleichsinniger Argumentationsgang wie in der SE-Debatte: Zunächst wird Qualitätsentwicklung als besonders wichtig und bedeutsam dargestellt. Mit moralischer Einfärbung wird Schulleitungen und Lehrkräften erklärt, sie müssten die Qualitätsentwicklung an ihren Schulen in Angriff nehmen. Dann wird zugestanden, dass der Qualitätsbegriff nicht objektiv und eindeutig zu fassen sei. Danach werden unter dem Vorwand, den Schulen keine Vorschriften machen und die Pluralität der Meinungen nicht einengen zu wollen, sowohl die Klärung des Qualitätsbegriffs als auch die Entscheidung für angemessene Maßnahmen an jede einzelne Schule delegiert.

Obwohl Kempfert & Rolff (2002, 2005) nicht wissen (können), für welches Qualitätsverständnis und zu welchen Maßnahmen sich die Schulleitungen und Lehrkräfte in den jeweiligen Schulen entscheiden (werden), vertreten sie doch die Überzeugung, dass für alle Schulen – wie unterschiedlich deren Entscheidungen auch sein mögen – dieselbe Orientierungs- und Vorgehensweise geeignet sei. Anhand von zwei Abbildungen machen Kempfert & Rolff (2005, 297) deutlich, wie sie sich den Kreislauf in der Qualitäts- und Schulentwicklung vorstellen. Hierbei kommt ihres Erachtens der *Evaluation* eine besondere Aufgabe zu: »Qualitätsentwicklung beruht auf Evaluation. Nur durch Evaluation kann sich eine Schule Gewissheit über Stärken und Schwächen verschaffen. Evaluation unterstützt die Qualitätsentwicklung in vielfältiger Weise« (Kempfert & Rolff 2002, 89). »Qualitätsmanagement benötigt Daten als Grundlage für die Ist-Diagnose, für Steuerungswissen und Bewertungen, also Evaluation« (Kempfert & Rolff 2002, 43).

Den Vorstellungen von Schratz, Iby & Radnitzky (2000) sowie von Kempfert & Rolff (2002) zum pädagogischen bzw. schulischen Qualitätsmanagement sind folgende Bedenken entgegenzuhalten:

– *Wünsche statt bewährter Empirie:* Es darf nicht übersehen werden, dass das, was Schratz, Iby & Radnitzky (2000), Kempfert & Rolff (2002, 2005), Rahm (2005), Rolff (2007h), Landwehr (2009), Holtappels (2007), Maritzen (1998) und andere Autoren über die Nützlichkeit und über die Vorteile eines pädagogischen Qualitätsmanagements schreiben, bislang weitestgehend Wunschvorstellungen geblieben sind. Sie beschreiben, wie sie sich Vorgänge und Prozesse vorstellen. Sie bringen jedoch keine Belege dafür, dass man mit diesen Vorstel-

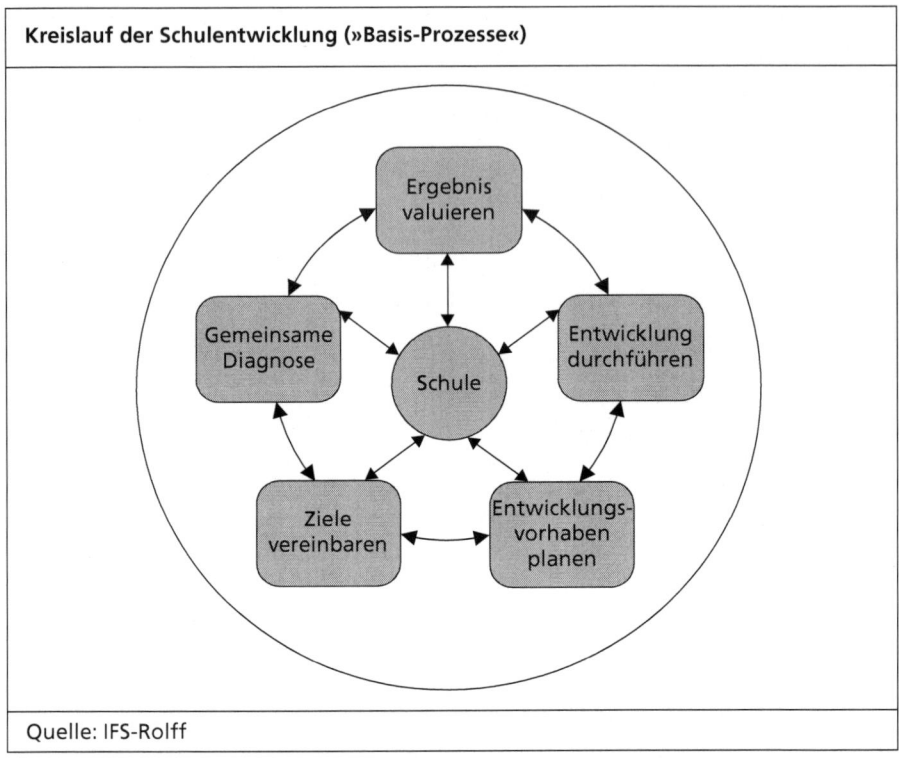

Abb. 5: Kreislauf der Schulentwicklung (nach Kempfert & Rolff 2002, 170)

lungen die erwünschten Effekte auch wirklich erreichen kann. Die Autoren beschreiben *nicht* technologische Konzepte in Form von Ziel-Mittel-Relationen mit de- und präskriptiv gemischten Satzsystemen (Groeben 1986, 221, 280), die sich in der pädagogischen Praxis bewährt haben. Sie können weder logische Argumente noch empirische Nachweise für die Richtigkeit ihrer Qualitätsversprechungen erbringen. Daher gilt das Resümee von Dubs (2006, 1207): »So ist die Forschung heute noch weit davon entfernt, belegen zu können, dass die vielen Mittel, die in Modellversuchen zum Qualitätsmanagement eingesetzt wurden, tatsächlich auch zu Qualitätsverbesserungen, vor allem im Unterricht der einzelnen Schulen, geführt haben«.

– *Simplifizierung durch Qualitätskreislauf:* Die von Kempfert & Rolff (2002, 2005) vorgestellte Idee, Qualitätsentwicklung und Qualitätssicherung innerhalb eines Qualitätskreislaufes als Daueraufgabe vorzunehmen, erweist sich aus mehreren Gründen als *einfältig*. Denn alle Maßnahmen zeigen nie nur einen einzigen Effekt, sondern immer mehrere Auswirkungen, die ihrerseits wiederum zu zahlreichen weiteren, meist unterschiedlichen Auswirkungen führen (können). Nicht nur der oft zitierte Flügelschlag eines Schmetterlings kann einen Orkan auslösen. Vergleichbares gilt auch für menschliche Handlungen. »Strukturell gesehen, lösen menschliche Handlungen eine Folge von Kettenreaktionen aus, welche jenen ähnlich sind, die der Detonation eines nuklearen Sprengkörpers folgen« (Meehan 1992, 200). Mit anderen Worten: Unter den zahlreichen und vielfältigen Auswirkungen von »Qualität entwickelnden Maßnahmen« in einer Schule werden auch einige sein, die nicht oder nur bedingt den erwünschten Zielvorstellungen entsprechen. Dieses umso mehr, als in Schulen niemals nur ein einziges Ziel verfolgt wird. Das heißt, Maßnahmen, die sich für die Erreichung bestimmter Ziele als sinnvoll erweisen, haben immer auch so genannte Nebenwirkungen und können sich zugleich für die Erreichung anderer Zielvorstellungen als ungünstig erweisen. Der von Kempfert & Rolff (2005, 279) abgebildete Qualitätskreislauf stellt eine realitätsunangemessene Vereinfachung von Auswirkungen und Zusammenhängen dar. Vielmehr bedürfen alle Handlungen und Maßnahmen einer sorgfältigen Abwägung. Daher ist auch zu beachten, was Brügelmann (2005, 229) in diesem Zusammenhang zu bedenken gibt:

> »Soziale Institutionen sind immer unvollkommen, und es ist leicht, die Alltagspraxis zu kritisieren. Reformversprechen gehen leicht von den Lippen. (...) Was uns heute als überkommene Einrichtung missfällt, könnte früher einmal eine schwer erkämpfte Innovation gewesen sein. Ehe wir sie leichtfertig abschaffen, sollten wir ihre Vorgeschichte untersuchen. Vielleicht besteht das Problem, für das diese Tradition einmal als hilfreiche Lösung entwickelt wurde, heute tatsächlich nicht mehr. Dann brauchen wir nicht an ihr festzuhalten, nur ›weil wir das immer schon so gemacht haben‹. Vielleicht aber nehmen wir das Problem einfach nicht mehr wahr, für das diese Einrichtung geschaffen wurde. Deshalb sollte genau geprüft werden, was mit der Abschaffung einer etablierten Praxis an früher erreichtem Fortschritt verloren gehen könnte«.

– *Unangemessene Anforderungen:* Es ist eine Überforderung, von Schulleitungen und Kollegien zu verlangen, innerhalb des so genannten Qualitätskreislaufes in der Schule als Daueraufgabe »kontinuierliche Verbesserungsprozesse« (Kempfert & Rolff 2002, 98) zu vollziehen oder »ein angemessenes Qualitätsmanagement auf Schulebene und die Fähigkeit zu ständiger Selbsterneuerung für kontinuierliche Schulentwicklung zu erwerben« (Holtappels 2007, 13). Dieses Ansinnen gleicht der Aufforderung, in ein Hamsterrad einzusteigen bzw. blinden Aktionismus zu betreiben. Es würde zur Sicherung von professioneller und kompetenter beruflicher Tätigkeit völlig ausreichen, wenn Schulleitungen und Lehrkräfte ihr Handeln sowie dessen Rahmenbedingungen *in der prinzipiellen Bereitschaft zu Veränderungen bzw. zu Verbesserungen reflexiv betrachten und sich nur dann aktiv für Veränderungsmaßnahmen einsetzen, wenn sorgfältige Abwägungen von Ansprüchen einerseits sowie Gelingensbedingungen und gesicherte Ressourcen andererseits dafür sprechen.* Die Aufforderung zu »ständiger Selbsterneuerung« und »kontinuierlichen Verbesserungsprozessen« kann bei Schulleitungen und Lehrkräften nur als Misstrauensvotum einerseits und als Zumutung andererseits ankommen. Unter sich kontinuierlich verändernden Rahmenbedingungen können sich Mitarbeiter kaum mit voller Kraft auf ihre eigentlichen Aufgaben konzentrieren.

– *Fehleinschätzung der Evaluationsfunktion:* Ein weiteres Problem ergibt sich dadurch, dass die Leistungen von Evaluationen innerhalb eines Qualitätskreises bzw. innerhalb eines Qualitätsmanagements nicht richtig eingeschätzt werden (siehe ►Kap. 4.3.7). An dieser Stelle sei nur darauf hingewiesen, dass Evaluationsergebnisse nicht zur Steuerung von Vorgängen oder zur Ableitung von Maßnahmen taugen, wie es in der Qualitätsdebatte immer wieder behauptet wird. Solche Folgerungen kämen einem naturalistischen Fehlschluss gleich. Daher werden in diesem Zusammenhang Schulleitungen und Lehrkräfte durch die Thesen aus der Qualitätsdiskussion über (nicht) funktionierende Lösungswege getäuscht.

– Abrutschen in Unverbindlichkeit und Beliebigkeit: Es ist nicht nachvollziehbar, wie Kempfert & Rolff (2002, 10) einerseits Qualitätsentwicklung als »eine zentrale Herausforderung der Schulpolitik« einschätzen und deshalb versuchen, »der Qualitätsdebatte den lange vermissten Schub zu geben« (Kempfert & Rolff 2002, 11), dann aber andererseits bei der Verdeutlichung des pädagogischen Qualitätsbegriffs hierzu keinen eigenen Vorschlag vorstellen, sondern sich auf die Formulierung zurückziehen: »Eine Schule entscheidet letztlich selbst, was sie unter Qualität versteht« (Kempfert & Rolff 2002, 15). Das Argument für ihr Ausweichen vor einer durchdachten, begründeten und verantwortbaren Stellungnahme zu Ziel- und Wertvorstellungen in Schulen soll ihnen die plurale und dynamische Gesellschaft liefern, die ein objektives und allgemein gültiges Qualitätsverständnis nicht zulasse (Kempfert & Rolff 2002, 61 f.). Ergo: Weil es ihres Erachtens kein allgemein gültiges Qualitätsverständnis geben kann, verzichten Kempfert & Rolff darauf, ihr eigenes Qualitätsverständnis offenzulegen (falls sie eines haben sollten). Sie verlangen dies jedoch von Lehrkräften und Schulleitungen.

– Fehlende Investitionen: Wie auch immer man sich Maßnahmen zur Qualitätsentwicklung vorstellen mag, eines ist sicher: Sie werden nie zu einem Nulltarif zu bekommen sein, sondern erfordern immer auch Investitionen. Es ist bemerkenswert, dass – mit der Ausnahme von Dubs (2006, 1220 f.) – die meisten SE-Autoren auf diesen Aspekt nicht näher eingehen, sondern offensichtlich das Berücksichtigen von Rand- und Gelingensbedingungen sowie die Bereitstellung von Ressourcen bei schulischen Veränderungen nicht für beachtenswert halten.

Nach diesen Bedenken komme ich nun auf die oben angedeutete These zurück, *dass in der Schulentwicklungsdebatte auf die Unklarheiten des Qualitätsbegriffs mit ungeeigneten Mitteln eingegangen wird.* Denn der eigentliche Hinderungsgrund für ein erfolgreiches Qualitätsmanagement liegt in der Unschärfe des Qualitätsbegriffs: Ohne ein klares Verständnis von dem, was es zu »managen« gilt, lassen sich hierfür keine geeigneten Konzeptionen entwerfen, ausführen und evaluieren.

Die Begriffe »Qualitätsentwicklung«, »Qualitätssicherung« und/oder »Qualitätsmanagement« legen die Vorstellung nahe, es gäbe ein Etwas, das wir zwar nicht genau beschreiben, wohl aber gestalten, verändern oder gar optimieren könnten – logisch ein Unding (►Kap. 3.2; 3.11)! Ein solcher Sprachgebrauch suggeriert die Existenz von einem Etwas, das man einmal in größerem, einmal in geringerem Ausmaß vorfinden kann – und zwar so, als ob es sich dabei um eine Substanz handelte, die man mit Hilfe ausgesuchter Maßnahmen vergrößern bzw.

vermehren, d. h. ›entwickeln‹ und anschließend bewahren, d. h. ›sichern‹ könnte. Durch eine derartige Vorstellung gerät man in eine Denkfalle, aus der man sich anschließend nur schwer befreien kann. Denn tatsächlich ist *Qualität* kein ›Etwas‹, kein Stoff, keine Wesenheit oder ein Gegenstand. *Qualität* ist nicht einmal ein »komplexes Konstrukt«, wie Holtappels & Voss (2008, 64) sie bezeichnet haben. Vielmehr handelt es sich um *eine bewertende Stellungnahme* von einem Etwas, nämlich von einem Gegenstand, von einem Geschehen oder von gedanklichen Konstruktionen. Man kann *Qualität* nicht entwickeln. Man kann sie auch nicht sichern oder managen. Man kann nur Produkte so verändern, Sachverhalte oder Abläufe so gestalten, gedanklichen Vorstellungen so präzisieren, dass man aufgrund bestimmter Kriterien zur Überzeugung kommen kann, sie als »qualitätsvoll(er)« einschätzen zu können. In die Bewertung bzw. in die Präskription *Qualität* selbst kann man aber nicht gestaltend eingreifen, um sie zu entwickeln. Ihre »Existenz« ergibt sich aus dem Resultat eines intern ablaufenden Abwägungs- und Kalkulationsprozesses. Sehr wohl aber kann man die Gesichtspunkte und Maßstäbe verändern, die für das Urteil *Qualität* herangezogen werden. Ein Maßstab ist aber nicht identisch mit dem Gemessenen. Man kann ebenfalls die Annahmen und Randbedingungen verändern, die in die Abwägungen eingehen, bevor man abschließend *Qualität* schlussfolgert. Die Auswahl und Festlegung der unterschiedlichen Bezugspunkte, ihre gegenseitige Verrechnung sowie die daraus abgeleiteten Konsequenzen sind *psychische* Vorgänge, die weder in dem zu beurteilenden *Etwas* stecken noch ihm anhaften. Eben daraus ergeben sich das Schillern und die Bedeutungsfluktuationen von Präskriptionen, also auch von *Qualität*.

Wie im ▶ **Kap. 3.4** ausgeführt, taugen De- und Präskriptionen für unterschiedliche Leistungen. Beide sind für erfolgreiches Denken und Handeln erforderlich. Man kommt aber in gedankliche wie praktische Schwierigkeiten, wenn man in Unkenntnis ihrer unterschiedlichen Funktionen Präskriptionen (Soll-Werte/Vorschriften) so verwendet, als ob es Deskriptionen (Ist-Werte/Beschreibungen) seien. Unter anderem führt die Vermengung und Verwechselung von De- und Präskriptionen zu endlosen unfruchtbaren Diskussionen, wie u. a. die immer wieder neu entstehende Suche nach »guten« Lehrern, »gutem« Unterricht, »guter« Schule oder eben auch nach »Qualität« zeigt.

Wer von Qualität spricht, muss den Gegenstand bzw. den Vorgang benennen, um dessen Bewertung es ihm geht. Denn es macht einen Unterschied, ob man ein Lebensmittel, ein Kunstwerk, ein Fahrzeug, eine Gartenanlage, eine Zeitung, eine Schule, einen Unterrichtsverlauf, eine Klassenarbeit, ein Elterngespräch oder eine Konferenzleitung hinsichtlich der Qualität beurteilen möchte. Anschließend ist der Bewertungsmaßstab zu begründen, vor dessen Hintergrund man das Jeweilige für qualitätvoll hält. Aber damit nicht genug. Es sind – genau genommen – auch noch die Rahmenbedingungen zu berücksichtigen, unter denen die Qualitätseinschätzung stattfinden soll. Daher stellt die Indizierung der Qualität schulischer Arbeit nicht »ein zentrales Arbeitsfeld erziehungswissenschaftlicher Grundlagenforschung« dar, wie Holtappels & Voss (2008, 63) es meinen, sondern man braucht konsensuale Klärungen von Gegenstandsverständnissen und Wertvorstellungen.

97

Resümee: Wer sich über Schulqualität oder Unterrichtsqualität verständlich machen möchte, muss zuvor sein Verständnis von Schule und Unterricht detailliert erläutern, ihre innere Logik nachzeichnen, und er muss ferner seine Ansprüche an Schule und Unterricht vor dem Hintergrund explizierter und begründeter Sollwerte stimmig erläutern können. Da weder Schulen noch Unterricht ohne Menschen denkbar sind, sondern da sie die eigentlichen »Gegenstände« sind, um die es in Schulen und im Unterricht geht, wird er auch seine Menschenbildannahmen bzw. anthropologischen Kernannahmen offenlegen müssen. Denn sie stellen für stimmige Ableitungen und Begründungen die entscheidenden Bezugspunkte dar.

Doch die hier zitierten SE-Autoren legen weder ihr Gegenstandverständnis offen noch leiten sie ihre normativen Bezugspunkte in stimmiger Weise ab. Aus diesem Grunde konnte die Debatte um die Qualitätsentwicklung bislang nicht fruchtbar werden, so dass Dubs (2006, 1240) mit Fug und Recht folgende Bilanz ziehen kann: »Leider fehlen bislang sowohl in Europa als auch in den Vereinigten Staaten verlässliche Untersuchungen, welche nachweisen, dass sich dank des Qualitätsmanagements die Produktivität der Schule verbessert hat.« Die Suche nach der Qualität – von was auch immer – muss letztlich in die Suche nach den eigenen, persönlichen Wertvorstellungen, Wichtigkeiten, Interessen, Prioritäten münden. Diese folgen in ihrem inneren Gefüge aber keiner Logik, sondern einer Psychologik. Sie sind teilweise nicht stimmig ein- und unterzuordnen. Sie können auch untereinander im Widerspruch stehen oder sich gegenseitig ausschließen. Menschliche Psycho-Logik kennt auch Ambivalenzen. Und sie können von Moment zu Moment mit einer anderen Gewichtung versehen werden. Das macht intersubjektive Festlegungen bei der Qualitätsfrage zwar nicht einfach, aber nicht unmöglich. Innerhalb der SE-Debatte sind dazu bislang keine Anstrengungen unternommen worden. Wer mit großem verbalen Aufwand von Schulleitungen und Lehrkräften fordert, in permanenten Kreisläufen oder Spiralen *Qualität* zu entwickeln, ohne zugleich auch die hierfür erforderlichen Maßstäbe zu begründen sowie geeignete und bewährte technologische Konzepte anzubieten, hat nicht ausreichend nachgedacht und riskiert deshalb als Schaumschläger seine Glaubwürdigkeit und Seriosität zu verlieren.

4.2.6   Was soll das Spezifische an Schulentwicklung sein?

Auf die Frage »Wozu soll Schulentwicklung taugen?« gibt das von Rolff (2007b, 30) erstellte Drei-Wege-Modell der Schulentwicklung eine Antwort. Es entstand 1997 am Ende der 5. Tagung des OE-Netzwerkes (vgl. ▶ Kap. 2.5) und wird inzwischen unwidersprochen von fast allen SE-Autoren zitiert. Außerdem wird es von vielen anderen staatlichen und privaten Einrichtungen zur Grundlage des SE-Verständnisses gemacht.

In diesem Drei-Wege-Modell listet Rolff verschiedene Möglichkeiten auf, Organisations-, Personal- und Unterrichtsentwicklung – und damit insgesamt Schulentwicklung – zu betreiben. In der ▶ **Abb. 6** sind diese Interventionsmöglichkeiten tabellarisch aufgeführt.

Schulentwicklung		
Organisationsentwicklung	**Personalentwicklung**	**Unterrichtsentwicklung**
Schulprogramm	Lehrer-Feedback	Fachlernen
Schulkultur	Supervision/Coaching	Schülerorientierung
Erziehungsklima	Kommunikationstraining	Überfachliches Lernen
Schulmanagement	Schulleitungsberatung	Methodentraining
Teamentwicklung	Hospitationen	Selbstlernfähigkeit
Evaluation	Jahresgespräche	Öffnung
Kooperation	Zielvereinbarungen	Erweiterte U-Formen
Steuergruppe	Führungs-Feedback	Lernkultur
u. a.	u. a.	u. a.

Abb. 6: Mögliche Maßnahmen zur Schulentwicklung nach H.-G. Rolff (2007b, 30)

Die Fülle der Möglichkeiten könnte in Bezug auf eine Durchführung von Schulentwicklung zuversichtlich stimmen. Doch wenn es um die Realisierung dieser Einzelschritte geht, tauchen viele Fragen auf. Hierbei springt zunächst ins Auge, dass bei den aufgeführten Konkretisierungsmöglichkeiten keine *qualitativen* Angaben gemacht werden. Es bleibt somit offen,

- was im Schulprogramm stehen soll, welcher Art die Schulkultur sein sollte, an welchen Vorstellungen sich Teams orientieren sollen.
- wodurch sich das Erziehungsklima auszeichnen soll.
- auf was bei Hospitationen und Jahrgangsgesprächen zu achten ist.
- was mit »Öffnung« genau gemeint sein soll.
- worauf es bei der Lernkultur ankommen soll.

Es fehlen aber auch *quantitative* Maßstäbe. Es wird nicht deutlich, wie viele dieser Aktivitäten in welchem Ausmaß erfüllt sein müssen, damit man berechtigterweise von Schulentwicklung sprechen kann. Muss jede Lehrkraft an allen Maßnahmen beteiligt werden oder können sich die Kollegiumsmitglieder spezialisieren? Welche dieser Maßnahmen sind vielleicht entbehrlich, auf welche darf man keinesfalls verzichten? Sollte man alle Teilvorhaben gleichzeitig in Angriff nehmen oder lieber eine nach der anderen? In welcher Reihenfolge? Gibt es hierfür eine innere Logik? Schulleitungen und Lehrkräfte stehen also vor vielen Entscheidungs- und Handlungsmöglichkeiten, die sich durch ihre Fülle und Unklarheit auch als verunsichernd erweisen können.

In diesem Zusammenhang fällt auf, dass es in der SE-Debatte keine Auseinandersetzungen um den besseren Weg in der Schulentwicklung gibt. Während in allen anderen – pädagogischen – Arbeitsfeldern Autoren mit konkurrierenden Vorstellungen um das beste Vorgehen in der Praxis ringen, findet zwischen den SE-Autoren – von ganz wenigen spitzen Bemerkungen abgesehen – keine Diskussion um der Sache und der Ziele willen statt. Statt Kontroversen findet man weitgehende Übereinstimmungen, die sich nicht zuletzt »am ausgeprägten Maß zirkulären Zitierens« (Büeler 2000, 19) ablesbar sind. Mit dem Fehlen gegenseitiger Kritik und Konfrontationen in der SE-Debatte, insbesondere bei Rolff, hat sich

Kiper (2009) beschäftigt. Sie führt den Mangel an konzeptionellen Kontroversen bei Rolff auf zwei Umstände zurück. Zum einen ließe Rolff unterschiedliche Denkansätze gleichberechtigt nebeneinander stehen. Das ermögliche ihm, ohne Brüche immer wieder neue Aspekte aufzugreifen und problemlos in bisheriges Gedankengut zu integrieren. Zum anderen bliebe Rolff in der Darstellung seiner Unterrichts- und Schulentwicklungsideen immer relativ abstrakt. Durch die Abstraktion werden mögliche Fragen und eventuelle Widersprüche bzw. Ungereimtheiten nicht erkennbar. Mit diesen Beobachtungen hat Kiper auf wichtige Schwachstellen hingewiesen, die nicht nur für Rolff, sondern für die gesamte SE-Debatte gelten.

Die Tatsache, dass die SE-Autoren sich nicht anspruchsvoll miteinander auseinandersetzen, sondern stattdessen affirmativ aufeinander eingehen, vermindert natürlich auch ganz erheblich die Chancen, dass ihre Ideen und Vorstellungen zur Schulentwicklung korrigiert oder gar verbessert werden können. So wird die SE-Debatte mit zahlreichen ungeprüften Begriffen und Thesen aufgebläht und belastet. Scheinbar wird sie dadurch bedeutungsvoller, tatsächlich aber konfuser. Weil aber die SE-Autoren so wenig anspruchsvoll und kritisch sind, können sie die selbst herbeigeführte Konfusion nicht als solche erkennen, sondern interpretieren sie als ›Komplexität‹ (Dalin & Rolff 1990, 69; Rahm 2005). Diese wiederum gilt ihnen als ein Indiz für die Bedeutsamkeit von Schulentwicklung.

Die unterlassene kritische Auseinandersetzung macht Aussagen möglich, die sich einerseits wegen gewaltiger Abstraktionen nicht mehr überprüfen lassen, andererseits trivial sind, immer aber auf den ersten Blick sehr bedeutungsträchtig klingen:

- »Gestaltungsautonomie fordert von den Schulen professionelle Gestaltungsfähigkeit, zielbezogenes Handeln, Selbststeuerung und Selbsterneuerungsfähigkeit.«
- »Schulentwicklung in der Einzelschule braucht Koordination, Management und Steuerung.«
- »Entscheidend kommt es darauf an, dass Schulen pädagogische Selbsterneuerungsfähigkeit entwickeln.«
- »Wenn Schulentwicklung in der einzelnen Schule wirksam vorangetrieben, zielorientiert und systematisch durchgeführt und Wirkungen für tatsächliche Qualitätsverbesserungen erbringen soll, wird schulinterne Steuerung kaum verzichtbar.«

Die SE-Autoren können auch deshalb nicht um einen besseren Weg ringen, weil Schulentwicklung keine spezifischen Ziele kennt. Denn wie soll man erkennen und begründen können, ob sich Konzepte oder Methoden geeigneter oder besser als andere erweisen, wenn es dafür keine ausgemachten Bezugspunkte gibt? Die im Drei-Wege-Modell aufgeführte »ultimative Zielidee« ist weder ausreichend spezifisch noch konkret genug formuliert. Denn Lernfortschritte von Schülerinnen und Schüler beanspruchen *alle Schulkollegien* für sich als Zielvorgabe. Wenn aber schon die reguläre schulische Arbeit – nicht zuletzt durch die Schulgesetze dazu verpflichtet – Lernfortschritte der Schülerschaft anstrebt, mit welchen Argumenten oder empirischen Belegen können oder wollen die SE-Autoren nachweisen, dass dieses Ziel durch die Idee der Schulentwicklung besser oder ökonomischer erreicht werden kann? Es fehlen also Richtlinien, und deshalb können viele Kollegien mit Recht behaupten »Das machen oder haben wir schon längst!«

Resümee: Statt in klaren und folgerichtig aufeinander aufbauenden Maßnahmen konkretisiert sich Schulentwicklung in einer lockeren und unverbindlichen Aufzählungen von weitgehend unklaren Handlungsmöglichkeiten.

4.2.7 Eine Zwischenbilanz

> »Menschliche Leistung kann nur kritisiert oder verbessert werden durch Bezugnahme auf das/die Ziel(e), das/die Leistung erreichen soll.«
>
> *Meehan (1992, 13)*

Die Frage nach der Stimmigkeit und der Bewährung der SE-Idee würde sich relativ einfach prüfen und beantworten lassen, wenn es klare Aussagen darüber gäbe, wozu Schulentwicklung eigentlich taugen solle. Über die genauen Intentionen von Schulentwicklung kann man in der Literatur jedoch keine präzisen, sondern nur ungenaue Angaben erfahren: Ihre Notwendigkeit ergäbe sich aus einem gewaltigen Reformbedarf der Schulen, der wiederum erheblichen gesellschaftlichen Veränderungen geschuldet sei. Daher fühlen sich SE-Autoren zuständig und berechtigt, allen Schulangehörigen sowie der Öffentlichkeit diese veränderungs- und erneuerungsbedürftige Situation deutlich vor Augen zu führen. Hierbei verweisen sie teilweise auf ihr Expertentum, teilweise auf die Resultate internationaler Untersuchungen.

Wenn es dann jedoch um die Frage nach erfolgsversprechenden Lösungsperspektiven geht, wird deutlich, dass die SE-Autoren weder konkrete Desiderate noch fest umschriebene, eindeutige Zielvorstellungen präsentieren können. Sie beklagen A, nennen aber kein B. Vielmehr geben sie nun ihre Zuständigkeit und Verantwortung ab und verweisen stattdessen auf die Beratungs- und Klärungsprozesse in jeder einzelnen Schule. Gebetsmühlenartig wird von ihnen immer wieder betont: »Schulen müssen selbst der Motor der Entwicklung sein, klären, wo sie stehen, für wen sie da sind und wohin sie wollen« (Rolff et al. 2000, 12). Wenn sie B sagen sollen, verzichten die SE-Autoren gewissermaßen auf ihr »Eigentum« an Zuständigkeit, Expertentum und Verantwortung.

Mit dieser Verlagerung der Zuständigkeit an Personen und Instanzen, die nicht näher bekannt und benannt sind, werden sowohl die Reformbemühungen als auch die Verantwortung aufgesplittert und konturenlos. Da in der SE-Idee weder eindeutige Desiderate noch unverkennbare Reformziele genannt werden, verkommt Schulentwicklung zu einer Aktivität um ihrer selbst willen. Die häufige Behauptung, dass Schulentwicklung kein Selbstzweck sei, führt nicht zur Entkräftung dieses Vorwurfs, weil die entsprechenden Autoren den Gegenbeweis schuldig bleiben.

Die *Lernfortschritte von Schülerinnen und Schülern* wurden zwar von Rolff als Zugeständnis gegenüber der Skepsis von Bastian und Klippert als »ultimatives

Ziel« nachgeschoben. Diese Zielformulierung ist jedoch für schulische Reformvorhaben viel zu vage und unterstellt außerdem, dass traditionelle Schularbeit andere Ziele verfolge. Vor allem aber werden innerhalb der SE-Debatte keine überprüfbaren Wege und Wirkmechanismen aufgezeigt, wie dieses »ultimative Ziel« erreicht werden könnte. Bislang hat es jedenfalls nicht zu systematischen Überlegungen geführt, mit welchen Mitteln es erreicht werden könnte.

Derartige Unstimmigkeiten werden von den SE-Autoren jedoch nicht erkannt oder gar beseitigt. Und auch hier wirkt sich der ungenaue und nachlässige Sprachgebrauch wiederum Erkenntnis erschwerend aus. Daher werden in der *Forderung nach einer Qualitätsentwicklung* von den SE-Autoren die bisherigen untauglichen Vorstellungen wieder aufgenommen und in kaum veränderten Gedankengängen wiederholt. Dieses Vorgehen führt zu der verhängnisvollen Problemlösestrategie »Mehr desselben« und lässt damit die Lösungsversuche zum eigentlichen Problem werden. Denn auch bei der Thematik *Qualitätsentwicklung* und *Qualitätsmanagement* fühlen sich die SE-Autoren zuständig und berechtigt, in einem ersten Schritt den Schulangehörigen und ihren Schulen zunächst einen erheblichen Mangel an Qualität zu unterstellen. Wenn es aber in einem zweiten Schritt darum geht, die Mängel zu benennen und zu begründen sowie konkrete Konzepte und gangbare Lösungswege zu ihrer Behebung aufzuzeigen, dann wird es für sie auf einmal unmöglich, klare Vorstellungen von Qualität zu präsentieren. Von dieser Aufgabe entpflichten sie sich mit der Rechtfertigung: Dies müssten die jeweiligen Schulangehörigen unter sich klären. Wiederum verweisen die SE-Autoren auf Prozeduren, deren empirische Bewährung nicht nachgewiesen wurde. Mit dem Hinweis, diese »Verfahrensvorschläge wollen und können jedoch keine Patentrezepte sein und dürfen nicht als starre Handlungsanleitungen missverstanden werden« (Schratz, Iby & Radnitzky 2000, 15) und den Königsweg nicht zu kennen, entlasten sie sich selbst, ermuntern dann aber ohne Skrupel Schulleitungen und Lehrkräfte zu der untauglichen Idee, in permanenten Kreisläufen und Spiralen ein fortlaufendes Trial-and-Error-Flickwerk zu veranstalten. Was sich aufgrund solch unsinniger Ansinnen vergrößern kann, ist nicht die so genannte Qualität, sondern allein der Druck auf die Schulangehörigen. Denn der normative, nicht reflektierte Qualitätsbegriff gibt den Schulpraktikern weder eine theoretische noch eine praktische Orientierung. Vielmehr wird er meist im Sinne eines Totschlagarguments zur Einschüchterung oder als immunisierende Leerformel benutzt:

> »Vielmehr muss deutlich werden, dass Qualität eine Systemeigenschaft ist, die durch Personen gelebt wird – und zwar durch alle an Schule Beteiligten: durch Lehrer und Schulleitung, durch Eltern und nicht zuletzt durch Schülerinnen und Schüler. Diese sind keine Konsumenten von Schulqualität, sie sind deren Koproduzenten. Nur wenn Schüler aktiv an Lernqualität mitarbeiten, wird es Lernqualität geben. Dieses den Schülern deutlich zu machen, gehört selber zum QM (Qualitätsmanagement, J. S.)« (Rolff 2011b, 10).

Damit konnten in diesem Kapitel für die Stimmigkeit und Tauglichkeit der SE-Idee keine überzeugenden Argumente gefunden werden. Stattdessen wurde eine Reihe weiterer Probleme, Missstände und wissenschaftlicher Fahrlässigkeiten erkennbar.

4.3   Wie soll Schulentwicklung erfolgen?

Auch wenn es den Schulleitungen und Lehrkräften prinzipiell freigestellt ist, welche Veränderungsschritte sie innerhalb einer Schulentwicklung an ihrer Schule ergreifen wollen, so gibt es doch einige Maßnahmen und Vorstellungen, die für Schulentwicklung unverzichtbar sind. Man könnte sie als den *Kern* von Schulentwicklung verstehen, um eine in der SE-Debatte beliebte Metapher zu bemühen. Zu einem erheblichen Teil wird den Schulkollegien ihre Durchführung von Seiten der Schulbehörden sogar vorgeschrieben. In diesem Kapitel sollen einige dieser Elemente auf ihre Wirksamkeit und Nützlichkeit hin untersucht werden.

4.3.1   Wie sollen Organisations-, Personal- und Unterrichtsentwicklung zusammenhängen?

>»Ein OE-Prozess heißt, mit dem Unfertigen zu leben, des Ziels oder Plans nie ganz
> sicher zu sein und auch niemals Gewissheit darüber zu haben, ob das Ziel erreicht ist.«
>
> *Per Dalin (1986, 117)*

Hans-Günter Rolff hat vorgeschlagen, *Schulentwicklung als Oberbegriff* von Organisations-, Personal- und Unterrichtsentwicklung zu verwenden. Dadurch gilt Schulentwicklung als »eine Trias von personaler Entwicklung, Unterrichtsentwicklung und Organisationsentwicklung« (Rolff et al. 2000, 14; Kempfert & Rolff 2002, 14; Rolff 2010b, 30), die sich ihrerseits in weitere Elemente unterteilen (vgl. ▶ **Abb. 6** im ▶ **Kap. 4.2.6**). Mit ironischem Unterton nennt Meyer (2001, 158) diese Zusammenstellung die »heilige Trias« der Schulentwicklung.

Rolff (2006a, 314; 2007b, 30) spricht in diesem Zusammenhang vom »Drei-Wege-Modell« der Schulentwicklung, weil man einem Kollegium nicht empfehlen könne, ob es den Einstieg in die Schulentwicklung über die Personalentwicklung oder die Unterrichtsentwicklung oder die Organisationsentwicklung wählen sollte. Denn »nach dem neuen Paradigma muss die Einzelschule (…) entscheiden können, ob sie bei der Organisationsentwicklung ansetzt oder bei der Unterrichtsentwicklung oder bei der Personalentwicklung. Das Proklamieren von Vorzugswegen und Prioritäten steht auch im Gegensatz zu einem Denken in Systemzusammenhängen (…). Denkt man in Systemzusammenhängen oder handelt man konsequent, was nicht nur in diesem Fall auf dasselbe hinausläuft, dann führt jeder Weg der Schulentwicklung notwendig zu den anderen« (Rolff 2007b, 29). Vor dem Hintergrund dieser Argumentation sieht Rolff das »Drei-Wege-Modell der Schulentwicklung« in einem »Systemzusammenhang der Schulentwicklung«. Wie die nachfolgenden Zitate verdeutlichen, spielt der Zusammenklang von OE, UE und PE im »Systemzusammenhang« für das Verständnis von Schulentwicklung eine zentrale Rolle:

- »Vieles scheint jedenfalls dafür zu sprechen, Schulentwicklung als komplexen Systemzusammenhang zu verstehen, was sich auch in der Theoriestrategie niederschlagen müsste. H. G. Rolff sieht dabei die Relationierung von

Organisationsentwicklung, Personalentwicklung und Unterrichtsentwicklung als Kernaufgabe einer Theorie der Schulentwicklung« (Altrichter & Rolff 2000, 6 f.).

- »Was ist eigentlich Schulentwicklung? Um die Antwort vorwegzunehmen: Es handelt sich dabei um einen Systemzusammenhang von Organisations-, Unterrichts- und Personalentwicklung« (Kempfert & Rolff 2002, 19).
- »Sowohl auf der Ebene der Praxis als auch auf der Ebene der Theorie zeigt sich also, dass Entwicklung von Einzelschulen keine Domäne eines einzigen konzeptionellen Ansatzes, sondern eine Synthese von Organisations-, Unterrichts- und Personalentwicklung ist« (Kempfert & Rolff 2002, 22).

Rolffs Vorschlag zur Bedeutungserweiterung von Schulentwicklung (▶Kap. 2.5) wurde einschließlich der Begriffe »*Drei-Wege-Modell*« und »*Systemzusammenhang*« schnell von anderen Autoren aufgegriffen. Insbesondere hat sich Sibylle Rahm in immer wieder neuen Varianten auf Rolffs Formulierungen bezogen:

- »Unter systemischer Perspektive ist Schulentwicklung ein strukturierter, komplexer Lernprozess im Systemzusammenhang« (Rahm 2005, 37).
- »Schulentwicklung entfaltet sich im Zusammenspiel von Organisationsentwicklung, Personalentwicklung und Unterrichtsentwicklung« (Rahm 2005, 37).
- »Pädagogische Schulentwicklung ist als Drei-Wege-Modell im Systemzusammenhang zu betrachten« (Rahm 2005, 55).
- »So wie Schul- und Unterrichtsentwicklung nicht als getrennte Anforderungsbereiche gedacht werden können, so muss Schulentwicklung unter systemischer Perspektive als Teilbereich einer lernenden Organisation, die im Systemganzen zu denken ist, betrachtet werden« (Rahm & Schröck 2004, 533 f.).

Wenn man aber Schulentwicklung als eine Trias bzw. als Synthese von OE, PE und UE sieht und wenn sich diese wiederum in Elemente unterteilen lassen, die erstens sehr vieldeutig sind, sich zweitens noch ergänzen lassen und drittens in einem wechselseitigen Zusammenhang stehen sollen, dann darf man sich nicht wundern, dass das Verständnis von Schulentwicklung unter solchen Maßgaben alle Begrenzungen und Konturen (vgl. ▶Kap. 4.2.6) verliert. Daraus ergibt sich das Kuriosum, dass Rolff (2007b, 21) einerseits beklagt: »Fast jede Maßnahme von Politik und Verwaltung, sogar Sparmaßnahmen, werden Schulentwicklung genannt, fast alle, die mit Schulen arbeiten, Lehrkräfte fortbilden oder beraten, nennen sich Schulentwickler, und fast alles, was Schulen betreiben, versehen sie mit dem Etikett Schulentwicklung. Der Begriff erscheint ebenso populär wie inflationär.« Andererseits aber wird von ihm verschwiegen, dass er dieser Inflation mit seinen Vorschlägen und programmatischen Äußerungen selbst den Boden bereitet hat.

Zudem suggeriert der Begriff »Drei-Wege-Modell« die Existenz von Regeln und Abfolgen. Denn es ist u.a. die Aufgabe von Modellen, Zusammenhänge, Vorgänge, Beziehungen zwischen unterschiedlichen Größen veranschaulichend zu beschreiben, so dass sich die innere Logik eines Wirkgefüges erkennen lässt.

Das so genannte »Drei-Wege-Modell« gibt aber keinerlei Einstiege, Richtungen, Abfolgen vor. Alles, wirklich alles ist möglich. Unter der Aussage »Schulentwicklung bewegt sich (...) im Zyklus einer Trias bzw. eines Drei-Wege-Modells« (Rolff 2010b, 30) gibt es keinerlei Einschränkungen, sondern es wird alles zugelassen. Das so genannte »Drei-Wege-Modell« ist demnach theoretisch leer und nichtssagend und für konzeptionelle Überlegungen wie für praktisches Handeln völlig nutzlos.

Resümee: Damit entlarvt sich auch der Terminus von der »Schulentwicklung als komplexer Systemzusammenhang« (Altrichter & Rolff 2000, 6) als eine Leerformel. Dennoch (oder gerade deshalb?) übernehmen alle anderen SE-Autoren ohne Diskussion oder Einwände diese pompöse Formulierung. Der angebliche Systemzusammenhang in der Trias von Organisations-, Personal- und Unterrichtsentwicklung erweist sich als völlig bedeutungslos. Hinter einer einschüchternden Sprache verbergen sich Willkür und Beliebigkeit.

4.3.2　Was sollen Steuergruppen leisten?

Die meisten SE-Autoren empfinden »Steuergruppen als Basis von Schulentwicklung« (Rolff 2007i, 41; Brüsemeister 2009). Sie gelten als besondere Arbeitsgruppe, weil die ihr zugedachten Aufgaben den Charakter von Schulleitungstätigkeiten haben (vgl. Fitzen 2007, 158). Auch nach Berkemeyer & Feldhoff (2010, 183) »übernehmen schulische Steuergruppen zum Teil Managementfunktionen, die bislang im Wesentlichen im Zuständigkeits- und Verantwortungsbereich der Schulleitung lagen und noch liegen«. Holtappels (2007, 11) betont: »Die Institutionalisierung und Rolle von Steuergruppen hat hierzulande offenbar auch besonders deshalb Bedeutung, weil (...) Schulentwicklung in Einzelschulen in den letzten zehn bis fünfzehn Jahren in Deutschland einen Bedeutungszuwachs erfahren hat, nicht zuletzt aufgrund festgestellter Qualitätsdefizite im Schulsystem.«

Hans-Günter Rolff und Per Dalin können nach Berkemeyer & Feldhoff (2010, 183) für sich beanspruchen, als die »Väter schulischer Steuergruppen« zu gelten. Rolff (2007i, 41) berichtet: »Inzwischen existieren in den deutschsprachigen Ländern Tausende von Steuergruppen.« Nach seiner Ansicht sind es im Wesentlichen zwei Gründe, die ihre Einrichtung sinnvoll erscheinen lassen. Zum einen setzt das Gelingen von Schulentwicklung in Schulen geeignete Strukturen voraus. Denn, so argumentieren Rolff et al. (2000, 72): »Schulentwicklung braucht eine Infrastruktur, eine solide und sichtbare Basis für Anregungen, Impulse und Organisation. Wenn es nicht innerschulische Strukturen gibt, die die Arbeit an Schulentwicklung unterstützen und verstetigen, verpuffen alle Ideen und Initiativen, selbst die besten und plausibelsten. Deshalb gründen SchuB[2]-Prozesse auf einer innerschulischen Einrichtung, die Planungs-, Konzept-, Initiativ-, Koordinierungs- oder am besten Steuergruppe genannt wird.«

---

2 SchuB = Schulentwicklungsberatung

Der andere, immer wieder erwähnte Grund für die Einrichtung von Steuergruppen wird in der Entlastung der Schulleitung gesehen. Nach Berkemeyer & Feldhoff (2010, 183) ist nämlich »deutlich geworden, dass die Schulleitung allein nicht ausreicht, um systematische Schulentwicklungsprozesse zu gestalten, da am Organisationsentwicklungsprozess das gesamte Kollegium beteiligt werden soll.«

Die SE-Autoren sind sich einig, dass in einer Steuergruppe auch die Schulleitung vertreten sein muss (Dalin & Rolff 1990, 210; Rolff 2009a, 7; Philipp & Rolff 2004, 36; Fischer 1998, 29; Holtappels & Feldhoff 2010, 163; Berkemeyer & Feldhoff 2010, 184; Huber & Feldhoff 2009, 13f.). Denn »ohne oder gar gegen die Schulleitung sind pädagogische Innovationen offenbar kaum zu verwirklichen« (Holtappels 2007, 25). Ferner plädieren Philipp & Rolff (2004, 39) sowie Rolff (2009a, 6) auch für den Einbezug von Elternvertretern in die Steuergruppe.

Philipp & Rolff (2004, 35) sehen die Hauptaufgabe einer Steuergruppe in der Steuerung eines Schulentwicklungsprozesses. Im Einzelnen kann das bedeuten:

- »Erfahrungsaustausch innerhalb und zwischen einzelnen Arbeits- und Projektgruppen der Schule,
- Erledigung von Teilaufgaben entsprechend des übernommenen Auftrages,
- Initiierung und Begleitung eines einzelnen Projektes und Verkoppelung der Projektarbeit mit der Entwicklung der ganzen Schule,
- Einleitung und Durchführung einer gemeinsamen Diagnose einschließlich der Auswahl bzw. Entwicklung der Diagnoseinstrumente,
- Vorbereitung und Durchführung von Diagnose- bzw. Feedbackkonferenzen mit dem ganzen Kollegium,
- Koordinierung des durch die Schulentwicklung entstehenden Qualifizierungsbedarfs,
- Hilfe bei der Festlegung von Prioritäten für die Maßnahmenplanung in Form von Entwicklungsprojekten,
- Unterstützung und Koordinierung von Ansätzen zur Unterrichtsentwicklung,
- Information des Kollegiums und aller übrigen am Schulentwicklungsprozess Beteiligten (vor allem Eltern, Schüler und eventuell vorhandene außerschulische Kooperationspartner),
- zusammen mit der Schulleitung Einleitung und Vorbereitung der schulinternen Evaluation,
- Begleitung der schulinternen Evaluation.«

Allerdings kann man nicht damit rechnen, dass Steuergruppen nach ihrer Etablierung die Arbeit ohne weitere Komplikationen ausführen können. Nahezu alle SE-Autoren berichten nicht nur von Anfangsschwierigkeiten, sondern auch von ganz grundsätzlichen Problematiken. Streng genommen ist eine Steuergruppe innerhalb der regulären Schulstrukturen nicht als offizielles Organ vorgesehen. Sie bleibt daher eine informelle Gruppe, die deshalb auch Misstrauen und Fehldeutungen ausgesetzt sein kann. Ihr fehlen formale Befugnisse, klar umrissene und festgeschriebene Aufgaben, oft auch die erforderlichen Kompetenzen (Feldhoff, Kanders & Rolff 2008a, 159). Insbesondere liegt in der Beteiligung der Schulleitung ein Keim für (Aufgaben- und Zuständigkeits-)Unklarheiten sowie für die Befürchtung, dass sich in der Steuergruppe schwer zu durchschauende Absprachen und Koalitionen (»Klüngelgruppe«) ergeben könnten.

Wegen dieser Problematik fordern SE-Autoren für Steuergruppen besondere Unterstützungs- und Qualifizierungsmaßnahmen (vgl. Feldhoff 2007). Philipp (2007, 94) formuliert es folgendermaßen: »Damit Steuergruppen das schulinterne Change-Management professionell begleiten, brauchen sie entsprechendes Know-how: Dieses Steuerungswissen ist weder Lehrkräften noch Mitarbeitern in der Industrie in die Wiege gelegt worden, es war in der Regel auch nicht Inhalt des jeweiligen Studiums bzw. der Ausbildung. Daher liegt es nahe, für die Qualifizierung von Steuergruppenmitgliedern ein regelrechtes Ausbildungscurriculum zu entwickeln.«

Einerseits bestehen sehr große Erwartungen an Steuergruppen. Denn sie sollen für die Schulentwicklung eine tragende Struktur, gewissermaßen die Basis bilden. Ihre Mitglieder sollen vielfältige und anspruchsvolle Aufgaben erfüllen und tragen ein erhebliches Maß an Verantwortung dafür, dass SE-Initiativen nicht versanden, sondern auch zu einem erfolgreichen Ende geführt werden. Darüber hinaus haben sie nach Rolff (2007i, 50) weitere, nicht ganz einfache Funktionen zu erfüllen: »Als Arbeitsausschuss der Schule sollte sich die Steuergruppe ständig bemühen, das ›Ohr am Kollegium‹ zu haben, d. h. Stimmungen, Wünsche und Interessen sensibel registrieren und bei der Planung und Durchführung der nächsten Schritte beachten.« Nach Feldhoff, Kanders & Rolff (2008a, 157) soll die Steuergruppe auch zur »Stärkung des Schulmanagements beitragen« und dadurch »die Selbstorganisationsfähigkeit der Schule« erhöhen. Ferner soll sie als Bindeglied zwischen Schulleitung und Kollegium fungieren. Und nicht zuletzt soll sie für Evaluationen und für die »Organisation der Unterrichtsentwicklung« (Feldhoff, Kanders & Rolff 2008a, 158) zuständig sein. Huber (2009a, 4) betont: »Ziel aller Maßnahmen ist letztlich immer, die Schüler bei der Entwicklung ihrer Kompetenzen zu fördern und zu unterstützen.«

Andererseits besteht jedoch eine erhebliche Unsicherheit, ob Steuergruppen diesen umfangreichen und anspruchsvollen Erwartungen überhaupt gerecht werden können. Vor diesem Hintergrund wird nachvollziehbar, dass mehrere SE-Autoren beklagen, die Arbeit von schulischen Steuergruppen sei noch viel zu wenig erforscht. So resümieren Huber & Feldhoff (2009, 13): »Auch wenn mittlerweile Steuergruppen eine große Verbreitung in der Schulpraxis erfahren, so sind Forschungsbefunde zu schulischen Steuergruppen immer noch rar.« Und Schönig (2010, 125) bilanziert: »Die Arbeit von Steuergruppen ist ein äußerst sensibler Bereich der Schulentwicklung, über den wir kaum etwas wissen.«

Wenn zum Gelingen der Steuergruppenarbeit die Erstellung eines speziellen und 480 Seiten umfassendes Handbuches (Huber 2009d) erforderlich scheint, dann drängt sich die Frage nach einer angemessenen Aufwand-Nutzen-Bilanz auf. Man stößt also bei der Thematik »Steuergruppenarbeit« auf viele Unklarheiten und offene Fragen. Das macht die Bewährungsprüfungen von Steuergruppen zwar schwierig, aber nicht unmöglich. Da schon Tausende von Steuergruppen bestehen und da unter Mitwirkung des Instituts für Schulentwicklungsforschung in Dortmund an zwei großen Modellversuchen in NRW und NDS Steuergruppen eingerichtet worden sind, hätte es in den knapp 25 Jahren seit ihren ersten Einsätzen zahlreiche Möglichkeiten gegeben, um die postulierten Vorteile der Steuergruppenarbeit empirisch einwandfrei belegen zu können. Bislang ist jedoch in der Schulentwicklungsforschung nichts Derartiges geschehen. Das bedeutet im Klartext, dass es seit 1987 in deutschen Schulen unendlich viele Steuergruppen gibt, aber dass man über ihre Nützlichkeit bislang keine belastbaren Aussagen machen kann.

Doch nehmen wir einmal an, dass die günstigen Auswirkungen von Steuergruppen hinsichtlich der unterschiedlichen Zielsetzungen sich einwandfrei nachweisen ließen, dann wäre damit nur die Frage nach ihrer *Bewährung* positiv beantwortet. Allerdings noch nicht die Frage nach ihrer *Nützlichkeit*. Denn es könnte ja sein, dass sich die mit der Steuergruppenarbeit angestrebten Ziele *auf andere Weise besser und/oder einfacher oder ökonomischer* erreichen lassen. Eine sinnvolle Forschung zur Steuergruppenarbeit muss daher auch *vergleichende* Untersuchungen durchführen. Es ist beispielsweise denkbar, dass sich die Entlastung von Schulleitern durch die Beschäftigung einer Verwaltungskraft wesentlich besser erreichen ließe. Möglicherweise würden Schulleitungen durch die Einstellung einer (zusätzlichen) Bürokraft viel besser unterstützt. Eventuell könnte die Funktion ›Ohr am Kollegium‹ bzw. ›Seismograph für Stimmungen‹ einfacher durch einen Vertrauensobmann erfüllt werden. Womöglich kann ein Vorhaben, für das es vom Kollegium einen klaren Auftrag gibt, von einem einzelnen »Beauftragten« einfacher und schneller »gemanagt« werden als von einer Gruppe. Eventuell gibt es auch wirkungsvollere und sinnvollere Wege, um an der Verbesserung von Unterricht zu arbeiten, als die Steuergruppe damit zu beauftragen.

Resümee: Seit mehr als zwanzig Jahren gibt es in vielen Schulen der Bundesrepublik Steuergruppen. Bis heute konnten weder ihre Bewährung noch ihre Nützlichkeit durch systematische Untersuchungen empirisch nachgewiesen werden. Für diesen Nachweis stehen die Befürworter der Steuergruppenarbeit in einer *Bringschuld* (▸ Kap. 3.14). Solange es für Bewährung und Nutzen keinen zweifelsfreien Nachweis gibt, ist zu befürchten, dass sowohl die Lebenszeit von Lehrkräften und Schulleitungen als auch materielle Ressourcen der Schulen vergeudet werden.

4.3.3 Welche Funktionen sollen Schulprogramme erfüllen?

In den Augen von SE-Autoren gelten Schulprogramme als ein sehr bedeutsames Instrument zur Schulentwicklung (Bauer 2010a, Dalin & Rolff 1990, Philipp & Rolff 2004, Hameyer, Fleischer-Bickmann & Reimers 2000, Meyer 1999, Hameyer & Schratz 1998, Schratz & Steiner-Löffler 1999, Holtappels 2010b, 2010c). »Das Schulprogramm ist Medium und Mittel, zu einer bewussten Gestaltung und Entwicklung des Schulprofils zu kommen« (Fleischer-Bickmann 1994, 2).

Was allerdings unter einem Schulprogramm genau zu verstehen sei, darüber gab es zunächst keine Einigkeit. Maritzen (1998, 627) schreibt dazu:

»Was sind aber nun Profile, Programme, Konzepte, Leitbilder oder auch die schulische Corporate Identity? Im Kontext der Debatte um Schulautonomie haben solche Schlagworte Konjunktur, um die Identität der Einzelschule oder auch ihr pädagogisch-programmatisches ›Outfit‹ auf den Begriff zu bringen. Die Debatte ist zur Zeit bestimmt durch die übliche Unübersichtlichkeit: Die Begriffsverwendung geht durcheinander; bildungs- und schultheoretische Prämissen werden selten ausgewiesen; das Reden ›über‹ hat die Praxis ›mit‹ längst abgehängt; Politiker und Juristen gießen bereits in Gesetzessprache, worüber erfahrungsgesättigte und reflektierte Anschauung noch fehlt. Folge des inflationären Begriffsgeklimpers ist eine Desorientierung, die Schulpraktiker ebenso wie Berater oder Bildungsplaner ratlos macht.«

Hameyer, Fleischer-Bickmann & Reimers (2000, 11) möchten der begrifflichen Verwirrung entgegenhalten: »Jedes Schulprogramm ist ein Orientierungsrahmen – Orientierungsrahmen für die Entwicklung einer Schule als Gestaltungseinheit und lernende Organisation.« Fast ebenso formuliert es Meyer (1999, 17): »Ein Programm ist ein Handlungsentwurf. Es dient der intelligenten Verknüpfung von Einzelhandlungen zu einem Ganzen.« Da nicht klar ist, was mit ›intelligente Verknüpfung‹ und was mit ›Ganzem‹ gemeint sein soll (Topitsch 1960, 260), würde Mehan (1992, 320) diese Vorschläge vermutlich als »Räuspern« klassifizieren. Die sprachliche Unschärfe wird auch bei Philipp & Rolff (2004, 21) deutlich. Um den Begriff *Schulprogramm* von dem Begriff *Schulprofil* abzugrenzen, schreiben sie: »Ein Schulprogramm bezeichnet das Ganze, ein Profil ist ein Profil – auf diese lapidare Formel lässt sich der Unterschied von Programm und Profil zuspitzen. Das Schulprogramm ist der Ausdruck des ganzen Gesichts der Schule. Das Profil bezieht sich auf Teile des Gesichts, die besondere Farbe, das vorstehende Kinn.« Durch den Hinweis auf das *Ganze* und auf die *Gesichtsmetapher* wird allerdings nichts deutlicher.

Die Verunsicherungen von Schulleitern und Lehrkräften hängen jedoch nicht allein mit den begrifflichen Ungenauigkeiten zusammen, sondern ergeben sich auch deshalb, weil die *Gründe* für die Erstellung von Schulprogrammen nicht transparent sind. Dazu schreibt Eikenbusch (1998, 190): Es »wurde das Konzept ›Schulprogramm‹ (wie Schulentwicklung überhaupt) für die meisten Schulen und Lehrer überraschend eingeführt. Auf einmal stand es in den Richtlinien oder Verordnungen, auf einmal kamen Briefe der Bezirksregierung mit der Aufforderung, ein Schulprogramm vorzulegen, auf einmal war Schulprogramm ein Thema in der Lehrerfortbildung. Wie es hierzu gekommen war, warum ausgerechnet dieses Konzept zu diesem Zeitpunkt und in dieser Form aufkam, war nicht klar.«

Welche Leistungen müssen Schulprogramme erbringen (können), um sich als wirksames Instrument zur Entwicklung von Schulen zu erweisen? Philipp & Rolff (2004, 14 ff.) sehen »eine ganze Reihe guter Gründe für die Erstellung eines Schulprogramms«, von denen sie die 14 wichtigsten nennen, deren Klarheit und Eindeutigkeit sehr fraglich sind, allerdings hier nicht diskutiert werden:

- »Anlass zum Aufbruch.
- Standort in stürmischen Zeiten.
- Anlass für pädagogischen Diskurs.

- Ort für Wertediskussion.
- Rahmen für Vielfalt/gemeinsame Ausrichtung.
- Synergie.
- Ausdruck des Ethos, des professionellen Selbstverständnisses.
- Maßstab für Rechenschaft.
- Folie für Prioritätsentscheidungen.
- Außendarstellung.
- Entwicklung von Wir-Gefühl/Identifikation mit der Schule.
- Am Ganzen der Schule arbeiten.
- Schulbezogene Personalpolitik betreiben.
- Beteiligung und gemeinsame Verantwortung.«

Eikenbusch (1998, 191) zählt auf, welche Aspekte das Hessische Kultusministerium sowie das Ministerium für Schule und Weiterbildung in NRW in ein Schulprogramm aufgenommen wissen möchten:

- den Konsens im Hinblick auf den erzieherischen Auftrag der einzelnen Schule,
- Grundsätze der Klassenzusammensetzung und der Unterrichtsverteilung,
- Unterrichtsorganisation der klassen- und jahrgangsübergreifenden Lerngruppen,
- Fächerverbindendes und fächerübergreifendes Arbeiten,
- die Berücksichtigung der Fächerschwerpunkte der Schule,
- den Komplex »Lernen des Lernens«,
- die Berücksichtigung der besonderen Angebote und pädagogischen Traditionen der Schule,
- die Einbindung außerschulischer Lernorte,
- erforderliche Zusammenarbeit,
- Schwerpunkte der Fortbildung,
- Aussagen zur Konzeption schuleigener Fachlehrpläne, deren obligatorischer Ziele, Inhalte, freie Gestaltungsmöglichkeiten im Rahmen der Richtlinien und Lehrpläne,
- Beratung der Schülerinnen und Schüler,
- Zusammenarbeit mit Eltern, Jugendhilfe und weiteren Partnern aus dem Schulumfeld,
- die Gestaltung von Schule als Lebensraum und die Öffnung von Schule,
- internationale Partnerschaften,
- konkrete Arbeitsvorhaben zur Umsetzung des Schulprogramms,
- Evaluation und Fortschreibung des Schulprogramms,
- Perspektiven zur Personalentwicklung,
- Verwendung des Schulbudgets.

Wenn man sich die zahlreichen Funktionen verdeutlicht, die ein Schulprogramm einlösen soll, dann kann man zu zwei gegensätzlichen Schlüssen kommen. *Entweder*: Schulprogramme sind wahre Wunderinstrumente, mit deren Hilfe sich in Schulen Herkulesleistungen vollbringen lassen. *Oder*: Diejenigen, die die Funktionen und Leistungen von Schulprogrammen postulieren, wissen nicht, was sie wollen. Die Skepsis wächst, ob diese Erwartungen und Nützlichkeitshoffnungen auch wirklich eingelöst werden können. Ein Instrument ist in der Regel umso wirksamer, je spezialisierter es für einen bestimmten Zweck hergestellt worden ist. Wenn also Schulprogramme so viele unterschiedliche Funktionen erfüllen sollen, kann das nicht nur wieder zu Unbehagen und Verunsicherungen beitragen, sondern es ist auch zu befürchten, dass sie letztlich keiner der vielen Erwartungen wirklich völlig gerecht werden können.

Da die von Philipp & Rolff sowie von Eikenbusch aufgeführten Zwecke eines Schulprogramms nicht alle in gleichem Ausmaß miteinander verträglich sind, kann es sogar vorkommen, dass sich bestimmte Maßnahmen für den *einen* Zweck (z. B. Arbeit im Inneren) als durchaus sinnvoll erweisen (können), während sie sich für einen *anderen* (z. B. Außendarstellung) als ungünstig oder gar kontraproduktiv auswirken. »Aus diesem Grund wird auch mitunter vorgeschlagen, mit *zwei Varianten* (Hervorhebg. J. S.) von Schulprogrammen zu arbeiten, mit einer für die interne Verständigung und die Steuerung der Schulentwicklung bestimmten Version und einer Version, die für die Öffentlichkeitsarbeit gedacht ist« (Bauer 2010a, 27). Bei dieser Anregung handelt sich um einen Vorschlag zur *adressatenbestimmten, doppelten Buchführung.*

Offensichtlich sollen nicht allein die Lehrerkollegien, sondern auch die Schulbehörden von Schulprogrammen profitieren. So gibt Meyer (1999, 18) zu bedenken: »Es gibt darüber hinaus *heimliche Funktionen* des Schulprogramm-Schreibens, die die offizielle Funktionszuweisung unterlaufen: Das Schulprogramm dient der Fortsetzung der *Schulaufsicht* mit neuen Mitteln« (Hervorheb. im Original). Dazu schreibt Holtappels (2010b, 266 f.): Ein Schulprogramm soll einerseits zur Verbesserung der Pädagogischen Arbeit der Schule beitragen und ist in erster Linie ein internes Arbeitspapier zur systematischen Planung und Entwicklung pädagogischer Gestaltung für die Schule selbst. Zugleich werden aber interne Analysen, Verständigungen und Entwicklungsarbeiten nach außen transparent, bewertbar und kontrollierbar gemacht. (...) Die Steuerungsfunktion wird besonders darin sichtbar, dass Schulprogramme Anknüpfung für Qualitätssicherung, Rechenschaftslegung und Informationsgrundlagen für die Steuerungsebene bieten.«

Damit erhält dieses angeblich so wichtige Instrument zur Schulentwicklung in den Augen vieler Lehrkräfte eine ausgesprochene Ambivalenz. Denn wie sollen sie für sich und ihre Arbeit offen und selbstkritisch eine Bestandsaufnahme ihrer Tätigkeiten durchführen, wenn ihnen zugleich eine Rechenschaft fordernde Behörde über die Schulter bzw. in die Karten schaut?

Wenn man in der SE-Literatur nach empirischen Untersuchungen Ausschau hält, durch die sich die Nützlichkeit von Schulprogrammen belegen lässt, wird die Datenlage ausgesprochen spärlich. Es lassen sich von Lehrern und Schulräten zwar einige allgemeine Einschätzungen finden, in denen der Nutzen von Schulprogrammarbeit eher als mäßig bewertet wird. Jedoch liegen keine Untersuchungsergebnisse vor, die in systematisch angelegten Versuchsplänen mit Kontrollgruppen erhoben worden sind und sich auf eindeutig erfassbare Kriterien beziehen. Das ist sehr erstaunlich: Bei der großen Zahl von Schulprogrammen, die in den vergangenen Jahren erstellt worden sind, wäre die Zusammenstellung von großen und repräsentativen Stichproben sowie das Erstellen von quasi-experimentellen Versuchplänen ein Leichtes gewesen (▶Kap. 3.14, 3.15, 3.17 und 3.18). Stattdessen wurden in Hamburg und in NRW Schulprogramme text- und inhaltsanalytisch ausgewertet (Holtappels 2002, Holtappels & Müller 2002). Statt empirische Bewährungskontrollen durchzuführen, wurden in der Schulentwicklungsforschung philologische Auszählungen und Betrachtungen durchgeführt. Vergleichbar könnte man die Pünktlichkeit der Deutschen Bahn nicht durch die Messung von Abfahrts- und Ankunftszeiten, sondern durch eine Inhaltsanalyse ihrer Fahrpläne überprüfen.

Es sind bis heute keine überzeugenden empirischen Belege für die Nützlichkeit von Schulprogrammen bekannt geworden. Vielmehr scheint sich eine große Ähnlichkeit zu Effekten der in den Niederlanden eingesetzten *Schulwerkplänen* anzubahnen, von denen Scheerens (1992, 101; zit. nach Eikenbusch 1998, 193) berichtet: »Die Erfahrungen damit sind nicht sehr ermutigend gewesen. In vielen Fällen wurden Pläne auf dem Papier entwickelt, die nur wenig mit dem aktuellen Unterricht in der Klasse zu tun hatten. Häufig kam die Schule nicht weiter als zu endlosen Diskussionen über allgemeine Lernziele. Evaluationen zeigten, dass es keine positive Beziehung zwischen der Verwendung von Schulwerkplänen und den Schülerleistungen gab.«

Resümee: Für die Schulentwicklung wurde ein Instrument propagiert, dessen Wirksamkeit und Nutzen selbst nach zwei Dekaden immer noch nicht nachgewiesen wurden. Wenn Schulprogramme ein zentrales Instrument für Schulentwicklung sein sollen, deren ultimatives Ziel wiederum die Lernfortschritte der Schüler sind, dann hat dieses Instrument versagt, und die Versprechungen/Verheißungen der Wissenschaftler wie der Behörden haben sich als Leerformeln erwiesen. Solange das Gegenteil nicht nachgewiesen werden kann, wird durch die Schulprogrammarbeit Lehrerarbeitszeit vergeudet.

4.3.4 Welche Funktionen sollen Leitbilder erfüllen?

In einem Leitbild soll ein Kollegium auf knappe und prägnante Weise seine pädagogischen Grundhaltungen und Zielvorstellungen zum Ausdruck bringen. »Mit Leitbild ist der Ausdruck des pädagogischen zukunftsbezogenen Selbstverständnisses des Kollegiums und möglichst auch der Schülerinnen und Schüler und Eltern gemeint« (Buhren 2010, 228). Meyer (1999, 44) schreibt: »Ein gutes Leitbild sollte Mut machen und zum Träumen einladen.« – Mut wozu? Träumen wann, von wem oder was und wozu?

In der Regel ist für die Erstellung eines Schulprogramms und die Erarbeitung eines Leitbildes ein enger Zusammenhang vorgesehen. »Das Leitbild der Schule als lernende Organisation und als pädagogische Handlungseinheit steht Pate beim Konzept des Schulprogramms« (Fleischer-Bickmann 1994, 6). Inhaltlich sollten beide Dokumente also einen hohen Übereinstimmungsgrad erlangen, in der Ausführlichkeit bzw. im Umfang unterscheiden sie sich nach Ansicht der SE-Autoren allerdings erheblich. »Ein Leitbild ist so kurz gefasst und pointiert formuliert, dass es leicht auf Plakaten an der Klassenwand und sogar auf der

Rückseite von Visitenkarten Platz findet und auf diese Weise augenfällig und allgegenwärtig ist« (Philipp & Rolff 2004, 19).

Welchen Gewinn sich Kollegien nach Ansicht von SE-Autoren von einem Leitbild für ihre Schule erhoffen können, darüber gibt es in der SE-Literatur allerdings *keine eindeutigen Auskünfte*. Die spärlichen Äußerungen dazu deuten darauf hin, dass Leitbilder bei Lehrkräften wie bei Schülern die Identifikation mit der Schule erhöhen bzw. zu einer Art »Wir-Gefühl« beitragen sollen.

Philipp & Rolff (2004, 74 f.) bringen Beispiele dafür, wie sie sich die sprachliche Formulierung von Leitbildern bzw. Leitsätzen vorstellen:

- Wir fördern und fordern unsere Schülerinnen und Schüler.
- Für uns heißt Lehren nicht ein Fass füllen, sondern ein Feuer entfachen.
- Wir verfolgen ein anspruchsvolles Konzept des Lernens.
- Wir engagieren uns stark, schaffen aber auch Raum für Muße.
- Wir bekennen uns zur Gleichwertigkeit von Kopf, Herz und Hand.
- Verstehen ist für uns genauso wichtig wie Wissen.
- Wir sind eine Schule, die ...
- An unserer Schule legen wir Wert auf ...
- Wir wollen ...
- Wir entwickeln ...

Solche Sätze erinnern fatal an die Parolen nicht demokratischer Staaten. Philipp & Rolff (2004, 19) behaupten darüber hinaus: »Ein Leitbild kann man nicht von anderen übernehmen, man muss es selbst gebären«. Dazu darf man skeptisch zurück fragen: Kann man die Botschaft »Wir wollen das Beste für unsere Schüler!« unendlich variieren?

Resümee: Bislang gibt es keine belastbaren Hinweise dafür, dass sich das Schulleben, der Unterricht sowie die Schulerfolge der Schüler erkennbar unterscheiden, wenn in Schulen unterschiedliche Leitbilder erstellt wurden. Für die (spezifische) Wirksamkeit von Leitbildern gibt es keine glaubhaften Belege. Wenn Kollegien dennoch für ihre Schule Leitbilder entwerfen sollen, erwartet man von ihnen, Zeit in eine sinnlose bzw. unwirksame Tätigkeit zu investieren.

4.3.5 Welche Funktionen sollen Visionen erfüllen?

Innerhalb der SE-Debatte wird Schulleitungen und Kollegien außer der Erstellung von Schulprogrammen und Leitbildern auch die Orientierung an einer Vision angeraten. Eine Vision weist nach Hameyer & Schratz (1998, 90) »die Richtung, in welche die künftige Entwicklung einer Schule gehen soll. Ähnlich einem Leitstern, der einem immer wieder den Weg weist, den man gehen möchte, an dem sich das Handeln und Denken ausrichtet. Man fühlt sich sozusagen angezogen. Nicht über den Verstand, sondern über das Herz, die Sehnsucht nach etwas Neuem.«

Fullan (1999, 58) formuliert die Erfordernis von Visionen nüchtern und knapp: »Visionen sind notwendig für den Erfolg.« Und bereits bei der Einführung des Institutionellen Schulentwicklungsprogrammes forderten Dalin & Rolff

113

(1990, 195): »Darüber hinaus benötigen wir ein Management, das eine Vision für seine Schule besitzt, (...) das dieser Vision auch Leben geben kann, das den Weg in Richtung dieser Vision einleiten kann und das gegebenenfalls ein Rückhalt ist.« Dalin (1997) möchte, darüber hinausgehend, dass sich die Konzeption und die Gestaltung von Schulen an gesellschaftlichen Visionen ausrichten sollten. Ohne Visionen sei es nicht möglich, eine ›gute Schule‹ zu entwickeln.

Wie bei den Schulprogrammen und Leitbildern halten es die SE-Autoren auch bei der Entwicklung von Visionen für erforderlich, dass sie für jede Schule spezifisch formuliert werden sollten. »Sich eine fremde Vision auszuborgen ist keine gute Idee« (Fullan 1999, 33). Daher empfehlen Philipp & Rolff (2004, 67) Schulleitungen und Kollegien, zur Entwicklung einer geeigneten Vision besondere Veranstaltungen durchzuführen und diese mit einer Phantasieübung zu beginnen. Für die anschließende gemeinsame Erarbeitung einer Vision schlagen sie mehrere, von ihnen erprobte Vorgehensweisen vor (Tagtraum-Übung, Kartenabfrage, Bild der idealen Schule malen, Zukunftskonferenz), mit deren Hilfe die zahlreichen persönlichen Visionen mit Blick auf das Ganze der Schule ›verschmolzen‹ (Vorsicht: Metapher!) werden sollen (Philipp & Rolff 2004, 70).

Unterrichten und Erziehen von Schülern sowie das Leiten einer Schule bzw. das Führen eines Kollegiums müssen als Tätigkeiten – weitestgehend – lehr- und lernbar sein und bleiben. Dabei sollte die Orientierung an einem geklärten Gegenstandsverständnis einerseits und an angemessenen Ziel- und Wertvorstellungen andererseits ausschlaggebend sein, nicht aber die Kraft innerer Bilder oder die Magie sprachlicher Formulierungen.

Wenn sich herausstellen sollte, dass sich Schüler und Lehrkräfte durch Visionen in ihrem Denken und Handeln leiten lassen, dann spräche das noch stärker gegen sie und ihre verführerische Kraft. Die Sprache, mit der wir die schulischen Tätigkeiten und ihre Rahmenbedingungen denkerisch erfassen, beschreiben und erklären, sollte im Sinne der Aufklärung optimale Voraussetzungen dafür bieten, »sich des eigenen Verstandes zu bedienen«. Die in den Schulgesetzen der Länder festgeschrieben Aufgaben von Schulen sind in ihren Zielvorstellungen bereits so umfassend und anspruchsvoll, dass es schon deshalb für schulische Tätigkeiten keiner zusätzlichen Visionen bedarf.

Resümee: Dies ist kein generelles Plädoyer dafür, in allen denkbaren Lebenssituationen immer einen klaren und kühlen Kopf zu bewahren. Ebenso wenig geht es um eine prinzipielle Ablehnung von Träumen, Phantasien oder Sehnsucht erzeugenden inneren Bildern. Nicht nur in der Kunst, sondern sicher auch an vielen anderen Stellen unseres Lebens werden sie unbestritten eine wichtige Funktion erfüllen. Im beruflichen Umgang mit Menschen, für die man eine Verantwortung trägt, ist man jedoch schlecht beraten, sich ihnen ungeklärt zu überlassen.

4.3.6 Wie ist gelingende Teamarbeit zu denken?

Ein wichtiges Thema innerhalb der SE-Debatte stellt die Kooperation der Lehrkräfte dar, weshalb die Bedeutung von gelingender Kommunikation und Teamarbeit von den Autoren immer wieder betont wird. So stellt Rolff (2007b, 27)

klar: »Das Besondere an der Schulentwicklung ist, gerade nicht von den einzelnen ›einsamen‹ Lehrern auszugehen, sondern miteinander kooperierende und
untereinander vernetzte Teams als Motor der Entwicklung anzusehen.«

Zur Verbesserung von zwischenmenschlicher Kommunikation und Interaktion liegen eine Reihe erprobter Konzepte und Regeln vor (Cohn 1975,
Watzlawick, Beavin & Jackson 1990, Schulz von Thun 1998). Daher ist es
durchaus problematisch, dass SE-Autoren sich bei der Frage nach gelingender
Kommunikation und Teamarbeit an Vorstellungen orientieren, deren Zustandekommen und Konsequenzen sie nicht ausreichend bedacht haben.

Da ist zunächst einmal der Vorschlag von Schratz & Steiner-Löffler (1998,
91 ff.), sich in der kollegialen Kommunikation an der Typologie von C. G. Jung
zu orientieren. Und sich insbesondere in Konflikten klar zu machen, dass in ihnen eine Sehnsucht nach dem kontrastierenden Typus schlummere. Ohne die
Verdienste C. G. Jungs generell schmälern zu wollen: Es ist wenig hilfreich, auf
der Grundlage seiner tiefenpsychologischen Typologie für Kollegien Kommuni-
kationsempfehlungen zu entwickeln.

Das setzt sich fort in den Vorstellungen, die bei Schley (1998b) und bei Philipp
(2006, 2010a, 2010b) zu finden sind. Beide Autoren beziehen sich auf die Ergebnisse von Belbin, der mit seinem Forscherteam glaubt, durch teilnehmende Beobachtungen den Unterschied zwischen erfolgreichen und weniger erfolgreichen
Teams herausgefunden zu haben. In erfolgreichen Teams haben nach diesen Befunden die Teammitglieder neun verschiedene, jeweils charakteristische Rollen
eingenommen:

1. Der Stratege bzw. die Strategin
2. Der Ideengeber bzw. die Ideengeberin
3. Der Aktivierer bzw. die Aktiviererin
4. Der Gestalter bzw. die Gestalterin
5. Der Moderator bzw. die Moderatorin
6. Der Teamworker bzw. die Teamworkerin
7. Der Qualitätssicherer bzw. die Qualitätssicherin
8. Der Systematiker bzw. die Systematikerin
9. Der bzw. die Zuverlässige

Schley (1998b, 122) erläutert diese Rollentypen folgendermaßen: »Jeder und jede in diesem Team scheint eine spezifische Sicht der Dinge zu haben, ein persön-
liches Erleben, eine eigene Wahrnehmung. Und jeder und jede nimmt damit eine
spezielle Rolle ein. Ob bewusst oder unbewusst gespielt, wird die Rolle ausgeführt wie bei einem Kammerorchester, bei dem jede Person ihren Beitrag kennt
und um ihren Einsatz weiß. In Teams sind typische Rollen zu vergeben, und es ist
auch nicht zufällig, wem welche Rolle zufällt.« Schley (1998b, 124) und Philipp
(2006, 737; 2010b, 495) begreifen diese neun typischen Rollen als ausgezeichne-
te Hilfe zur Anregung von Selbstreflexivität im Team sowie für die Auswahl bestimmter Personen zur Besetzung von Teams.

Damit verleihen Schley und Philipp ihnen eine normative Qualität, aus der
man angeblich ableiten kann, dass in Teams generell diese 9 Rollen einzuneh-

men sind, wenn sie erfolgreich werden sollen/wollen. Solche Schlussfolgerungen sind jedoch nur aus kontrollierten Interventionsstudien abzuleiten, nicht aber aus einem Vergleich von erfolgreichen und nicht erfolgreichen Teams. Belbins Resultate lassen allenfalls eine Hypothesenbildung zu – nicht mehr. Mit ihnen generelle Empfehlungen zur Rollenbesetzung in Teams zu begründen, kommt einem naturalistischen Fehlschluss gleich.

Offensichtlich geben Schley und Philipp auch den ebenfalls empirisch erhobenen Daten von Tuckmann eine normative Kraft: »Danach entwickelt sich jede Gruppe nach einer bestimmten Gesetzmäßigkeit, kann durch Reflexion ihren Team-Entwicklungsstand bestimmen und sich durch Klärungsprozesse und Auseinandersetzungen weiterentwickeln« (Schley 1998b, 128). Rolff et al. (2000, 177 ff.) sprechen in diesem Zusammenhang von dem »Reifungsprozess einer Gruppe«, den sie auch als exemplarisch für Schulentwicklungsprozesse ansehen.

Schley veranschaulicht den Ablauf der Entwicklungsphasen in einer Visualisierung, die man sich wie das Ziffernblatt einer analogen Uhr vorstellen kann. Jedem Quadranten (jeweils drei Stunden) entspricht eine der vier Phasen (Forming, Storming, Norming, Performing). »Das Verständnis von Gruppenentwicklung ist durch dieses Modell gut zu veranschaulichen. Es zeigt die erlebbaren Prozesse und erlaubt sie im Sinne einer normativen Erleichterung. Für die Anwendung in Gruppen ist die Frage »Wie spät ist es in eurem Team?« häufig hilfreich« (Schley 1998b, 129).

Das Unerfreuliche an diesen Vorstellungen vom »Reifungsprozess« einer Gruppe bzw. eines Teams liegt darin, dass die Resultate empirischer Arbeiten, die unter bestimmten Fragestellungen, methodischen Möglichkeiten und äußeren Randbedingungen zustande gekommen sind, einen normativen Charakter bekommen. Unter der Hand werden dann solche Forschungsergebnisse gleichsam wie naturwüchsige Regelmäßigkeiten gehandelt und – in diesem Fall – an Schulleitungen und Lehrkräfte als Wahrheiten weiter vermittelt. Ihnen wird suggeriert, dass ihr berufliches Handeln nicht mehr durch ihre Handlungsprinzipien, kommunikativen Fähigkeiten, Überzeugungen, persönlichen und fachlichen Theorien gesteuert wird, sondern vom *Reifezustand* der jeweiligen Bezugsgruppe abhängig sein soll. Danach können sie als Akteure für ihre Handlungen nur bedingt verantwortlich gemacht werden, weil sie offensichtlich von anderen, nicht näher bezeichneten Kräften beeinflusst werden.

Resümee: Die Vorstellungen einiger SE-Autoren zu Kommunikation und Teamarbeit resultieren zum Teil aus einem naturalistischen Fehlschluss. Sie entsprechen nicht den Ideen der Aufklärung. Ihre Empfehlungen für Schulleitungen und Lehrkräfte legen eine Orientierung nahe, die einem magischen Denken nahe kommt.

4.3.7 Was kann Evaluation in der Schulentwicklung (nicht) leisten?

In einem ersten Zugriff kann man unter »Evaluation« eine Auswertung, Überprüfung oder Kontrolle verstehen, mit deren Hilfe man die Brauchbarkeit und

Nützlichkeit seiner Vorstellungen bzw. die Zweckmäßigkeit seines Handelns bewerten möchte. Angesichts dieser Funktion(en) ist ihre große Bedeutung völlig berechtigt. Ohne kontrollierende Evaluation gerieten alle theoretischen Vorstellungen und praktischen Maßnahmen zu unverbindlichen Sandkastenspielen. Ohne Evaluation verkämen Unterricht und Schulentwicklungsprojekte zu blindem Aktionismus. Daher ist es nur folgerichtig und begrüßenswert, wenn innerhalb der SE-Debatte Schulleitungen und Lehrkräften angeraten wird, die Ergebnisse ihrer schulischen Arbeit immer wieder zu evaluieren.

Jedoch: Die Beantwortung der Frage, ob sich Handlungspläne bzw. die (alltags-)theoretischen Vorstellungen darüber, wie man etwas erreichen kann (Ziel-Mittel-Relationen), als zweckmäßig erweisen, erfordert ein sorgfältig durchdachtes methodisches Vorgehen. Dabei spielen zwei Aspekte eine Rolle. Zum einen interessiert das *Resultat* der Evaluation. Hierbei fragt man, ob der gewünschte Zieleffekt wirklich erreicht oder verfehlt wurde. Zum anderen interessiert, *aufgrund welcher Bedingungen und Gegebenheiten* der Handlungserfolg eingetreten oder eben nicht eingetreten sein könnte. Hierbei fragt man nach der Fruchtbarkeit und Stimmigkeit seiner Handlungspläne und anderer Vorüberlegungen, die das evaluierte Handeln bzw. die durchgeführten Maßnahmen begründet haben. Wenn man die Bedeutung von Evaluation genauer erfassen möchte, dann sollte man diese beiden Aspekte unbedingt auseinanderhalten (können), auch wenn sie eng zusammenhängen.

Denn es geht um Unterschiedliches: So kann man beispielsweise angesichts eines Handlungsmisserfolges unzufrieden werden, weil das gewünschte Ziel verfehlt wurde. Zugleich kann man jedoch – wenn für die Datenerhebung ein sorgfältig durchdachtes Design eingesetzt wurde – dadurch das theoretische Bedingungs- und Wirkgefüge der Maßnahme(n) besser durchschauen und somit erkennen, was man künftig besser machen sollte. Kurzfristig muss man zwar einen Fehlschlag einstecken, mittel- und längerfristig kann man hingegen einen wichtigen (Erkenntnis-)Gewinn erreichen. Umgekehrt könnte es sein, dass sich bei einem Handlungserfolg schnell Zufriedenheit einstellt und dass deshalb die Weitersuche nach besseren oder ökonomischeren Lösungswegen eingestellt wird. Der frühe Erfolg kann somit längerfristig die – potenzielle – Optimierung verhindern.

Diese Zusammenhänge werden im Volksmund in der bündigen Formulierung zusammengefasst, dass man *hinterher* immer schlauer sei. Tatsächlich kann man durch Evaluationen nur hinterher zu Einsichten gelangen. Dies gilt allerdings nur, wenn man bereits zuvor nach- bzw. vorhergedacht hat. Wer sich hingegen über Annahmen und über Wirkungszusammenhänge seiner Maßnahmen keine Gedanken macht und für die Erhebung der Daten daraus auch keine methodischen Konsequenzen zieht, kann zwar herausfinden, ob durch sein Handeln ein gewünschter Zustand eingetreten ist, wird jedoch bezüglich der Zweckmäßigkeit von Maßnahmen nicht klüger werden können.

Beispielhaft sei auf die internationale Vergleichsstudie TIMSS verwiesen, die grundsätzlich als eine faire Leistungsmessung gelten kann. Sie löste – wie andere Vergleichsuntersuchungen auch – bei Pädagogen und Politikern nicht nur wegen des schlechten Abschneidens deutscher Schüler/innen ratlose Betroffenheit aus, sondern vor allem deswegen, weil man sich die unterschiedlichen Leistungen von Schülern verschiedener Nationalitäten im Nachhinein kaum plausibel erklären konnte. Hätte man durch entsprechend geeignete Datenerhebungen aus dieser vergleichenden Evaluationsstudie glaubhaft ableiten können, welche konkreten Unterrichtskonzepte bzw. welche speziellen didaktischen Vorstellungen sich für Mathematikleistungen als erfolgreich oder als nachteilig erweisen, dann wäre das schlechte Abschneiden der deutschen Schüler zwar betrüblich, gäbe aber keinen Anlass zu einer generellen Verunsicherung. Im Gegenteil: Man hätte nun klare Hinweise gewonnen, was in Zukunft besser zu machen sei.

117

Nutzen und Gewinn von Evaluationen können also – abhängig vom jeweiligen Vorgehen – ganz unterschiedlich ausfallen. Der größte technologische Erkenntnisgewinn darf erwartet werden, wenn »unter Evaluation die systematische Anwendung sozial- und erziehungswissenschaftlicher Methoden zur Bewertung der Planung, des Designs, der Implementation und des Nutzens von Projekten, Maßnahmen und Beratungshandeln auf einer gesicherten empirischen Grundlage« (Rolff et al. 2000, 220) verstanden wird. Dann werden die empirischen Evaluationsdaten nicht einfach »gesammelt«, wie es viele SE-Autoren formulieren, sondern durch ein theoriefundiertes Untersuchungsdesign gewissermaßen »erzeugt«. Hierzu gehören u. a. mehrfache Messzeitpunkte, zumindest jedoch eine Prä- und eine Posterhebung, insbesondere aber die Heranziehung von Kontrollgruppen. Es können in einem multifaktoriellen Versuchsplan auch mehrere unterschiedliche Vorgehensweisen im Vergleich zu einander überprüft werden. Auf diese Weise lässt sich auch herausfinden, welche Effekte unterschiedliche Randbedingungen auf die Wirksamkeit von Maßnahmen haben (können).

Zusammenfassend lässt sich sagen, dass Evaluation eine äußerst wichtige Funktion zu erfüllen hat. Dafür müssen jedoch bestimmte Voraussetzungen erfüllt sein. Innerhalb der SE-Debatte spielen diese in den Vorstellungen über Evaluation in weiten Teilen jedoch keine Rolle. Evaluationsdaten können nur Auskunft über einen Ist-Zustand geben. Sie enthalten keine weiteren Informationen. Man kann aus ihnen keine Empfehlungen für künftiges Handeln ableiten. Solche werden *nur* durch das Heranziehen von entsprechenden Konzepten und Theorien möglich. Nur aus diesen lassen sich Bewertungsmaßstäbe und Handlungshinweise ableiten. Ohne einen konzeptionellen oder theoretischen Bezug bleiben Evaluationsdaten bedeutungslos und liefern allenfalls Anlass für Hypothesen und Spekulationen.

Erst wenn geeignete Konzepte und Theorien vorliegen, können Evaluationen einen Sinn machen. Die Aussagen der SE-Autoren übergehen jedoch deren logische und zeitliche Vorordnung und blenden damit aus, dass innerhalb der SE-Debatten das Bemühen um tragfähige Konzepte und Theorien einen absoluten Vorrang haben müsste. Sie schreiben Evaluationen nicht erbringbare Leistungen – z.B. Steuerungsfunktionen – zu. Schulleitungen und Lehrkräfte werden durch sie nicht korrekt informiert und zu einem unter diesen Bedingungen nicht verantwortbaren Arbeitsaufwand angeregt. Hierfür geben die nachfolgenden Zitate einige Beispiele:

- »Deshalb kann *Evaluation auch zu einer neuen Arbeitskultur in den Schulen führen*« (Philipp & Rolff 2004, 111).
- Ebenso sehen Burkard & Eikenbusch (2000, 58) »Planung, *Steuerung* und Beteiligung für Schulentwicklung« als eine wichtige Funktion von Evaluation.
- »Evaluation (…) *dient der Verbesserung der aktuellen Situation*. Dafür stellt sie Informationen und Hinweise zur Verfügung, die als Reflexions-, Planungs- und Entscheidungshilfen genutzt werden können« (Burkard & Eikenbusch 2006, 1295).
- »Die Evaluation ermöglicht eine rationale Entscheidung und *trägt zur Optimierung des Handelns bei*« (Bauer 2010b, 535).

All diese Zitate zeigen, dass die SE-Autoren unrealistische Vorstellungen von einer Evaluation haben. Man kann aus beschreibenden Ist-Daten keine vorschreibenden Soll-Daten ableiten. Wer das meint, hat für seine Folgerungen in Wirklichkeit andere Soll-Werte herangezogen, ohne dies zu bemerken. Dieser naturalistische Fehlschluss durchzieht – wie die Zitate belegen – die gesamte SE-Literatur. Evaluation wurde und wird von den Autoren fälschlicherweise wie eine unerschöpfliche Quelle von Handlungshinweisen und Lösungsideen dargestellt.

Resümee: Etliche SE-Autoren stellen die Evaluationsthematik zu einfach, manchmal sogar falsch dar. Insbesondere verschweigen sie, dass Evaluationen nur unter Heranziehung von Konzepten und Theorien sinnvoll und nützlich werden können. Sie regen dadurch zu Fehlinterpretation von Daten sowie zu Dilettantismus an. Sie bekommen zudem *dadurch* ein Glaubwürdigkeitsproblem, dass sie Lehrkräften und Schulleitungen die Evaluation ihrer Arbeit nahe legen, selbst aber ihre eigenen Vorstellungen und Empfehlungen zur Schulentwicklung keinen ernsthaften und systematischen Bewährungsprüfungen unterziehen.

4.3.8 Den Kontakt verlieren, in den Wolken schweben?

>»Da die meisten Reformansätze falsch konzipiert sind, nicht den Kern des Lehrens und Lernens in Angriff nehmen, sondern in Gestalt von oberflächlichen, unzusammenhängenden Modewellen auftreten, die regelmäßig im Sande verlaufen, verschlimmern sie die Situation, weil sie alle Lehrer, vor allem die besonders engagierten, entmutigen.«

Fullan (1999, 102)

Schulen haben eine Aufgabe. In den Schulgesetzen der Länder sind der Auftrag und die Zielvorgaben für sie festgeschrieben. Durch den Schulbesuch sind Schülerinnen und Schüler mit all jenen Kenntnissen, Fertigkeiten und Haltungen auszustatten, die es ihnen ermöglichen sollen, in der Gesellschaft ein eigenständiges, sozial akzeptiertes Leben zu führen.

Eine derartige Qualifizierung ereignet sich nicht von selbst, sondern kann nur durch unzählige Handlungen und Maßnahmen von sehr vielen Akteuren erreicht werden. Hierbei haben die Lehrkräfte eine besonders große Bedeutung. Ihr Handeln spielt für das Lernen der Schülerinnen und Schüler eine herausragende Rolle. Es wirkt sich darauf aus, ob diese den Unterricht mit Freude und Interesse oder mit Widerwillen und Abwehr besuchen. Ihre Fragen, ihre Erklärungen, ihre Darlegungen, ihr Lächeln, ihre Antworten, ihre Mimik haben Auswirkungen auf das Denken und Handeln ihrer Schüler. Sie müssen unterrichten, beraten, diagnostizieren und beurteilen (können) und in diesem Zusammenhang vielfältige Entscheidungen treffen und Handlungen ausführen (können).

Die Abläufe in einer Schule werden aber nicht allein durch die Lehrkräfte bestimmt. Auch die Schüler sind als Akteure zu begreifen. Zuhören, aufnehmen, verstehen, Vorstellungen entwickeln und verändern, all diese Tätigkeiten basieren auf Aktivität und Konstruktion. Nicht nur, wenn Schüler »träumen« statt einen Text von der Tafel abzuschreiben, wenn sie nach der Pause zu spät den Klassenraum betreten, wenn sie unter dem Tisch Zettelchen austauschen, wenn sie sich melden, kann man sie als Handelnde betrachten, sondern sie agieren zu jedem Zeitpunkt und tragen damit aktiv zu ihrem eigenen Lernerfolg sowie zum gesamten Schulgeschehen bei.

Selbstverständlich spielen für die Vorgänge in Schulen noch weitere Personen eine wichtige Rolle. Helmut Fend (2008) hat ihre Aufgaben und deren Ineinandergreifen sehr sorgfältig beschrieben. Seine Darstellung macht deutlich, dass an einem »Schulerfolg« sehr viele Akteure in unterschiedlicher Funktion und mit unterschiedlicher Verantwortung beteiligt sind. Wenn man die Abläufe und die Wirkvorgänge in Schulen verstehen will, insbesondere jedoch, wenn man sie verändern oder gar verbessern möchte, dann muss man sich mit ihnen auseinandersetzen und sie in ihren Einzelheiten studieren und begreifen. Das heißt mit anderen Worten, dass man eine Betrachtungsebene wählen muss, auf der die jeweiligen Akteure mit ihren Aufgaben und Handlungen zu erkennen sind (▶ Kap. 3.7).

Wenn man Schulen »entwickeln« möchte, was auch immer man sich im Einzelnen darunter vorstellen mag, wäre es eine grobe Nachlässigkeit, bei seinen Vorhaben nicht die *eigentlichen Akteure* in den Blick zu nehmen. In der SE-Debatte jedoch findet genau diese Unachtsamkeit statt. Da in ihr Schulen wie handelnde Subjekte behandelt und zugleich Personen als die wirklichen Akteure übersehen werden, befasst sie sich mit einer unzureichenden Sicht auf schulische Wirklichkeit. Obwohl die Unterrichtstätigkeit immer wieder als das »Kerngeschäft« von Schulen bezeichnet wird, sehen es die meisten SE-Autoren nicht als ihre Aufgabe an, »in die Welt der Modelle des Lehrens und die Strategie der Organisation des Unterrichts einzutauchen« (Dalin & Rolff 1990, 222), um daraus die Reformempfehlungen für den Unterrichts- und Schulbetrieb abzuleiten.

Indem sich der (Schulentwicklungs-)Blick vom praktisch-konkreten Alltag der Schule abwendet und sich auf die abstrakten Ebenen richtet, scheinen die Vorgänge und die Bewältigung der Aufgaben leicht und problemlos zu werden. Dalin & Rolff (1990, 181) schreiben: »Projekte in Schulen sind nicht notwendig komplex unter technischem Blickwinkel, sie sind aber hochkomplex aus dem Blickwinkel der zwischenmenschlichen Beziehungen.« Genau diese werden in der SE-Debatte durch Abstraktionen ausgeblendet.

Deshalb kann die Debatte keine Verbindung zur Alltagswirklichkeit in Schulen herstellen. Sie schwebt daher gewissermaßen »über den Wolken«. Durch den Sprachgebrauch werden Schulen zu Akteuren stilisiert. Durch die Subjektivierung des Konstrukts Schule werden die Maßnahmen der so genannten Schulentwicklung unter Ausklammerung der eigentlichen Akteure beschrieben:

- »Jede Schule entwickelt ihre eigene Variante des Erhebungsbogens« (Dalin & Rolff 1990, 104).
- »Schulen müssen wissen, was sie *nicht* leisten können« (Oelkers 2003, 60).
- »Schulen, die sich als lernende Schulen begreifen, arbeiten mit einem Trick« (Meyer 1997, 115).
- »Immer mehr Schulen überlegen sich (...), ein Schulprogramm, ein Schulprofil oder ein Schulleitbild zu entwickeln« (Philipp & Rolff 2004, 7).

- »Es kommt häufig vor, dass Schulen im Rahmen ihrer SchuB-Konferenz[3] Entwicklungsschwerpunkte festlegen und das Kollegium in Gruppen einteilen« (Rolff et al. 2000, 111).

All diese Formulierungen lassen nicht (mehr) erkennen, welche Personen für welche Handlungen zuständig und verantwortlich sind. Außerdem wird die von Dalin & Rolff (1990, 181) konstatierte hohe Komplexität zwischenmenschlicher Beziehungen schlicht ausgeblendet. Damit können eventuelle Schwierigkeiten, kritische Übergänge, riskante Maßnahmen oder heikle Anweisungen nicht angemessen vorbereitet und gesichert werden. Diese ungünstigen Auswirkungen sprachlicher Ungenauigkeit werden in der SE-Debatte durch den häufigen Gebrauch der Vorsilbe »Selbst« verstärkt. Denn diese Vorsilbe legt in vielen Fällen die Annahme nahe, dass Geschehensabläufe und Entwicklungen ganz einfach, gewissermaßen »wie von selbst« von statten gehen. Mit der Verwendung des Topos »Selbst« bleibt völlig unklar, welche Personen mit welchen Handlungen dazu einen Beitrag leisten sollen/können:

- »Eine sich selbst entwickelnde Schule« (Rolff 2006a, 310)
- »Pädagogische Selbsterneuerungsfähigkeit« Holtappels (2007, 15)
- »Selbstevaluative Forschung« (Helsper 2010, 391)
- »Selbstkoordinierung« (Rolff 2007b, 48)
- »Selbsterneuerung« (Rahm & Schröck 2007, 157; Wenzel 2010, 264).

Es ist nicht erkennbar, wen oder was genau dieses *Selbst* eigentlich repräsentieren soll.

Wenn Hilbert Meyer (1997) in seinen Ausführungen von *Selbstanspruch, Selbstausbeutung, Selbstbewusstsein, Selbstdisziplin, Selbsthilfe, Selbstkritik, Selbstreflexivität, Selbstvertrauen, Selbstwirksamkeit* spricht, wird er damit zu einer wohltuenden Ausnahme. Denn hier ist der Bezug zu den Personen zu erkennen. Meyer spricht mit diesen Begriffen handelnde Personen an, die in dem gängigen Sprachgebrauch der SE-Debatte jedoch völlig ausgeblendet werden. Zu Recht moniert er die Abstraktheit in der SE-Debatte (Meyer 2001, 143): »Man bewegt sich zu lange auf der *Systemebene*, also bei der Betrachtung der Frage, wie eine Schule als Handlungseinheit agieren und reagieren kann. Man kommt gar nicht oder zu spät zur *Subjektebene*, also zu der Frage, was der Einzelne tun und lassen soll.« Leider hat er dennoch durch die Versubjektivierung der Lernenden Schule zu dieser kritischen Situation beigetragen.

Resümee: Es gibt für die Planung und Durchführung von Vorhaben nicht von vornherein eine einzige optimale Betrachtungsebene bzw. einen einzigen optimalen Auflösungsgrad. Abhängig von den Fragen und Absichten werden sich mal Abstraktionen, mal Konkretisierungen als günstig(er) erweisen. Dabei ist es erforderlich, dass der Wechsel zwischen den Ebenen bei Bedarf zügig und stimmig vorgenommen werden kann. In der SE-Debatte ist beides nicht möglich, da sie

---

3 SchuB = Schulentwicklungsberatung

nur die abstrakten Betrachtungsebenen kennt und zu der Mikroebene, auf der die Interaktionen der handelnden Subjekte erkennbar werden, keine Aussagen machen kann. Wegen ihrer Abstraktionen hat die SE-Debatte keine Verbindung zur schulischen Realität, sondern schwebt – bildlich gesprochen – »unverbindlich über den Wolken«.

4.3.9 Abstrakta als Akteure?

Ein wichtiger Grund für die Verbreitung der SE-Idee lag in der Hoffnung, das Schulsystem besser steuern zu können, wenn man die Einzelschule zum Ausgangspunkt für Veränderungen machen würde. Allerdings ist diese Hoffnung bislang nicht eingelöst worden. Rolff (2000b) leitet daher aus den bisherigen Erkenntnissen der Schulentwicklungsforschung ab: »Veränderung ist eine Reise und kein Marschplan; nichts wird so realisiert, wie es geplant war.« Damit bleibt in der Schul- und Bildungspolitik die Suche nach einer funktionstüchtigen Steuerung weiterhin ein wichtiges Thema.

Dass das Schul- und Bildungssystem auf Lenkungsimpulse von staatlicher Seite nur schwerfällig reagiert, wird einsichtig, wenn man bedenkt, dass die Abläufe in Schulen durch *Personen* gestaltet werden. Diese lassen sich nicht so »steuern« wie Geräte, Apparate oder Fahrzeuge. Sie haben einen eigenen Willen. Sie verfolgen eigene Interessen und orientieren sich in ihrem Denken und Handeln an Sinn und Bedeutung. Diese sind jedoch keine objektiv gegebenen Größen, sondern gedankliche Gebilde, die sich jeder Mensch individuell-persönlich selbst konstruieren muss. Somit können (und müssen!) alle von zentraler Stelle vorgegebenen Regelungshinweise individuell-persönlich ausgelegt werden. Lehrkräfte wissen aus ihrer alltäglichen Berufserfahrung, dass im Unterricht ein und dieselbe Instruktion von mehreren Schülern ganz unterschiedlich aufgefasst werden kann.

Der andere Grund für die Schwierigkeit, Personen zu »steuern«, liegt in der Störungsanfälligkeit zwischenmenschlicher Kommunikation. Wenn sich Personen untereinander mitteilen, dann ist – wie Watzlawick, Beavin & Jackson (1990) und Schulz von Thun (1998) dargelegt haben – keineswegs sichergestellt, dass die Botschaft von den Empfängern so empfangen wird, wie die Sender sie gemeint haben. Mit anderen Worten: Die in Schulen handelnden Akteure sind wegen ihres Autonomiepotenzials und der Orientierung an ihrer inneren Logik nicht exakt zu »steuern«.

Wenn man das Geschehen in Schulen besser lenken möchte, muss man der inneren Logik von Menschen, also ihrer Psycho-Logik, Rechnung tragen. Deshalb hat in den letzten Jahren das Schlagwort »Educational Governance« an Bedeutung gewonnen. Unter diesem Stichwort wird erkundet, ob sich die Steuerungsfähigkeit des Schul- und Bildungssystems dadurch verbessern lässt, dass man Steuerung nicht mehr als einen linearen, meistens top-down verlaufenden Vorgang konzipiert, sondern statt dessen versucht, das Zusammenspiel unterschiedlicher Akteure besser zu verstehen, um es dann erfolgreicher anregen und

lenken zu können. In der Governance-Forschung kommen also wieder die Akteure in den Blick, wobei man sich darunter sowohl individuelle Personen als auch
kollektive Akteure, also Gruppierungen (z. B. die Schulleitung, die Steuergruppe, die Schülermitverwaltung, die Elternvertretung) vorstellen kann. Somit wählt
die Governance-Forschung die Mikro- als Betrachtungsebene und beachtet damit
gleichzeitig, dass das Schul- und Bildungssystem in mehreren hierarchischen Ebenen mit jeweils unterschiedlichen Funktionen zu denken ist. Das ist eine völlig andere Sichtweise: Nicht nur die Personen, die innerhalb der schulischen Hierarchie
anderen Personen Anweisungen geben, werden als Akteure begriffen, sondern
auch die Angewiesenen selbst und erhalten dadurch automatisch einen Subjekt-
status. »In analytischer Sicht hat das Governance-Konzept eine Stoßrichtung,
die die Aufmerksamkeit auf das handelnde Zusammenwirken von Akteuren in
Mehr-Ebenen-Systemen richtet und über die Beschäftigung mit autoritativ-hier-
archischer Steuerung hinausführt« (Kussau & Brüsemeister 2007, 16).

Allerdings sind das vorerst nur Hoffnungen. Die Praktikabilität und vor allem die empirische Bewährung des Governance-Konzepts müssen sich erst noch
erweisen (vgl. Altrichter & Maag Merki 2010). Hierbei stehen allerdings die
Chancen schlecht für die in der SE-Debatte behandelten Vorstellungen, weil
die meisten Autoren ihre Überlegungen nach wie vor auf einer überwiegend
abstrakten Betrachtungsebene (=> Schule als handelndes Subjekt) anstellen, auf
der konkrete Akteure und ihre Konstellationen nicht erkennbar werden. Damit
kann auch die Koordination ihrer Handlungen nicht analysiert, geschweige denn
angeregt und gelenkt werden. Stattdessen ist in der SE-Debatte sehr viel von nicht
näher charakterisierten *Prozessen* die Rede, welche für Schulen und für die Schulentwicklung bedeutsam sein sollen.

Besonders gern werden von SE-Autoren Aktionen als *Lernprozess* gekennzeichnet (vgl. ▸ Kap. 4.1.9). Allerdings ohne nähere Angaben, wer was von wem
und wozu lernen muss. Weder die Inhalte, das Pensum noch das Ziel dieser Lernprozesse werden benannt. Somit sind weder die Lernenden erkennbar, noch wird
deutlich, was Lehrkräfte und/oder Schulleiter unternehmen müssten, um die angegebenen Lernprozesse vollziehen zu können. Abgehobener und unverbindlicher
kann man sich kaum ausdrücken, wie die nachfolgenden Zitate beispielhaft
zeigen:

- »Im Sinne einer Selbstorganisation der Systeme betrachtet, entfalten sich
  Schulentwicklungsprozesse bezogen auf ihre sozialen und ökologischen Umwelten und können auch deshalb nicht musterhaft verlaufen« (Rahm 2005,
  39).
- »Der fortschrittliche Ansatz, Schulentwicklung als eigenverantwortlichen Prozess der Aktivierung institutioneneigener Kräfte zu betrachten und diesen
  optimal zu organisieren in Richtung problemlösender Schulen (Dalin 1991),
  erhebt den Anspruch, einen Paradigmawechsel darzustellen (Rolff 1991)«
  (Rahm 2005, 10 f.).
- »Der Gestaltungsspielraum in Schulentwicklungsprozessen ist nahezu gren-
  zenlos« (Esslinger-Hinz 2006, 14).

Nach all dem könnte man annehmen, Schulentwicklung ereigne sich ohne handelnde Personen. Doch damit nicht genug: Nach der Darstellung etlicher SE-Autoren wird das Geschehen in den Schulen nicht durch Personen, sondern durch *Kulturen* bestimmt:

- »Wenn abschließend ein Fazit gezogen wird, so könnte es lauten, dass der Weiterentwicklung der Kultur der einzelnen Schule eine Schlüsselrolle für den Fortgang der Schulentwicklung zufällt« (Dalin & Rolff 1990, 120).
- »Schulen bestehen (...) aus Kulturen, die nach einem größeren Ganzen mit Sinn streben« (Rahm & Schley 2005b, 10).
- »Die Veränderung von Schulen besteht offenbar in erster Linie in der Änderung der ›Schulkultur‹« (Holtappels 2007, 12).

Der Kulturbegriff ist ausgesprochen unpräzise. Er lässt nicht mehr erkennen, welche konkreten Wirklichkeiten er repräsentiert. Außerdem schillert er in seiner Bedeutung, weil er sowohl beschreibend (deskriptiv) als auch bewertend (präskriptiv) verwendet werden kann (▶ Kap. 3.4). Trotz (oder wegen?) dieser enormen Schwächen spielt der Kulturbegriff in der SE-Literatur eine große Rolle. Er wird von vielen SE-Autoren sowohl zur Beschreibung als auch zur Erklärung von Sachverhalten herangezogen. Andere scheinen sich damit in eine Unverbindlichkeit zu retten. Etliche benutzen den Kulturbegriff so, als ob er eine Wesenheit sei und als ob man direkt in ihn eingreifen könne. Manche verleihen ihm sogar einen Subjektcharakter. Einige Beispiele:

- »Alltagskulturelle Abstützung« (Kempfert & Rolff 2002, 122),
- »Angenehme und stimulierende Schulkultur« (Dalin & Rolff 1990, 198),
- »Arbeits- und Alltagskultur« (Rolff 2011b, 13),
- »Aufgabenkultur« (Rolff 2007d, 140; Meyer 2011, 13),
- »Beratungskultur« (Huber & Hader-Popp 2010, 4),
- »Beteiligungskultur« (Teichert 2011, 257),
- »Beziehungskultur« (Holtappels & Rolff 2004, 57; Rolff 2007b, 42),
- »Dissenskultur« (Schratz & Steiner-Löffler 1999, 119),
- »Evaluationskultur« (Rolff 2007e, 233; Rolff 2011b, 10; Esslinger-Hinz 2005, 17; Pfeiffer 2010, 25),
- »Feedback-Kulturen« (Rolff 2007e, 233),
- »Fehlerkultur« (Buchmann 2009, 291),
- »Gepflegte Unverbindlichkeits-Kultur« (Rolff & Strittmatter 1999, 5),
- »Institutionelle Lernkultur« (IFS-OE-Netzwerk 2000, 87),
- »Kollegiale Feedback-Kultur« (IFS-OE-Netzwerk 2000, 87),
- »Kollegiumskultur« (Harazd, Bonsen & Berkemeyer 2009, 57),
- »Konsumkultur« (Oelkers 1995, 12),
- »Kooperationskultur« (Seitz & Capaul 2005, 330),
- »Kultur der bereichernden Lebendigkeit, Kreativität und Synergien« (Schley 1998b, 120),

- »Kultur der Einflussnahme auf die künftige Entwicklung der Schule« (Schratz & Steiner-Löffler 1999, 228),
- »Kultur der gemeinsamen Auswertung und Bewertung der eigenen Arbeit« (Burkard 1995, 141),
- »Kultur der Herzlichkeit, des Wir-Gefühls und der Verbindlichkeit« (Schley 1998b, 120),
- »Kultur der Reflexion und Kritikfähigkeit« (Fend 2008, 310),
- »Länderspezifische Evaluationskultur« (Rahm 2005, 15).
- »Lernkultur« (Rolff 2007b, 42; Kempfert & Rolff 2002, 14; Buchmann 2009, 293; Schratz 2009, 95),
- »Lernkultur des Unterrichts« (Holtappels & Voss 2008, 69),
- »Methodenkultur« (Meyer 2011, 12),
- »Monokultur schulischen Unterrichts« (Schratz 1996, 22),
- »Multiple Kulturen« (Buhren & Rolff 2002, 52),
- »Organisationskultur« (Holtappels 2010b, 271; Holtappels & Voss 2008, 67; Dalin & Rolff 1990, 94),
- »Pädagogische Kultur« (Fend 2008, 11),
- »Qualitätsfördernde Lernkultur« (Rolff 2011b, 11),
- »Qualitätskultur« (Rahm 2005, 57),
- »Reflexionskultur« (Rolff 2007e, 233),
- »Sachauseinandersetzungskultur« (Kastirke 2005, 146),
- »Systemeigene Kultur« (Seitz & Capaul 2005, 230),
- »Teamkultur« (Rolff & Strittmatter 1999, 5; Schratz 1996, 107),
- »Vereinzelungskultur« (Rahm & Schröck 2004, 537),
- »Verfahrenskultur *authentischer* Evaluation« (Kempfert & Rolff 2002, 24).

Wie die (unvollständige!) Aufzählung zeigt, lässt sich der Kulturbegriff wie ein Joker einsetzen. Seine an Beliebigkeit grenzende Bedeutung ermöglicht Formulierungen, die vielsagend klingen, sich aber als völlig nebulös erweisen (▶ Kap. 3.6). Dazu schreibt Helmke (2003, 41): »Erschwert wird der Durchblick noch durch die ausufernde Tendenz, allen möglichen schulrelevanten Konzepten das Suffix ›-Kultur‹ zu verpassen; von diesem inflationären Trend blieb auch der Unterricht nicht verschont, ohne dass sich dadurch das Wissen verbessert hätte.«

Resümee: Weder Kulturen noch Prozesse sind Akteure, sondern lassen sich nur als eine vielfache Abstraktion von Personen, Produkten und Handlungen denken. Es wird nicht erkennbar, welche Personen für welche Aufgaben zuständig und verantwortlich sind. Personen, die an der Verbesserung schulischer Lehr-Lernsituationen arbeiten möchten, und solche, die sich für die Bereitstellung der hierfür erforderlichen Rahmenbedingungen verantwortlich fühlen, also Schulleiter, Lehrkräfte, Schulpolitiker und Behördenvertreter, können aus der in der SE-Debatte dargestellten Gemengelage von Prozessen und Kulturen keine konkreten, nachvollziehbare und überprüfbare Empfehlungen für Handlungs- und Gestaltungshinweise ableiten.

4.3.10 Können Bildungslandschaften Lehrkräften helfen?

In der SE-Debatte ist ferner die Tendenz zu erkennen, *Schulentwicklung* als ein Geschehen zu begreifen, das in immer größer werdenden Einheiten zu vollziehen ist. So wurde zwar anfangs die Orientierung an der Einzelschule als eine paradigmatische Neuorientierung dargestellt und es wurde postuliert, dass Unterricht das Kerngeschäft von Schule sei, wobei die Lernfortschritte der Schülerinnen und Schüler als ultimativer Bezugspunkt zu gelten hätten. Dann jedoch wurden Schulleitungen und Lehrkräften von den SE-Autoren durch weitere Maßnahmen angeraten, sich zunehmend von dieser Orientierung zu lösen.

Zunächst wurde Lehrkräften nahegelegt, sich nicht mehr an der Vorstellung »Ich und meine Klasse« auszurichten, sondern sich an das Motto »Ich und meine Schule« zu halten. Unter dem Wahlspruch »Ich und meine Klasse« werden sich Lehrkräfte konkrete Vorstellungen über ihre Zuständigkeiten und Aufgaben machen können. Wofür aber soll sich eine Lehrkraft verantwortlich fühlen, wenn sie ihren beruflichen Alltag unter dem Wahlspruch »Wir und unsere Schule« (Schratz 1998, 169) zu gestalten hat? Mit Sicherheit werden hier die Aufgaben zahlreicher und vielfältiger. Und mit Sicherheit werden diese zusätzlichen Aufgaben, da ein Tag nur 24 Stunden hat, die Bedeutung der Unterrichtsvor- und -nachbereitung sowie den verantwortlichen Kontakt zu den Schülern relativieren.

Als nächstes sollen die Lehrkräfte unter dem Stichwort »Kooperative Schulentwicklung« (Rahm 2010, 83) mit Schülern und deren Eltern zusammenarbeiten: »Um den hohen Ansprüchen an eine gute Schule gerecht zu werden, bedarf es eines Zusammenwirkens aller am Bildungsprozess Beteiligten, um eine Optimierung des Bildungsangebotes zu erreichen. Kooperative Schulentwicklung ist somit ein Lernprozess, in dem organisationseigene Ressourcen über das Zusammenwirken aller schulischer Statusgruppen mit dem Ziel einer Qualitätsverbesserung des Bildungsangebotes mobilisiert werden.« Die in dieser Behauptung steckende Annahme, die Beteiligung von Personen mit unterschiedlichem Status führe zu klügeren Entscheidungen, wirkungsvollerem Handeln und besseren Ergebnissen, ist bislang jedoch nicht empirisch bestätigt worden. Vielleicht könnte stattdessen auch hier das Sprichwort »Viele Köche verderben den Brei« von Bedeutung sein.

In einem weiteren Schritt wird Schulleitungen und Lehrkräften von SE-Autoren angeraten, ihre Schule mit anderen Schulen zu »vernetzen«. »Der Netzwerkbegriff ist spätestens seit Anfang des neuen Jahrtausends zu einem Bestandteil des Vokabulars der Schulentwicklung geworden. (...) Dies geht so weit, dass Chrispels und Harries (2006) Netzwerkbildungen als fünfte Phase der Schulentwicklung bezeichnen« (Berkemeyer, Lehmpfuhl & Pfeiffer 2010, 303). Dabei wird unter Netzwerken verstanden, »dass sich unterschiedliche Akteure zwecks Gestaltung eines gesellschaftlichen Teilbereichs kooperativ abstimmen, gemeinsame Ziele aushandeln und entsprechende Reformprogramme auf den Weg bringen« (Berkemeyer, Lehmpfuhl & Pfeiffer 2010, 302). Berkemeyer, Lehmpfuhl & Pfeifer (2010, 303) empfehlen, dass nach den bisherigen Erfahrungen in Kanada und den USA für den Erfolg von Netzwerken etliche Voraussetzungen gegeben sein müssen. Dazu gehören:

- Entschiedene Führungspersönlichkeiten,
- ein gemeinsames Ziel und Vorhabensverständnis,
- geeignete Kommunikations- und Arbeitsstrukturen,
- Erstellen eines Expertentums durch Beschäftigung geeigneter Mitarbeiter,
- Erstellen und Stärkung von Kooperationsbeziehungen auf gleicher Ebene,
- Bereitschaft und Fähigkeit zu fortwährendem Lernen,
- produktive Nutzung von Konflikten,
- eine positive Einstellung zu Leistungsanforderungen,
- externe Kooperationspartner,
- gut überlegte finanzielle Investitionen.

Unabhängig davon, was man unter diesen Gelingensvoraussetzungen im Einzelnen verstehen mag, machen sie deutlich, dass »Netzwerkarbeit« eine zusätzliche Aufgabe darstellt, die Zeit, Engagement und Ressourcen bindet. Das Verhältnis von Aufwand und Gewinn lässt sich nicht näher bestimmen, da – zumindest im deutschsprachigen Raum – keine systematisch erhobenen und durch Kontrollgruppen abgesicherte Ergebnisse vorliegen.

Wenn sich Schulen auch mit anderen Bildungseinrichtungen (Museen, Volkshochschulen, Hochschulen, Fördervereinen etc.) »vernetzen«, ist hierfür der Terminus »Bildungslandschaft« vorgesehen. »In einer Bildungslandschaft, in der den einzelnen Bildungsinstitutionen größere Handlungsräume zur Verfügung gestellt werden, können pädagogische, administrative, finanzielle und personelle Bereiche so gestaltet werden, dass sie den Output optimieren« (Rahm 2005, 60). Auch für diese These gibt es bislang keine systematisch erhobenen Belege (▶ Kap. 3.13).

Offensichtlich ist nur Esslinger-Hinz (2006, 27) aufgefallen: »Schulentwicklung erfordert, dass Arbeiten, die bislang von schulexternen Institutionen verrichtet wurden, nun von Lehrerinnen und Lehrern übernommen werden. (...) Lehrerinnen und Lehrer werden damit, was ihre Kompetenzentwicklung anbelangt, immer stärker gefordert. Diese Aufgabenveränderungen berühren die Grundfesten beruflicher Identität, denn sie decken sich nicht mit dem Berufsbild, das Lehrerinnen und Lehrer einst bei Berufseintritt vor Augen hatten.«

Durch die Bildung von Netzwerken (Czerwanski, 2003) und Bildungslandschaften (Böttcher & Schratz, 2005) wird die Orientierung an der Einzelschule, die ursprünglich innerhalb der SE-Idee zum Paradigma erklärt worden war, immer mehr aufgeweicht. Doch geht innerhalb von Schulentwicklung das Ansinnen, die Unterrichtsaufgabe zugunsten zusätzlicher Aufgabenbereiche zu relativieren, noch viel weiter. Fullan hat Forderungen aufgestellt, auf die sich etliche SE-Autoren berufen. Fullan (1999, 12) bezieht sich u. a. auf Per Dalin, der sich in seinem Denken von »Visionen für das nächste Jahrhundert« (Dalin 1997, 95) leiten ließ. Fullan (1999, 217) schreibt: »Das Ideal der Erziehung und Bildung ist es, eine lernende Gesellschaft, genau genommen eine lernende Welt zu schaffen.« Wenige Seiten weiter macht er aus dieser Idee ein moralisches Soll: »Wir haben die Pflicht, eine lernende Gesellschaft zu schaffen« (Fullan 1999, 221). Derartige Maximalziele sind janusköpfig. Personen, die derartige Maximalforderungen aufstellen, können sich selbst als engagiert und ehrenwert darstellen, andererseits finden sie leicht die Schuld bei Anderen, wenn sich ihre Ziele nicht erreichen lassen. Daher kaschieren diese meistens nur Geltungssucht und Unverbindlichkeit.

Anlässlich der Expo 2000 in Hannover schreibt Rolff (2000b), der ebenfalls durch Per Dalin beeinflusst wurde, unter der Überschrift »Ziel: Die lernende Schule für die lernende Gesellschaft«:

> »Welches ist das Ziel der Schulentwicklung? *Es liegt nicht im veränderten Unterricht* (Hervorhebung: J. S.), in teamfähigen Personen oder in verbessertem Schulklima. Diesbezügliche Zielentscheidungen treffen die Schulen selbst – und zwar jede einzelne für sich und etwas anders als die Nachbarschulen. Dies kann nicht anders sein, wenn es gilt, dass Schulen die Motoren ihrer Entwicklung sind – und Wandel nicht angeordnet, sondern nur ermöglicht und unterstützt werden kann. Das Ziel der Schulentwicklung muss auf einer höheren Ebene, auf einer Meta-Ebene angesetzt werden. Peter SENGE sieht das Metaziel allgemein in der Etablierung lernender Organisationen (Senge 1990/96). Schulentwicklungsforscher haben dieses Konzept auf Schulen übertragen und sprechen von Schulen als lernenden Organisationen (Rolff 1993) oder von lernenden Schulen. (…)
>
> Lernende Schulen sind nicht nur Einrichtungen, in denen die Schüler lernen, sondern solche, die selber zum Lernen fähig sind. Dazu müssen sie – genau wie Individuen – Lernstrukturen und Lernkapazitäten aufbauen. Das gilt einmal für das Personal selbst, für das Stenhouse den griffigen Ausdruck ›Lehrer als Lerner‹ geprägt hat (in: Hopkins/Wideen 1984). Das gilt zum anderen für die Schule als Organisation, was eine ziemlich neuartige Vorstellung ist, die aber plausibler wird, wenn die Lernfelder genannt werden: Schulen müssen lernen, ihr Schulcurriculum zu klären, eine gemeinsame Diagnose der Stärken und Schwächen durchzuführen, Prioritäten für Entwicklungsvorhaben zu setzen, Teams zu bilden und Projekte zu managen und die Wirkung dieser neuartigen Prozesse zu beurteilen, wofür sich der Begriff der Selbstevaluation einzubürgern beginnt.
>
> Eine Schule, die derartige (Selbst-)Lernkapazitäten aufgebaut hat, leistet einen Beitrag zur *lernenden Gesellschaft* (Hervorhebung: J. S.), die nicht als solche und auch nicht in Gänze lernen kann, sondern dadurch charakterisiert ist, dass ihre wichtigsten Institutionen zur Selbstorganisation und Selbstentwicklung fähig sind.«

In diesen Ausführungen werden die Ungereimtheiten der SE-Idee noch einmal zusammengefasst. Vor allem jedoch wird unter dieser Programmatik erkennbar, dass der Unterricht und der angeblich ultimative Bezugspunkt »Lernfortschritte von Schülerinnen und Schülern« keine wichtige Rolle mehr spielen.

Resümee: Die Schulentwicklungsidee wird von den Autoren immer mehr zu Vorstellungen aufgebläht, die die Arbeit mit Schülern relativieren, die unscharfe Konturen haben, schwer zu realisieren und zu evaluieren sind, zusätzliche Ressourcen erfordern und deren Nützlichkeitshoffnungen bislang nicht belegt wurden.

4.3.11 Wo konnte Schulentwicklung bislang wirksam werden?

Entscheidend für eine Tauglichkeitsprüfung der SE-Idee ist letztlich die Frage, ob sich erhoffte Auswirkungen, wie beispielsweise das Entstehen von Problemlöseschulen und lernenden Schulen sowie Lernfortschritte von Schülerinnen und Schülern, erreichen lassen.

In den drei Bundesländern Nordrheinwestfalen, Bremen und Schleswig-Holstein ist Schulentwicklung im Sinne des Institutionellen Schulentwicklungsprogramms (ISP) mit ausdrücklicher Unterstützung der Schulbehörden und unter der Mitarbeit des Dortmunder Instituts für Schulentwicklungsforschung an ausgewählten Schulen unter Einsatz nicht unerheblicher Mittel eingeführt worden. Alle drei Vorhaben sind inzwischen abgeschlossen. Abschlussberichte über sie sind nicht veröffentlicht worden. Über die Entstehung von »Problemlöseschulen« oder »Lernenden Schulen« in den drei Bundesländern ist bislang nichts berichtet worden.

Rolff (2007b, 32 f.) gesteht daher ein und muss bilanzieren:

»Bei Schulentwicklungsprozessen ist (...) immer wieder zu beobachten, dass Entwicklungsvorhaben beschlossen, aber nicht realisiert, dass Projekte geplant, aber nicht ausgeführt und Schulprogramme erarbeitet, aber nicht mit Leben erfüllt werden. Nicht selten folgt auf eine Phase intensiver Arbeit eine Phase lähmenden Nichtstuns. Häufig tritt in einem Schulentwicklungsprozess gerade dann eine lang anhaltende Pause ein, wenn die Realisierung eines neuen Schwerpunktes oder Projektes gerade ansteht. Vergleichbares gilt auch für den Umstand, dass Unterrichtsentwicklung häufig stecken bleibt, bevor sie zur Sache der ganzen Fachschaft wird oder fächerübergreifend wirkt. Auch ist häufig zu beobachten, dass Modellversuche abgebrochen oder nach Fristablauf nicht weitergeführt werden. Bei allen Beispielen handelt es sich um eine Implementations-Lücke, die in fast allen Schulen beobachtet werden kann, aber bisher unerklärt ist. Unklar ist z. B., ob sie konstitutiver Bestandteil jedes Schulentwicklungsprozesses ist, und wenn ja, warum. Wenn dies nicht zutrifft, stellt sich die Frage, ob es Abhilfe gibt, d. h. ob interne Prozesse so gesteuert werden können, dass sich die Implementation von Neuerungen unmittelbar anschließt. Unter den Beratern der Schulentwicklung herrscht Ratlosigkeit, und einschlägige empirische Forschungsergebnisse liegen nicht vor.«

Im Klartext: Bei Schulentwicklungsvorhaben kommt also mehr oder weniger gar nichts heraus. Und zwar deshalb, weil sie gar nicht erst umgesetzt werden. Rolff hat für dieses Desaster die interessant klingende Bezeichnung »Implementations-Lücke« gefunden. Philipp & Rolff (2004, 27) sprechen von einem »Realisierungsloch«. Offensichtlich ist es so, dass Lehrkräfte den Sinn und den Nutzen von Schulentwicklungsmaßnahmen vor Ort einschätzen können und dann gewissermaßen mit den Füßen darüber abgestimmt haben.

Eine ganz andere Situation liegt in zwei großen Modellvorhaben vor, die in Niedersachsen und in Nordrheinwestfalen ebenfalls unter der wissenschaftlichen Begleitung des Dortmunder Instituts für Schulentwicklungsforschung durchgeführt worden sind. In ihnen wurden von den beteiligten Lehrkräften und Schulleitungen alle für die SE-Idee erforderlichen Maßnahmen ausgeführt. Dies ermöglicht, die Auswirkungen von Schulentwicklung zu überprüfen.

Unter der Bezeichnung »Niedersächsische Qualitätsnetzwerke« startete 2002 in Niedersachsen ein Schulentwicklungsprojekt, das in seiner Konzeption und Ausstattung bis dahin einmalig war. Die Systemberatung lag in den Händen von Hans-Günter Rolff. An dem Projekt nahmen 64 ausgewählte Schulen teil. Aus jedem der vier ehemaligen Regierungsbezirke waren 16 Schulen beteiligt, die sich wiederum zu zwei Teilnetzwerken mit je acht Schulen zusammengeschlossen hatten. Die Projektdauer war auf mindestens drei Jahre angelegt. Alle teilnehmenden Schulen hatten verbindlich

- eine Steuergruppe einzurichten,
- ein Schulprogramm zu erstellen, in dem die Unterrichtsgestaltung ein besonderes Gewicht haben sollte,
- Maßnahmen zur Selbstevaluation durchzuführen,
- Bestandsaufnahmen zu erstellen, in denen die Unterrichtssituation zu thematisieren war.

Alle Schulen haben diese Auflagen erfüllt, es gab also weder eine »Implementations-Lücke« noch ein »Realisierungsloch«. Außerdem wurden für alle acht Teilnetzwerke regionale Steuergruppen eingerichtet und drei so genannte Meilenstein-Tagungen als Großveranstaltungen durchgeführt. Die beteiligten Kollegien konnten bei der Umsetzung ihrer Vorhaben auf ein breit gefächertes Unterstützungsangebot zurückgreifen: Beratungsagenturen der ehemaligen Bezirksregierungen, Schulentwicklungsberater, Prozessberater, das Niedersächsische Landesinstitut, private Fortbildungsanbieter sowie wissenschaftliche Institute standen ihnen mit Rat und Tat zur Verfügung. So konnten aus jeder Steuergruppe jeweils drei Mitglieder an einem umfangreichen Schulungsprogramm teilnehmen. Lehrkräfte erhielten durch Unterrichtstrainer ebenfalls spezielle Fortbildungen. Desgleichen standen den Kollegien für die Selbstevaluation Berater zur Verfügung.

Das Projekt »Niedersächsische Qualitätsnetzwerke« gab für die 64 beteiligten Schulen folgende acht Zielsetzungen vor (Rolff 2007e, 230):

1. Nachweisbare Konzepte zur Unterrichtsgestaltung
2. Vereinbarte pädagogische Ziele (Leitbild, Schulprofil, Gesamtkonzept der Schule) und ihre Umsetzung im schulischen Alltag durch schulische Entwicklungsplanung
3. Geeignete Verfahren zur Überprüfung selbstgesteckter Ziele (Selbst-Evaluation)
4. Individuelle sowie team- und fachbereichsbezogene Fortbildungspläne
5. Selbständige Prozess- und Organisationsentwicklung durch Steuergruppen und Schulleitungen
6. Verbindliche Vereinbarungen mit Netzwerkschulen
7. Institutionalisierte Dialogstrukturen im Netzwerk
8. Institutionalisierte Hilfestellung zur Professionalisierung

Rolff (2007e, 231 f.) berichtet, das es den Projektbeteiligten gelungen sei, »nahezu alle gesteckten Ziele zu erreichen und sogar darüber hinaus noch weitere Entwicklungsvorhaben zu realisieren« und schätzt die Konkretisierung der niedersächsischen Qualitätsnetzwerke insgesamt als *hervorragend* ein. Im Abschlussbericht werden die vielen Maßnahmen dokumentiert.

Doch soll Schulentwicklung nicht als Selbstzweck durchgeführt werden, sondern man möchte mit ihr Lernfortschritte von Schülern und andere Effekte erreichen. Dazu berichtet Rolff (2007e, 235): »Dies ist den Netzwerken gelungen. So konnte die Schüler-PEB 2004 (Pädagogische Entwicklungsbilanz, J. S.) im Bereich der Arbeitstechniken bei Schülern Zuwächse feststellen.«

Das Hauptziel dieses Modellprojekts lag in der Verbesserung der Unterrichts- und Erziehungsarbeit. »Zuwächse im Bereich der Arbeitstechniken« sind unter dieser Vorgabe eine äußerst magere und sehr unpräzise Bilanz. Es ist kaum anzunehmen, dass bei einem so aufwändigen Vorhaben die Verbesserung der Unterrichts- und Erziehungsarbeit *nur* an der Beherrschung von Arbeitstechniken, nicht aber auch an anderen Kennwerten (z. B. Sprachen, Mathematik) überprüft wurde. Darüber wird aber nichts berichtet. Wie rechtfertigen nicht näher gekennzeichnete *Lernzuwächse im Bereich der Arbeitstechniken*, dass an 64 Schulen über drei Jahre unzählige Schulungen, Fortbildungen und Arbeitssitzungen durchgeführt worden sind, in denen nicht nur die Lehrkräfte, sondern auch interne und externe Berater sowie Schulaufsichtsbeamte zusätzlich zu ihren regulären Aufgaben mitgearbeitet haben? Wie lassen sich glaubhaft nicht näher gekennzeichnete Lernzuwächse auf zahlreiche SE-Maßnahmen zurückführen, wenn doch alle beteiligten Lehrer Fortbildungen und Beratung zur Unterrichtsgestaltung erhalten haben? Solange nicht präzise beschriebene und überprüfbare Resultate sowie die Strukturen der Wirkprozesse dieses Modell-Projektes mitgeteilt werden, darf der Schluss gelten: Offensichtlich haben sich trotz der erheblichen Investitionen und des zusätzlichen Arbeitswandels keine nennenswerte Auswirkungen in den erwünschten Zielgrößen eingestellt. Denn es wurde auch nichts von der amtlich bestätigten Mutation der beteiligten Schulen zu »Problemlöseschulen« oder »Lernenden Schulen« berichtet.

In Nordrheinwestfalen startete im vergleichbaren Zeitraum ein ebenfalls sehr umfangreiches Schulentwicklungs-Modellvorhaben, das eine ebenso ehrgeizige Zielsetzung verfolgte: Es sollte untersucht werden, wie sich eine größere Selbstständigkeit und Eigenverantwortung der Schulen auf deren Qualitätsentwicklung, insbesondere bei der unterrichtlichen Arbeit, auswirken würde. Insgesamt waren 278 Schulen beteiligt. In einem Schulentwicklungsgesetz wurden hierfür die erforderlichen rechtlichen Rahmenbedingungen gesichert.

Wie bei den Niedersächsischen Qualitätsnetzwerken wurden auch den an diesem Modellprojekt beteiligten Personen umfangreiche Qualifizierungsmaßnahmen angeboten. »Die Fortbildungen sind neben dem Kernbereich der Unterrichtsentwicklung auch im Bereich der schulischen Steuergruppen, der Schulleitung, der Lehrkräfte und der Evaluationsberater durchgeführt worden. Dabei wird dieses umfangreiche Fortbildungsangebot als Beitrag zur Lehrerprofessionalisierung gesehen mit dem Ziel, die Kompetenzen der einzelnen Lehrkräfte zu stärken und zu erweitern sowie neue Handlungsspielräume zu erschließen« (Feldhoff & Gebauer 2008, 92). Auch in diesem Projekt hatten die Schulen Steuergruppen und Teamstrukturen einzurichten sowie Evaluationsmaßnahmen durchzuführen.

Bei der Darstellung des Fazits des fünfjährigen Modellprojekts berichtet Rolff (2008, 331 f.) über mehrere Veränderungen in den Schulen. Diese haben sich jedoch so gut wie gar nicht auf die Lernleistungen der Schülerinnen und Schüler ausgewirkt:

> »Die Unterrichtsqualität und die Variabilität der Lehr-Lern-Arrangements weisen zwar ein beachtliches Niveau auf, zeigen allerdings im Zeitverlauf kaum Verbesserungen.

Bei den Fachleistungen der Grundschülerinnen und -schüler sind im Querschnitt keine signifikanten Verbesserungen zu erkennen. Für Sekundarschulen sind im Querschnittsvergleich bei den 9. Klassen geringe Zuwächse zu erkennen, deren Signifikanz jedoch nicht gesichert ist.«

Dieses ausgesprochen magere Ergebnis bestätigen 1486 befragte Lehrkräfte. Auf die Frage, ob sich durch die Teilnahme am Modellvorhaben die Lernleistungen ihrer Schülerinnen und Schüler verbessert hätten, antworteten 16% mit ja, 10% mit nein, während 74% die Meinung vertraten, es hätte sich nichts verändert. Relativ zu den erheblichen Mitteln, die als Fortbildungen und in anderen Formen in dieses Projekt investiert worden sind, fällt das Resultat in Bezug auf das immer wieder propagierte Ziel von Schulentwicklung »Lernfortschritte bei Schülerinnen und Schülern« sehr enttäuschend aus.

Resümee: An ihren Früchten mag man die Leistung der Schulentwicklungsidee erkennen. In Nordrheinwestfalen, Bremen und Schleswig-Holstein starteten unter der wissenschaftlichen Begleitung von Rolff an zahlreichen Schulen ambitionierte Schulentwicklungsvorhaben. Sie endeten in einer Implementationslücke und in einem Realisierungsloch. In zwei umfangreichen Modellvorhaben, die von den Landesbehörden sehr großzügig unterstützt und mit Ressourcen ausgestattet und vom Dortmunder Institut für Schulentwicklungsforschung begleitet wurden, sind Schulentwicklungsvorhaben in hervorragender Weise umgesetzt worden. Dennoch konnten dadurch keine bedeutsamen Effekte auf die Lernleistungen der Schülerinnen und Schüler nachgewiesen werden: *Insgesamt eindeutige und aussagekräftige empirische Befunde zur pädagogischen Wirkungslosigkeit von Schulentwicklung.*

4.4 Welche theoretischen Vorstellungen fundieren Schulentwicklung?

»Immer dann, wenn jemand irgendwo in der Welt durch Handeln ein Ziel zu erreichen versucht, ist eine Theorie erforderlich.«
Eugene J. Meehan (1992, 129)

In diesem Kapitel geht es um die theoretischen Grundlagen der SE-Idee. Die bisherigen Prüfergebnisse der voran gegangenen Kapitel machen wenig Hoffnung auf einen positiven Befund: Sind überhaupt Aussagen zu finden, die die Erfordernisse für eine Theoriebildung (▶ **Kap. 3.11**) erfüllen? Denn Dalin & Rolff (1990, 36, 43) behaupten, Schulentwicklung sei theoretisch untermauert. Auch Bohl, Helsper, Holtappels & Schelle (2010, 11) sehen bei ihr theoretische Bezüge. Sibylle Rahm (2005) spricht sogar von einem Theorienverbund. Angenommen, es lassen sich in der SE-Literatur plausible Modelle und Theorien zur Schulentwicklung finden, dann könnten sich daraus auch Erklärungen für das Scheitern und somit auch Lösungsperspektiven gewinnen lassen.

Theorien und Modelle werden von Menschen entworfen, überprüft und verändert, die dafür geradestehen müssen. Deshalb kann ihre Würdigung nicht unabhängig von Personen geschehen. Daher ist die Frage nach der Brauchbarkeit von Modellen und Theorien zur SE-Idee personenbezogen zu stellen.

4.4.1 Was können die verwendeten Modelle leisten?

> »Um zu verstehen, wie Schulen als Organisation mit dem Veränderungsprozess fertig
> werden, ist es wichtig, ein angemessenes Modell der Schule als soziale Organisation zu
> entwickeln.«
>
> *Dalin & Rolff (1990, 24)*

Modelle können zu Funktionen herangezogen werden, die denen von Theorien gleichen. Deshalb geht es zunächst um die Frage, ob die in der SE-Literatur verwendeten zeichnerischen Darstellungen Lehrkräften, Schulleitungen und Steuergruppen sowie SE-Moderatoren helfen können, SE-Vorstellungen besser zu verstehen und in konkrete Maßnahmen umzusetzen. Erweisen sich die Modelle als brauchbar und nützlich? Eine erste Antwort auf diese Frage gab es im ▶ Kap. 4.2.5 bei der ▶ Abb. 5. Für die weitere Prüfung werden hier beispielhaft noch andere Modelle aus der SE-Literatur vorgestellt.

1. Beispiel: Die Schule als soziale Organisation (nach Dalin & Rolff 1990, 25)
Durch Schulentwicklung wird die Veränderung von Schulen intendiert. Um die hierbei erforderlichen Veränderungsprozesse besser verstehen zu können (vgl. obiges Motto), stellen Dalin & Rolff (1990, 25) das nachfolgende Modell vor, das beansprucht, die Schule als soziale Organisation verständlich zu machen.
Außerhalb eines Kreises findet man die Bezeichnungen »Umfeld« und »Umgebung«. Innerhalb dieses Kreises werden die vier Größen »Ziele/Werte«, »Beziehungen«, »Strukturen« und »Strategien/Methoden« aufgeführt. In dieser Folge sind sie alle durch Doppelpfeile miteinander verbunden. Zwischen Beziehungen und Strukturen einerseits und Zielen/Werten und Strategien/Methoden andererseits gibt es keine Doppelpfeile, sondern einfache Geraden, die einander kreuzen. Außerdem weisen von allen vier Größen Pfeile über den Kreisrand, die allerdings durch eine zweite Pfeilspitze auf die Größen zurückweisen. Keiner der Pfeile ist bezeichnet. Man kann daher nicht wissen, was sie bedeuten sollen. Es wird nicht deutlich, weshalb es vier Pfeile mit zwei Spitzen und andererseits vier Doppelpfeile gibt. Reihenfolgen, Vor- oder Nachordnungen werden nicht erkennbar. Die Bezeichnungen Umfeld und Umgebung sind ausgesprochen unspezifisch. Da aus der Darstellung nicht erkennbar wird, um wessen Ziele/Werte, Strukturen, Strategien/Methoden oder Beziehungen es gehen soll, gibt es viele Möglichkeiten, in sie etwas hinein- oder aus ihnen herauslesen.
Schüler und Lehrkräfte sind in diesem Modell nicht aufgeführt. Die Abstraktion der Darstellung ist so groß, dass man ohne den Hinweis in der Überschrift nicht erkennen kann, dass schulische Verhältnisse beschrieben werden sollen. Sie ist völlig inhaltsleer und könnte überall eingesetzt werden. Da in dieser Darstellung weder ein Anfang noch ein Ende zu erkennen ist und Al-

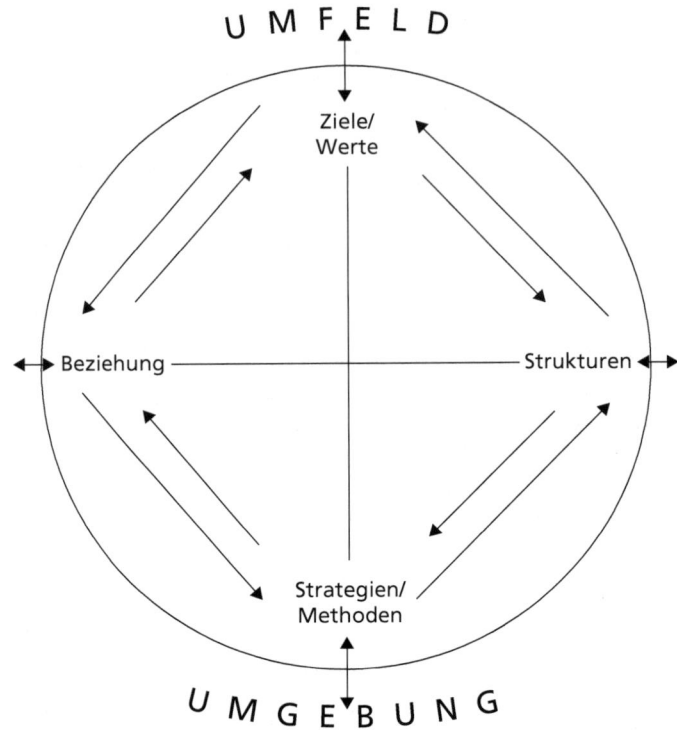

Abb. 7: Die Schule als soziale Organisation (nach Dalin & Rolff 1990, 25)

les mit Allem auf eine nicht näher gekennzeichnete Weise zusammenzuhängen scheint, stellen sich bei einem Betrachter viele Fragen statt Klärung und Verstehen ein. Schulleiter und Lehrkräfte können aus ihr keinen Nutzen für ihre tägliche Arbeit ziehen.

2. Beispiel: »Das Besondere der Schulentwicklungstheorie innerhalb einer Theorie der Schule« (nach Rahm 2005, 148)
Die Darstellung zeigt ein gleichschenkliges Dreieck, dessen Spitze nach oben zeigt. Innerhalb des Dreiecks befinden sich zwei rechteckige Felder, die über- bzw. untereinander liegen und durch drei breite Pfeile mit Doppelspitzen verbunden sind. Die Leserinnen und Leser mögen sich bei der Betrachtung dieser Abbildung fragen, was mit ihr dargestellt sein könnte. Anschließend mögen sie ihre Annahmen mit der *Darstellungsabsicht* von Rahm (2005, 147f.) vergleichen. Auf diese Weise können sie sich selbst ein Bild von der Aussagekraft der Darstellung machen, so dass sich ein Kommentar zur Nützlichkeit dieser Abbildung erübrigen kann.

»In Abbildung (...) wird deutlich, dass die Theorie der Schulentwicklung auf der Gesamtschau der Schule innerhalb einer Theorie der Schule basiert. Die Theorie der Schulentwicklung als Theorienverbund berührt sämtliche in der Theorie der Schule verhan-

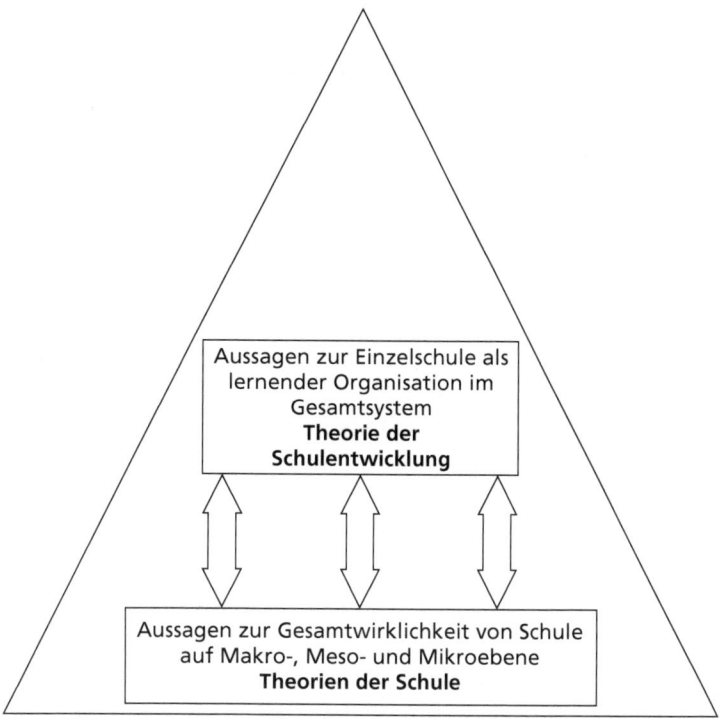

Abb. 8: Verhältnis von Theorie der Schulentwicklung zu Theorie der Schule (nach Rahm 2005, 148)

delten Aspekte. Sie wirkt damit auf die Theorie der Schule zurück und entwickelt diese weiter. Die Theorie der Schulentwicklung trifft Aussagen sowohl zu pädagogischen, didaktischen, soziologischen, psychologischen, medizinischen, ökonomischen als auch zu juristischen, politischen, historischen und organisationstheoretischen Gesichtspunkten, indem sie Ziele und Verfahren systematischer Reform der Schule bespricht. Dabei berühren Theorieangebote sowohl die Makro- als auch die Meso- und Mikroebene des Bildungsbereiches. Die vorgelegten Theorien zur Schulentwicklung im Sinne einer fundierten Steuerung der Schulen als sozialen Systemen stehen sämtlich unter der Prämisse einer Verbesserung des Bildungsangebotes sowie einer Professionalisierung der Lehrkräfte. Damit ist die Theorie der Schulentwicklung als komplexer Theorienverbund zur Schulreform ein Unternehmen, in dem Optionen gerichteter Freiheiten der sozialen Systeme diskutiert werden. Sätze zur Schulentwicklung sind wissenschaftlich begründet und müssen empirisch überprüft werden. Als Aussagen innerhalb der Theorie der Schule tragen sie normativen Charakter und stellen Steuerungswissen bereit. Die Theorie der Schulentwicklung bündelt schultheoretisches Wissen in erziehungswissenschaftlichen Sätzen zur Schulreform« (Rahm 2005, 147 f.).

3. Beispiel: **Drei-Wege-Modell der Schulentwicklung (nach Rolff 2007b, 30)**
Diese grafische Darstellung hat für die SE-Idee eine herausragende Bedeutung und wird in anderen SE-Beiträgen meist original, manchmal mit geringfügigen Abweichungen übernommen (Kempfert & Rolff 2005, 39; Rolff 2006a,

135

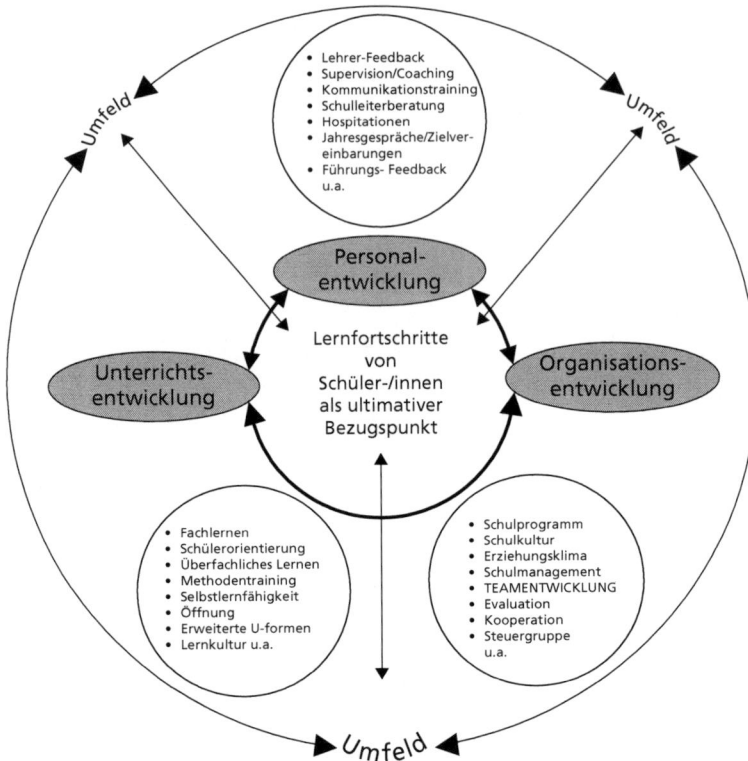

Abb. 9: Drei-Wege-Modell der Schulentwicklung (nach Rolff 2007b, 30)

314; Rolff 2010b, 34). Ein Internetaufruf zeigt die weite Verbreitung dieses Modells in den Landesinstituten und vielen Schulen.

Wir sehen die drei Handlungsfelder *Organisationsentwicklung (OE), Unterrichtsentwicklung (UE) und Personalentwicklung (PE)* als Unterkategorien von Schulentwicklung (SE). Sie werden durch gebogene Pfeile mit jeweils zwei Spitzen so miteinander verbunden, dass sich ein Kreis ergibt und dass sie miteinander in gegenseitiger Verbindung stehen. Jedem Handlungsfeld wird durch Spiegelstrichaufzählungen eine Reihe von Maßnahmen oder Sachverhalten zugeordnet. Die Spiegelstrichfolgen befinden sich in kreisförmigen Feldern und lassen weder die Beziehungsverhältnisse dieser Unterkategorien untereinander noch die Beziehungsverhältnisse zu den Handlungsfeldern erkennen. Die gesamte Darstellung wird von einem weiteren Kreis umschlossen, der als *Umfeld* gekennzeichnet ist. Von ihm führen drei Pfeile in die Mitte der Darstellung. Dort wird als ultimativer Bezugspunkt von Schulentwicklung der *Lernfortschritt von Schülerinnen und Schülern* angegeben.

Wenn man diese Darstellung auf mögliche Aussagen und/oder Folgerungen prüft, lässt sie viele Fragen offen. Das liegt zunächst daran, dass die Bedeutung der Pfeile, d. h. der Beziehungsverhältnisse zwischen den Handlungsfeldern, nicht festgelegt wird. Nach dem so genannten Drei-Wege-Modell sind nicht nur die Beziehungen zwischen OE, UE und PE zeitlich und logisch völlig *gleichwertig*, es bleibt auch völlig offen, in welchem Handlungsfeld der Einstieg in ein Vorhaben erfolgen sollte, wie oft ein Wechsel zwischen den Handlungsfeldern vorzusehen ist und wo schließlich ein Ende gefunden werden könnte oder sollte. *Tatsächlich sollten aber bei der Planung schulischer Veränderungen immer die Ziele bzw. der schulische Auftrag zum Ausgangspunkt aller Überlegungen gemacht werden.* Auftrag bzw. Zielsetzung haben ihrerseits eine unmittelbare Bedeutung für UE. Damit sind Überlegungen zur UE *logisch* den beiden anderen Handlungsfeldern vorzuordnen. Denn die Vorstellungen über einen ertragreichen Unterricht müssen/sollten Konsequenzen sowohl für die Qualifizierung von Lehrern (also PE) als auch für die Organisationsstrukturen der Schule (also OE) haben. Andererseits: Bei der konkreten Durchführung von Vorhaben sind jedoch OE und insbesondere PE dem UE *zeitlich* vorzuordnen. Diese unterschiedlichen Beziehungen zwischen den drei Handlungsfeldern spielen in dem Modell keine Rolle. Das Modell gibt keine Festlegungen vor. Eine weitere Schwachstelle liegt darin, dass für die Konkretisierung der Handlungsfelder ebenfalls beliebige Konstellationen zugelassen werden.

Der entscheidende Makel des Modells ergibt sich aber daraus, dass es überhaupt keine Verbindung der drei Handlungsfelder OE, UE und/oder PE zum ultimativen Bezugspunkt *Lernfortschritte* gibt. Dieser soll nach dieser Darstellung offensichtlich durch das Umfeld beeinflusst werden. Da das Umfeld seinerseits nicht näher beschrieben wird, kann man darunter wirklich alles fassen. Mit anderen Worten: Nach dieser Darstellung sind unbekannte Größen verantwortlich für den Lernfortschritt von Schülerinnen und Schülern, während OE, UE und/oder PE damit nichts zu tun haben, sich aber gegenseitig auf ungeklärte Weise aufeinander beziehen. *Deutlicher kann in einem Modell die Bedeutungslosigkeit von Schulentwicklung für die Schüler nicht dargestellt werden.* Die zeichnerische Darstellung entspricht in ihrer Brauchbarkeit den sprachlichen Darstellungen (▶ **Kap. 4.3.1**). Schulleiter, ein Kollegium oder Steuergruppen können mit diesem Modell nicht Gewinn bringend arbeiten.

4. Beispiel: **System des Pädagogischen Qualitätsmanagements nach Rolff (2007j, 238)**
Die Darstellung soll nach Rolff (2007j, 237) ein umfassendes Modell des pädagogischen Qualitäts-Managements für Schulen darstellen. Hierzu führt er folgende Erläuterungen aus: »Das Modell besteht aus vier Steuerkreisen, die im Schaubild aus Platzgründen Ellipsenform angenommen haben, aus zentralen Komponenten, wie den Treibern von Qualität, die als rechteckige Kästchen dargestellt sind, aus zwei Entwicklungsachsen, die durch dunkle und dicke Pfeile dargestellt sind, sowie aus etlichen Ein- und Rückwirkungen dieser Komponenten aufeinander, die durch Richtungspfeile symbolisiert werden« (Rolff 2007j, 237f.). Da Kästen etwas anderes bedeuten als Kreise (Ellipsen), da unterschiedliche Schwärzungen und unterschiedliche Pfeilstärken in der Darstellung zu erkennen sind, scheint das Modell einen höheren Anspruch

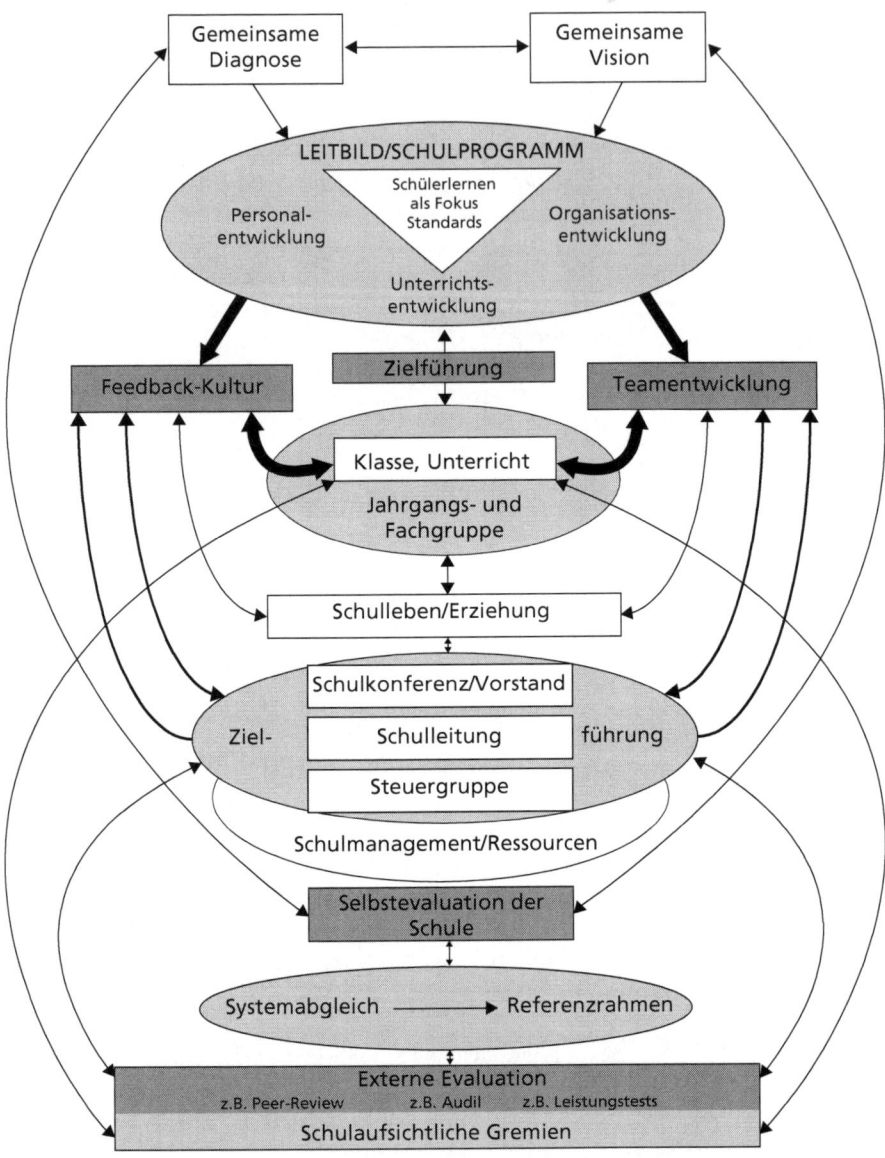

Abb. 10: System des Pädagogischen Qualitätsmanagements (PQM) nach Rolff (2007j, 238)

zu haben. Von den 26 Pfeilen sind zwei mit »Unterstützung« signiert worden. Alle anderen sind nicht signiert, bleiben somit in ihrer Bedeutung unklar. Neun der 26 Pfeile weisen nur in eine Richtung. Alle übrigen haben zwei Spitzen, weisen also in zwei Richtungen. *Zielführung* taucht einmal als dunkelgraues Kästchen, weiter unten noch einmal als hellgrauer Kreis (Ellipse) auf, ohne dass deutlicht wird, ob es sich um Unterschiedliches handeln soll. Von den beiden unteren Kästchen *Externe Evaluation* und *Schulaufsichtliche Gremien* verlaufen je *zwei* Pfeile zu *Zielführung* und *Jahrgangs- und Fachgruppe*, wobei nicht deutlicht wird, ob die beiden Pfeile eine unterschiedliche Bedeutung haben oder nur der Darstellungssymmetrie wegen, also aus ästhetischen Gründen, in das Modell aufgenommen worden sind. Im oberen Kreis wird nicht erkennbar, in welchem (Wirk-)Zusammenhang »Leitbild/Schulprogramm«, »Personalentwicklung«, »Unterrichtsentwicklung« und »Organisationsentwicklung« auf »Schülerlernen als Fokus/Standards« stehen. Bei den nicht signierten Pfeilen bleibt offen, in welcher Relation die Elemente stehen. Wer in diesem Modell als Akteur agiert, ist nicht zu erkennen. Getrennt von einander werden in jeweils einzelnen Kästchen Schulkonferenz/Schulvorstand, Schulleitung und Steuergruppe aufgeführt. Es führen von ihnen jedoch keine Pfeile zu anderen Größen. Alle drei potenziellen Akteursgruppen stehen gemeinsam in dem Kreis (Ellipse) *Zielführung*, so dass sie nur indirekte Beziehungen zu anderen Größen (Teamentwicklung, Feedbackkultur, Externe Evaluation und Schulleben/Erziehung haben können. Damit egalisieren sich die Aktivitäten/Einflüsse dieser drei Gruppen. Auf diese Weise in *Zielführung* eingebettet, kann man erkennen, dass jeweils zwei Pfeile von diesen Größen zu *Teamentwicklung* sowie *Feedback-Kultur* verlaufen. Beide Pfeile sind nicht signiert, so dass sich die Qualität des Zusammenhanges (Bewirken? Steuern? Ermöglichen? Zeitliches Vor- und Nacheinander?) nicht erkennen lässt. Wieso braucht es dann zwei Pfeile? Und wieso liegt bei dem einen eine Wechselwirkung vor, bei dem anderen nicht? Es ist in diesem Modell kein Anfang und kein Ende zu erkennen. Wenn also Schulleiter oder Lehrkräfte sich aus diesem Modell Hinweise für ihr Handeln ableiten wollen, dann wird es für sie ausgesprochen schwierig, einen Einstieg zu finden und eine Abfolge von Handlungen oder Aufgaben erkennen zu können. Für Lehrerinnen und Lehrer gilt dies in besonderem Maße, weil sie als Akteure – zumindest in der Funktion als Unterrichtende – gar nicht auftauchen. Möglicherweise soll die Variable »Schülerlernen« (gemeinsam mit »Standards« in einem Dreieck) auch in diesem Modell als der »ultimative Bezugspunkt« gelten. Doch sind weder Lehrer oder andere Größen erkennbar, die auf das Schülerlernen direkt – erkennbar an einem Pfeil – Einfluss nehmen könnten. Indirekt – gewissermaßen als Rahmenbedingung – scheinen nach diesem Modell »Leitbild/Schulprogramm«, »Personalentwicklung«, »Unterrichtsentwicklung« und *Organisationsentwicklung* eine Bedeutung für *Schülerlernen* zu haben. Diese Variablen scheinen ihrerseits wiederum von *Gemeinsame Diagnose, Gemeinsame Vision* und *Zielführung* abhängig zu sein. Die Variable *Klasse, Unterricht* hat in diesem Modell ebenfalls keinen direkten Bezug zu *Schülerlernen*, sondern nur indirekt über *Zielführung*. Da sowohl von *Schülerlernen* als auch von *Klasse Unterricht* Pfeile wieder fortführen, scheinen sie als Zielvariablen nicht in Frage zu kommen. Dieses Modell verbindet auf unklare Weise viele ebenfalls unklare Größen miteinander. Es lässt keine zeitlichen Abfolgen erkennen und erweist sich letztlich als unübersichtliches Wirrwarr.

Resümee: Solche Modelle ermöglichen weder gedankliche Prüfungen und Argumentationen noch lassen sie Handlungsempfehlungen zu. Wenn sie überhaupt Aussagen und Schlussfolgerungen erlauben, dann zu der theoretischen und wissenschaftlichen Anspruchslosigkeit ihrer Autoren.

4.4.2 Welche Theorien werden für Schulentwicklung vorgeschlagen?

Höher & Rolff (1996, 187) schreiben: »Neuere Theorien der Schulentwicklung sehen die Organisation Schule nicht als ein starres, auf die reine Innensicht ihrer Mitglieder gerichtetes bürokratisches System, das im Wesentlichen Wissen vermittelt, sondern als offene, dynamische, zur Veränderung und selbst zum Lernen fähige, systemisch orientierte lernfähige Organisation (Dalin & Rolff 1990)« und legen damit die Vorstellung nahe, dass es zur Schulentwicklung mehrere Theorien gäbe, von denen einige älteren, einige neueren Datums seien. In den nachfolgenden Abschnitten werden diese Angaben bei einigen Autoren auf ihre Haltbarkeit hin überprüft.

Zu den Theorievorstellungen von H.-G. Rolff

Von Hans-Günter Rolff gingen in der Bundesrepublik die nachhaltigsten Impulse für die SE-Debatte aus. Das zeigt sich an der großen Zahl seiner Publikationen zur Thematik *Schulentwicklung*. Das zeigt sich jedoch vor allem darin, dass sich alle anderen SE-Autoren sowie die schulpolitisch interessierte Öffentlichkeit auf ihn beziehen. Als langjähriger Leiter des Dortmunder Institutes für Schulentwicklungsforschung, als Initiator des IFS-OE-Netzwerkes und in vielen weiteren Funktionen hat er in der Bundesrepublik und in den deutschsprachigen Nachbarländern die SE-Debatte maßgeblich bestimmt. In seinen Publikationen und öffentlichen Vorträgen hat Rolff immer wieder anklingen lassen oder auch explizit behauptet, dass *Schulentwicklung* theoretisch fundiert sei.

- »Das ISP basiert auf einer umfassenden Veränderungstheorie« (Dalin & Rolff 1990, 33).
- »Das ISP gründet auf einer Anzahl von Werten und Theorien« (Dalin & Rolff 1990, 36).
- »Dieses Buch richtet sich an Praktiker. Das bedeutet jedoch nicht, dass dabei die Theorie ausgespart bleibt. Es meint vielmehr, dass die Theorie praxisorientiert ist. Tatsächlich gründet das ISP auf Theorien, und es ist gleichermaßen empirisch belegt« (Dalin & Rolff 1990, 43).
- »Schulentwicklung ist eine Trias von personaler Entwicklung, Unterrichtsentwicklung und Organisationsentwicklung. Wenn wir im Folgenden diesen Zusammenhang erläutern, dann stützen wir uns auf Theorie, empirische Erkenntnis und Erfahrung« (Rolff 2000a, 14).

- »Das SchuB-Ausbildungskonzept (...) verbindet Theorieangebote, Praxisphasen und Supervision« (Rolff et al. 2000, 50).
- »Das Theoriemodell der lernenden Organisation hat wesentlich dazu beigetragen, eine theoriebasierte Konzeption zur internen Schulentwicklung und Selbststeuerung von Organisationen zu entfalten« (Holtappels & Rolff 2010, 76).

In den Ausführungen von Rolff, die er entweder allein oder als Koautor zu verantworten hat, ist allerdings die Darstellung einer Schulentwicklungstheorie nicht zu entdecken. Für das Fehlen einer explizierten Schulentwicklungstheorie spricht auch die Tatsache, dass Rolff gegen die Bedeutungsaufblähung des SE-Begriffs nie unter einem Theoriebezug argumentativ vorgegangen ist. Er beklagte nur die inflationäre Begriffsverwendung, konnte ihr aber nicht durch theoretische Erörterungen und stichhaltige Argumente Einhalt gebieten. Rolff ist auch den Einwänden seiner damaligen Kritiker Bastian und Klippert nicht mit theoretischen Begründungen entgegengetreten, sondern hat die Kontroverse mit ihnen dadurch beendet, dass er vorgab, ihre Positionen in dem von ihm proklamierten Drei-Wege-Modell aufgehoben zu haben. Nicht ein theoriefundierter Diskurs, sondern eine umarmende Vereinnahmung hatte zu diesem »Modell« geführt, das sich aufgrund seines a-theoretischen Zustandekommens folgerichtig als »Luftnummer« erweisen musste.

Im späteren Verlauf der SE-Debatte berichtet Rolff in sympathischer Offenheit, dass er anlässlich eines Gespräches über Forschungsfragen im Bundesbildungsministerium Skeptikern gegenüber eingestehen musste, dass *Schulentwicklung gar keine Theorie habe* (Rolff 2007, 9). Erst durch dieses Erlebnis scheint ihm das Theoriedefizit der SE-Idee klar geworden zu sein:

> »Die Frage nach der Theorieorientierung von Schulentwicklung und Schulentwicklungsforschung hat mich seitdem nicht losgelassen. Denn sie ist ja berechtigt: Wir brauchen Theorie, um unsere Praxis reflektieren zu können, auf systematische und empirische Weise. (...) Wir brauchen Theorie auch, um in Forschung und Praxis effektiver zu werden, den richtigen Kurs zu finden, statt jeden modischen Schlenker mitzumachen. Wir brauchen Theorie, um dem Holzweg technokratischer Geschäftigkeit zu entgehen. Dabei muss eine Theorie der Schulentwicklung besondere Ansprüche erfüllen« (Rolff 2007, 9).

Sein Eingeständnis eines Theoriedefizits hat Rolff (2007) veranlasst, frühere Beiträge als »Studien zu einer Theorie der Schulentwicklung« auszuwählen und in einem Sammelband erneut zu veröffentlichen. Allerdings kann er das Versprechen des Klappentextes, damit »eine ebenso nachdenkliche wie anwendungsbezogene Theorie der Schulentwicklung« vorgelegt zu haben, nicht einlösen. Nur durch eine Wiederholung früherer Darstellungen können die Mindestansprüche an Theorien nicht herbeigeschrieben werden, was er im Vorwort des Buches auch eingesteht. Somit bleibt in der Summe: Die früheren Hinweise zur Theoriefundierung der SE-Idee basierten entweder auf Rolffs Nonchalance gegenüber Theorieansprüchen oder auf seinen nicht eingelösten Hoffnungen. Daher ist anzuerkennen, dass er später das tatsächliche Theoriedefizit der Schulentwicklungsidee und die Unvollkommenheit seiner Kompensationsversuche unumwunden eingestanden hat.

141

Resümee: Der Spiritus Rector der Schulentwicklungsdebatte muss im Gegensatz zu seinen eigenen Behauptungen zugeben, dass dieser eine theoretische Grundlage fehlt.

Zu den Theorievorstellungen von G. Eikenbusch

Das »Praxishandbuch Schulentwicklung« von Gerhard Eikenbusch erschien 1998. Schon im Eingangskapitel wird der Leser mit der Frage »Welche Schulentwicklung darf's denn sein?« so in die Thematik eingeführt, dass ihm schnell die Bedeutungsvielfalt von *Schulentwicklung* deutlich wird (»Alles, aber auch alles ist Schulentwicklung.«). In dieser Unklarheit nimmt Eikenbusch (1998, 14) folgenden Standpunkt ein: »So nutzlos und unproduktiv es auf der einen Seite wäre, sich ausschließlich an Theorien, Definitionen, Konzepten, Anforderungen und Maßstäben (...) für Schulentwicklung zu orientieren (falls es sie gibt), so gefährlich und unprofessionell wäre es auf der anderen Seite, darauf völlig zu verzichten und den jeweils eigenen Fall als unvergleichbar und theorieunabhängig anzusehen.« In dieser Spannung sieht Eikenbusch (1998, 14) für Schulkollegien folgende Lösung: »Was Schulentwicklung in der einzelnen Schule sein kann und was sie sein soll, das müssen die Beteiligten herausfinden und verantworten.« Für diesen von ihm vorgeschlagenen Such- und Findeprozess möchte Eikenbusch Lehrerinnen und Lehrern diverse Hilfen anbieten, indem er sie ermuntert, zu vorgegebenen Begriffen Mindmaps zu erstellen, ihnen Sortieraufgaben anbietet, ausgiebige Handlungsmöglichkeiten aufführt oder sie anregt, in zahlreichen Tabellen Stichworte anzukreuzen bzw. zu skalieren. Hierbei dient ihm als Ordnungsschema für die vielen Begriffe, Stichworte und Denkanregungen meistens das Alphabet, also ein a-theoretischer Bezugspunkt.

Resümee: Die Suche nach einer Theorie der Schulentwicklung führt auch bei Eikenbusch zu einer Fehlanzeige. Da Eikenbusch um die Bedeutung von Theorien für die Gestaltung schulischer Praxis weiß, ermuntert er seine Leser durch seine zahlreichen Handlungsvorschläge wider besseres Wissen zu emsiger Betriebsamkeit.

Zu den Theorievorstellungen von I. Esslinger-Hinz

Irene Esslinger-Hinz (2006, 19) konstatiert, dass Klagen über das Theoriedefizit und andere Krisen innerhalb der SE-Debatte im Gegenzug noch nicht zu einer theoretischen Durchdringung des Feldes Schulentwicklung geführt hätten. So fühlt sie sich durch das theoretische Vakuum aufgefordert, einen Theorieentwurf zum schulentwicklungstheoretischen Diskurs beizutragen. Für dieses Vorgehen führt sie eine Reihe von Überlegungen an, die zunächst plausibel erscheinen. Durch Vergleiche, Abwägungen und Begründungen stellt sie Gesichtspunkte für das Entstehen einer brauchbaren Theorie zusammen. Allerdings beachtet sie dabei nicht, dass sie in diesen Erwägungen unbeabsichtigt »Kuckuckseier« bebrütet. Sie übernimmt ungeprüft die gängigen Begriffe und Thesen aus der SE-Debatte und importiert damit Vorstellungen aus einem Diskussionszusammenhang, dem sie zuvor einen defizitären und krisenhaften Zustand bescheinigt hat. Das gilt insbesondere für den Gebrauch des Schulentwicklungsbegriffs selbst, der ja eigentlich erst im Zusammenhang mit einer kohärenten und möglichst auch bewährten Theorie eine fruchtbare Bedeutung bekommen könnte. Obwohl Esslinger-Hinz um die Unschärfe und die Aufblähung des Schulentwicklungsbegriffs weiß, benutzt sie ihn für ihre Begründungen und Ableitungen so, als ob er klar und eindeutig wäre. Mit anderen Worten: Sie setzt für ihre Überlegungen theoretische Gegebenheiten und eine stimmige konzeptionelle Fassung von *Schulentwicklung* voraus, zu der sie mit ihrer Arbeit eigentlich erst einen Beitrag leisten will.

Eine weitere Schwachstelle im Vorgehen von Esslinger-Hinz liegt darin, dass sie die von ihr angestrebte Schulentwicklungstheorie in Analogie zu einer didaktischen Theorie konstruieren möchte, ohne vorher zu prüfen, ob eine Gegenüberstellung bzw. ein Vergleich der jeweiligen Gegenstandsverständnisse eine derartige Analogie rechtfertigen würde. Der Hinweis, dass es in beiden Handlungsfeldern um Lernen gehe, erscheint als Argument zu mager. Letztlich aber erweisen sich die Ausführungen von Esslinger-Hinz als ein Vorschlag zu all dem, was bei einer Theoriekonstruktion bedacht werden müsste. Es handelt sich also um erste, ernsthafte Überlegungen und Thesen sowie um die Aufzählung von Desideraten. Esslinger-Hinz hebt sich dadurch mit ihren Ausführungen wohltuend von den anderen SE-Autoren ab. Diese Mischung kann jedoch nicht den Status einer eigenständigen, durchkonstruierten und stimmig-abgeschlossenen Theorie für sich beanspruchen. Esslinger-Hinz hatte sich aber vorgenommen, einen »Beitrag zum schulentwicklungtheoretischen Diskurs« zu leisten.

Resümee: Innerhalb der SE-Debatte heben sich Darlegungen von Esslinger-Hinz durch Sorgfalt und argumentatives Vorgehen erkennbar positiv ab. Allerdings kann durch ihren Diskussionsbeitrag das theoretische Vakuum der SE-Debatte nicht aufgefüllt werden.

Zu den Theorievorstellungen von S. Rahm

> »Der Zweck des Geschriebenen besteht nicht darin, Wirkung auf den Leser zu hinterlassen, sondern ein Argument zu entwickeln, das von einem kompetenten Leser akzeptiert wird.«
>
> *Meehan (1992, 303 f.)*

Sibylle Rahm (2005) beansprucht, eine komplexe Theorie der Schulentwicklung vorzulegen. Sie nimmt an, dass ihr dies gelungen sei, weil sie alle theoretischen Überlegungen und Erkenntnisse, die ihr im Zusammenhang mit Schulentwicklung als bedeutsam erschienen, erfasst, gesichtet und zu einem komplexen Verbund zusammengefügt habe.

Da Schulentwicklung in Rahms Augen eine sehr anspruchsvolle und umfangreiche Aufgabe darstelle, müsse ihres Erachtens eine Theorie der Schulentwicklung auch zu sehr vielen Fragen Stellung beziehen können. Deshalb erwähnt Rahm in ihrem Vorhaben nicht nur sehr viele, sondern auch sehr unterschiedliche Handlungsfelder, Paradigmen, Konzepte, Sichtweisen, Begriffe, Thesen, um sie insgesamt als so genannte *Theorieangebote* in »einen komplexen Theorieverbund zur Schulreform« (Rahm 2005, 11) einfügen zu können.

Offensichtlich helfen Rahm mehrere Strategien, an ihrem eigenen Anspruch und Vorgehen nicht irre zu werden. Zum einen geht sie in ihrem Streben nie auf konkrete Einzelheiten ein, sondern stellt ihre vorgegebene Sichtung und Systematisierung auf einem sehr hohen Abstraktionsniveau an. Durch *Substantivierungen* von Vorgängen und Abläufen, an denen viele Personen beteiligt sind, sowie durch *Passivbildungen* verschwinden Akteure und deren handlungsleitende Konzepte aus dem Blick. So kann sie sprachlich den Anschein erwecken, dass ein Geschehen gelingen könnte, das auf der Ebene des konkreten Handelns zu zahlreichen Fragen und Problemen, wenn nicht in die Unlösbarkeit führen würde. Zum anderen scheint Rahm die Frage nicht zu interessieren, wie sich Theorien zusammenfügen lassen. Zumindest geht sie ihr aus dem Weg. Es reicht ihr völlig, gedankliche Gebilde wie Stichworte oder wie Pakete nebeneinander zu stellen, um daraus einen *Verbund* entstehen zu lassen.

Weiterhin umgeht Rahm die Konfrontation mit den Schwierigkeiten, Ungereimtheiten und Widersprüchen ihres Vorhabens dadurch, dass sie äußerst großzügig mit der *Zuschreibung von Komplexität* umgeht. Es gibt in ihrer Weltsicht kaum einen Sachverhalt, kaum einen Gegenstand, kaum einen Zusammenhang, der ihr *nicht als komplex* erscheint. Die von ihr konstatierte Komplexität erläutert und begründet sie jedoch nicht. Vielmehr scheint sie daraus eine Berechtigung abzuleiten, sich nicht weiter mit Einzelheiten oder gar Fragen beschäftigen zu müssen: »Die Frage nach der ›richtigen‹ Perspektive scheint angesichts der Komplexität des Gegenstandes obsolet« (Rahm 2005, 14). Denn in ihrer Sicht hängt die Komplexität den jeweiligen Größen wie eine Eigenschaft an und hat nichts mit ihren eigenen – unklaren und unstimmigen – Annahmen und Sichtweisen zu tun. *Komplexität* ist für Rahm nicht das Ergebnis einer persönlich-subjektiven Beurteilung, sondern scheint ihr den jeweiligen Dingen immanent zu sein. Auf diese Weise erspart sie sich Skrupel, Klärungen, Begründungs- und Nachweissorgfalt sowie Belege des Bemühens:

»Komplexe und anspruchsvolle Antwort« (S. 8); »Komplexer Theorienverbund zur Schulreform« (S. 11, 12); »Komplexität des Schulentwicklungsdiskurses« (S. 12); »Komplexer Aussagenverbund« (S. 12); »Komplexität des Gegenstandes« (S. 14); »Hohe Komplexität des Schulentwicklungsdiskurses« (S. 19); »Komplexe Theorie der Schule« (S. 22); »Schule (…) als komplexes, sich permanent wandelndes System« (S. 34); »Komplexer Lernprozess« (S. 37); »Schulen (…) als komplexe Gebilde« (S. 38); »Komplexe Schulentwicklung« (S. 39); »Komplexe Lehr-Lern-Arrangements« (S. 41); »Komplexe Situationen« (S. 43); »Komplexe, offene Umwelten« (S. 46); »Komplexe Programmatik der Schulentwicklung« (S. 53); »Komplexität systemischer Veränderungen« (S. 53); »Komplexe Professionalisierungsmaßnahmen« (S. 83); »Komplexe Verhaltensdispositionen« (S. 85); »Komplexe Ausbildungsstruktur« (S. 90); »Schulentwicklung als komplexe Aufgabe« (S. 92); »Teamentwicklung (…) als komplexer Prozess« (S. 93); »Komplexe akademische Angebote« (S. 96); »Komplexe Ansprüche« (S. 96); »Unterricht als komplexes Geschehen« (S. 97); »Komplexe schulische Handlungsfelder« (S. 107); »Komplexe Verhaltensdispositionen« (S. 113); »Komplexe Ansprüchlichkeit« (S. 113); »Komplexe Systeme« (S. 116); »Komplexe Interaktionen« (S. 117); »Verfolgt die Schule komplexe Anliegen« (S. 117); »Komplexe Einheiten« (S. 117); »Komplexe Systeme« (S. 118); »Die Komplexität eines Steuerungsvorhabens« (S. 120); »Zugewinn von Komplexität durch Systemdenken« (S. 122); »Komplexe Antworten auf Herausforderungen« (S. 128); »Komplexe Wirklichkeiten« (S. 128); »Komplexitätsmanagement« (S. 129); »Komplexe Zusammenhänge« (S. 132); »Komplexe Konstruktionsleistung« (S. 137); »Komplexe Systeme« (S. 137): »Komplexe Organisationen« (S. 141); »Komplexität der Schulentwicklungstheorie« (S. 142); »Komplexe Fragen« (S. 145); »Komplex ist das Theorieangebot zur Theorie der Schule« (S. 145); »Komplexe Schultheorien« (S. 147); »Theorie der Schulentwicklung als komplexer Theorienverbund« (S. 147); »Komplexer Theorienverbund« (S. 148); »Komplexes Theoriengefüge« (S. 149); »Komplexe Organisationsentwicklungsprozesse« (S. 149);»Komplexe Gebilde« (S. 150); »Komplexe, medial bestimmte Welten« (S. 158); »Komplexe Bildungsziele« (S. 160); »Komplexe (historische) Bildungskonzepte« (S. 161); »Komplexe Bildungsansprüche« (S. 171); »Komplexe Entwicklungen« (S. 172); »Komplexe Theorie-Praxisverhältnisse« (S. 173); »Bildung als komplexes Geschehen« (S. 174).

Bei dem Aufgreifen und Nutzen der vielfältigen »Theorieangebote« (Rahm 2005, 12) geht es Rahm nicht um die Frage nach deren Verträglichkeit oder Unverträglichkeit. Kohärenz und Stimmigkeit sind für sie keine entscheidenden Kriterien. Auch die Klärung von Annahmen und Begriffsbedeutungen ist ihr nicht wichtig. Rahm scheint es allein um *Vollständigkeit durch Aneinanderreihung* zu gehen. Sie versucht *alle* in der SE-Debatte erwähnten Gesichtspunkte für ihren Theorieverbund einzusammeln. Hierbei beherrscht Rahm den »Schulentwicklungs-Jargon« (Meyer 2001, 143) vollkommen. Sie entnimmt aus unterschiedlichen Quellen, insbesondere jedoch aus den Texten von Rolff und Schratz, gängige Formulierungen und unbefragte Begriffe, um sie dann zu einer Bedeutsamkeits-Collage zusammenzufügen. Dabei versucht Rahm in vielen Sätzen zwei Gedanken gleichzeitig darzustellen. Und zwar dadurch, dass sie zum Satzsubjekt entweder durch einen Relativsatz oder durch eine andere Anfügung einen Inhalt parallel erläutert. Dies führt zu einem wahrhaft *sibyllinischen* Sprachstil, in dem lockere Assoziationen manchmal wie wichtige Einsichten klingen können.

- »Der Wandel pädagogischer Institutionen, gebündelt in den Vorstellung von der ›Reformwerkstatt Schule‹, die sich aus eigenem Antrieb kontinuierlich weiterentwickelt, ist im öffentlichen Bewusstsein fest verankert« (Rahm 2005, 7)
- »Lehrerbildungskonzepte greifen Überlegungen zur selbstverantworteten Qualitätsentwicklung an Schulen auf und formulieren neue Lehrerleitbilder, in denen Umrisse neu gedachter Professionalität von Lehrkräften aufscheinen« (Rahm 2005, 7).
- »Schulen, verstanden als Motoren der Entwicklung, können demnach eigene Kulturen entwickeln und über die Herausbildung einer eigenen Identität in Bildungslandschaften die Qualität ihres Angebots verbessern« (Rahm 2005, 8).
- »Die Autonome Schule mit Entscheidungskompetenzen ist in dieser Diktion ein Entwicklungsmodell mit Schlüsselqualifikationen. Sie besitzt eine Vergangenheit und eine Zukunft, kann sich neu orientieren, ihre Bedürfnisse erkennen und befriedigen« (Rahm, 2005, 8).
- »Schulen als lernende Systeme gehen vom Einzelfall aus, sie erschließen Zielorientierungen diskursiv, übertragen der Schulleitung Managementaufgaben, bedienen sich des Instrumentariums der Organisationsentwicklung, setzen sich Qualitätsprüfverfahren und internationalen Standards aus, und sie evaluieren ihre Entwicklungsprozesse« (Rahm 2005, 9).

- In der Kombination des Entwicklungsbegriffs mit Schule als einer sozialen Organisation, die zielgerichtetes Lehren und Lernen beabsichtigt mit dem Vorsatz, junge Menschen in gesellschaftlich-kulturelle Kontexte einzuführen (Ipfling 2002), werden Erwartungshaltungen aufgebaut« (Rahm 2005, 25).
- »Mit der Betonung von Interdependenzen wird Schule sichtbar als komplexes, sich permanent wandelndes System, in dem Veränderungsprozesse alle Elemente der Organisation berühren« (Rahm 2005, 34).
- »Schulen müssen demnach als komplexe Gebilde, die nicht nach Input-Output-Mechanismen funktionieren, sondern die sich in differenzierten Gefügen jeweils neu modellieren, betrachtet werden« (Rahm 2005, 38).
- »Schule, die nicht nur zur Lösung von Routineaufgaben anleitet, sondern die Interesse weckt und Problemlösekapazitäten aktiviert, setzt Umdenken im didaktischen Feld voraus« (Rahm 2005, 41).
- »Sowohl Merkmale guten Unterrichts als auch Bildungsziele der Schule sind empirisch fundiert zu bestimmen und bringen Bildungsinstitutionen in das Dilemma, Raum und Zeit für individuelle Lernerfahrungen zu geben und gleichzeitig auf hohem Niveau Unterrichtsangebote zu offerieren und diese über Evaluation zu verbessern« (Rahm 2005, 43).
- »Die Schule der Zukunft, wie sie in der Denkschrift der Bildungskommission NRW entworfen wird, setzt in diesem Zusammenhang auf das Selbstmanagement der Lernenden« (Rahm 2005, 43).
- »Die Entwicklung und Gestaltung der Schule als historisch verankerter Reformauftrag involviert die Frage danach, was Schülerinnen und Schüler in Bildungsinstitutionen lernen sollen« (Rahm 2005, 44).
- »Der Überfluss medialer Informationen und die Durchmischung inhaltlicher Bereiche erschweren Orientierungen über die Ziele des Lernens und bergen die Gefahr einer Beliebigkeit dessen, was in Schulen erworben werden könnte« (Rahm 2005, 44).
- »Schulentwicklung, in der die Institution das tut, was von den lernenden Subjekten verlangt wird, nämlich nach Orientierung in sich wandelnden Verhältnissen zu suchen, vollzieht die Veränderung auf ein Gewünschtes hin« (Rahm 2005, 45).

Diese Sätze klingen merkwürdig, weil in ihnen kaum zusammenhängende Gedankenverläufe zu erkennen sind. Ableitungen oder argumentative Linien sind nicht zu finden. Die Sätze werden von Rahm assoziativ aneinander gereiht und bleiben in ihrer Gedankenführung weitgehend unverbunden. Daraus ergibt sich eine Art *word droping*, in dem der Leser kaum Begründungen und Schlussfolgerungen ausmachen kann. Dieser Sprachstil hat auch eine immunisierende Wirkung, weil die ›hingetropften‹ Sätze eine Stimmigkeits-Überprüfung der gedanklichen Vorstellungen außerordentlich erschweren.

Gegen Ende ihres Buches »Einführung in die Theorie der Schulentwicklung« glaubt Rahm, den Lesern das Resultat ihrer Bemühungen präsentieren zu können. Rahm (2005, 147 ff.) resümiert ihre Ausführungen folgendermaßen:

> »An dieser Stelle ist das Besondere der Schulentwicklungstheorie innerhalb einer Theorie der Schule zu unterstreichen. In ihrer Begrifflichkeit und der Vielfältigkeit ihres theo-

retischen Anspruches hebt Schulentwicklungstheorie ab auf die Erforschung und Entwicklung pädagogischer Praxis mit dem Ziel, die Qualität des Bildungsangebotes und die Professionalisierung der Lehrkräfte voranzutreiben. (...) Die Theorie der Schulentwicklung als Theorieverbund berührt sämtliche in der Theorie der Schule verhandelten Aspekte. Sie wirkt damit auf die Theorie der Schule zurück und entwickelt diese weiter. (...) Dabei berühren Theorieangebote sowohl die Makro- als auch die Meso- und Mikroebene des Bildungsbereiches. Die vorgelegten Theorien zur Schulentwicklung im Sinne einer fundierten Steuerung der Schulen als sozialen Systemen stehen sämtlich unter der Prämisse einer Verbesserung des Bildungsangebotes sowie einer Professionalisierung der Lehrkräfte. Damit ist die Theorie der Schulentwicklung als komplexer Theorienverbund zur Schulreform ein Unternehmen, in dem Optionen gerichteter Freiheiten der sozialen Systeme diskutiert werden. (...) In der Schulentwicklungstheorie wird der historische Schulreformgedanke im internationalen Kontext vorangetrieben und erziehungswissenschaftlich fundiert. Richtungsweisend sind Ergebnisse der Schul- und Unterrichtsforschung genauso wie Resultate der Internationalen empirischen Bildungsforschung und der Schulqualitätsforschung. (...) In Abb. 2 (...) wird deutlich, dass neben die Schul-, Bildungs- und Professionstheorie die betriebliche Organisationstheorie mit Aussagen zu komplexen Organisationsentwicklungsprozessen getreten ist. Damit setzt sich die mikropolitische Perspektive auf Schulreform durch. Schulentwicklungstheorie basiert darüber hinaus auf den erkenntnistheoretischen Perspektiven der Systemtheorie, der Systembiologie sowie des Konstruktivismus. Diese bereichern die theoretische Besprechung von sozialen Systemen als soziale Gebilde. Für die Theoriebildung entscheidend sind die Ergebnisse der Schul- und Unterrichtsforschung ebenso wie normierende Outputs der internationalen empirischen Bildungs- und Qualitätsforschung. Damit ist Schulentwicklungstheorie als Theorieverbund gerichtet. Durch die erziehungswissenschaftliche Fundierung der Schulreform kann über die historisch entwickelte Reformrhetorik hinausgegangen werden: Schulentwicklungstheorie macht Aussagen zum Bedingungsgefüge einer Reform. (...) Durch die breite theoretische Fundierung ist die Schulentwicklungstheorie ein Beitrag zur Minderung des beklagten Theoriedefizits in der Pädagogik. Als Theorienverbund reflektiert sie gesellschaftlichen Wandel ebenso wie kontinuierlichen Zuwachs an empirischen Erkenntnissen; insofern befindet sie sich in einem permanenten Theoriegenerierungsprozess. Auf die Grundlage empirischer Daten wird damit Wissen um Genese, Funktion und Steuerung des Schulwesens hin zu Guter Schule erweitert. Die Schulentwicklungstheorie spielt dabei mit den Möglichkeiten einer Variation der Bildungsidee. Gemeinsamer Nenner aller Aussagen zu System, Methode, Zielen, Maßnahmen und Steuerungsmöglichkeiten ist der Bildungsgedanke als normativer Entwurf. Schulentwicklungstheorie ist über Schulberatung und Lehrerbildung in diesem Sinne herunterzubrechen auf die Ebene der Praxis. Diese zu verbessern bleibt Ziel aller theoretischer Konstrukte innerhalb des Erziehungssektors.«

Diese Ausführungen sind nichts anderes als eine Ansammlung von abgehobenen Pseudobedeutsamkeiten. Dabei ist Rahm fest davon überzeugt: »Die Theorie der Schulentwicklung trägt zur Behebung des erziehungswissenschaftlichen Theoriedefizits bei und verbessert das empirische Wissen um schulische Entwicklungsverläufe, Professionalisierungsmaßnahmen und Bildungsergebnisse, bewahrt jedoch ihre historisch tradierte Normativität« (Rahm 2005, 153). Ihre Ausführungen könnten aber auch – abgesehen von ihrer Nutzlosigkeit – unerquickliche Folgen haben. Angehörige der Schulpraxis können sich verhöhnt fühlen und Lehramtsstudenten und Lehramtsanwärter müssen bei einem derartigen Theorieverständnis das Vertrauen in die Seriosität von Hochschullehrern sowie in die praktische Bedeutsamkeit von Theorien verlieren. Wenn sie keine Chance erhalten, sich mit den in ▶ Kap. 3 aufgeführten Kriterien zu befassen, dann ist zu befürchten, dass sie zu der Überzeugung gelangen, Theorien seien wie sprachliche

147

Flickenteppiche zu verstehen, mit deren Hilfe man zu Allem und Jedem »Aussagen machen« – also beliebig räsonieren – könne.

Resümee: Die Ausführungen von Sibylle Rahm erweisen sich als »Wortaufwirbelei« (Bätz, 2007). Gleich Potemkinschen Dörfern gaukeln sie die Existenz einer Theorie nur vor. Weder genügen sie (meta-)theoretischen Kriterien noch ermöglichen sie einen Erkenntnisgewinn – nicht einmal Hypothesen.

4.4.3 Eine Zwischenbilanz

Die beispielhaft aufgeführten Modelle aus der SE-Literatur erweisen sich als untauglich für theoretische Leistungen. Sie tragen in keiner Weise zur Klärung von Zusammenhängen bei. Sie taugen nicht für Evaluationen. Sie können keine Perspektiven für eine produktive Praxisgestaltung bieten.

Die Schulentwicklungs-Idee kann sich auf kein theoretisches Fundament beziehen. Die SE-Autoren stellen die angeblich existierenden Theorien zur Schulentwicklung an keiner Stelle explizit dar. Aussagen wie »Bereits bekannte Theorieansätze (...) wurden weiterentwickelt«, »Neue Theorieschübe«, »Verschiedene Theorieansätze der Schulentwicklung« (Bohl et al. 2010, 11 ff.) rücken ihre Autoren in ein fragwürdiges Licht. Entweder kennen sie sich mit den (Mindest-)Ansprüchen an Theorien nicht aus (▶ Kap. 3.11) oder sie nehmen es mit der Wahrhaftigkeit nicht so genau. Denn gibt es diese Ansätze und Theorieschübe nicht. Es fehlen offengelegte Annahmen und prüfbare Hypothesen. Es existiert kein expliziertes Gegenstandsverständnis. Man sucht vergeblich nach widerspruchsfreien Ableitungen und Schlüssen. Auch die Bedeutung von Rand- und Rahmenbedingungen wird nicht dargestellt. Argumentative oder gar kontroverse Auseinandersetzungen unter den SE-Autoren kommen nicht vor.

Auf alle Fragen nach der theoretischen Fundierung der SE-Idee, die am Ende des ▶ Kap. 3.11 gestellt wurden, ergibt die Antwort nur ein klägliches »Nein«. Auch bei den übrigen Prüfkriterien des ▶ Kap. 3 ergibt sich durchgehend eine negative Bilanz. Der Schulentwicklungs-Idee fehlen damit alle notwendigen Voraussetzungen für eine praktische Fruchtbarkeit sowie für eine verantwortungsvolle und erfolgreiche Lehr- und Lernbarkeit.

4.5 Die Schulentwicklungsdebatte unter ethischen Erwägungen

Das Gegenteil von gut ist gut gemeint.

Pädagogische Handlungen und Maßnahmen sollten generell ethischen Kriterien genügen können. Dieser Anspruch gilt somit auch für die Schulentwicklungsidee, zumal SE-Autoren ihrerseits ihre Forderungen nach Schul- und Qualitätsentwicklung mit einem hohen moralischen Anspruch versehen. Sie sehen sich

n Fortschritt und Qualität. Sie argwöhnen bei Bedenken und
chulentwicklungs- und Qualitätsentwicklungsidee einen »Wi-
ihre bessere und richtige Sichtweise (Schley 1998a, 33; 2001,
04; Strittmatter 1998, 223; Schlömerkemper 1998, 656; Rolff,
ank & Müller 2000, 173, 201; Kempfert & Rolff 2002, 154;
; Reh 2010, 292 ff.; Döbler-Eschbach 2011, 207). Mit der Ver-
derstandsbegriffs setzen sie Zweifler und Zögerer ins moralische
Unrecht und brauchen ihre eigene Position nicht zu rechtfertigen, weil der Wider-
standsbegriff diese unbefragt als die einzig richtige unterstellt.

Tatsächlich jedoch kann die SE-Idee weder eine stimmige theoretische Fundierung noch einen praktischen, empirisch belegten Nutzen vorweisen. Das bringt
ihr auch unter ethischen Gesichtspunkten *generell* eine negative Bilanz. Man
kann fairer- und redlicherweise von anderen Menschen nicht etwas verlangen,
das ihnen weder Sinn noch Nutzen verspricht.

Darüber hinaus zeigen Einzelbeispiele, dass einige SE-Autoren Risiken in Kauf
nehmen und in ihren Ausführungen ihrer Sorgfaltspflicht nicht gebührend nach-
kommen. Denn man muss in Rechnung stellen, dass Lehrkräfte für Schulentwicklungsmaßnahmen Mehrarbeit leisten und die investierte Zeit und Energie
bei ihren Unterrichtsvorbereitungen und der Schülerbetreuung abziehen müssen.

Trotz der hohen Belastungen von Lehrkräften und Schulleitungen vertreten
Philipp & Rolff (2004, 24) die Ansicht: »In den folgenden Jahren müssen sich
die Schulen erst einmal auf den Weg machen, und man wird in sieben oder zehn
Jahren sehen, wohin die Wege geführt haben – und kann sie dann immer noch
begradigen.« Eine solche Sichtweise ist weder ethisch noch wissenschaftlich ak-
zeptabel. Man kann bei Menschen und Entwicklungen nicht auf eine Reset-Taste
drücken und noch einmal bei Null beginnen – so als ob nichts geschehen wäre.
Wenn es um das *Wohlergehen anderer Menschen* geht, verbieten sich derart un-
bekümmert-leichtfertige Einstellungen. Im Übrigen ereignen sich in sieben oder
zehn Jahren so viele Dinge, dass sich die Einflüsse auf ein Geschehen nicht mehr
kontrollieren lassen. Damit erklären Philipp & Rolff Schulentwicklungsmaßnahmen zu einem Versuch-und-Irrtum-Vorgehen im Blindverfahren.

Jeder Lehrer weiß, dass Schüler eingeforderte Leistungen nicht erbringen können, wenn sie unpräzise Arbeitsaufträge und wolkige Zielangaben erhalten. Daher
ist es ethisch problematisch, wenn SE-Autoren von Schulleitungen und Kollegien
erwarten, in ihren Schulen eine »neue Lernkultur«, eine »Problemlöseschule«,
eine »permanente Selbsterneuerungsfähigkeit« oder eine »innerschulische Sys-
temarchitektur« zu erstellen, ohne die hierfür erforderlichen Schritte und Randbedingungen präzise zu benennen.

Unter ethischen Maßstäben ist es ebenfalls höchst fragwürdig, von Schulleitern
und Lehrkräften ein Qualitätsmanagement nach den Vorstellungen von Schratz,
Iby & Radnitzky (2000,10) zu verlangen: »Systematisch betriebene Qualitätsentwicklung führt zu einer zyklischen Bewegung, die, so sie erfolgreich ist, in
Form einer Spirale aufwärts führt. Reflexion und Diskussion, Planungsarbeit,
Umsetzungsaktivitäten und Bewertungsphasen wechseln sich ständig ab, sind oft
schwer gegeneinander abzugrenzen. Auch gibt es viele Einstiegsmöglichkeiten in
diesen Zyklus der Qualitätsentwicklung – jede Schule wird den ihren finden müs-

sen.« Was soll daran »systematisch« sein? Eine derartige Idee vom »Kreislauf der Schulentwicklung« (Kempfert & Rolff 2002, 170) mündet in trial-and-error-Aktivität und unterstellt, dass Menschen ihre Leistungen unablässig steigern könnten. Mit solch inhumanen Annahmen verstoßen die SE-Autoren auch gegen das Selbstanwendungsprinzip. Sie raten Schulleitern und Lehrkräften Vorgehensweisen an, *die sie selbst nicht praktizieren.* Andernfalls hätten sie ihre eigenen Einrichtungen dank *ihrer permanenten Selbsterneu*erung *und ständigen Qualitätsverbess*erung längst *zu lernenden Insti*tuten *und Problemlöseuniversit*äten gemacht.

Um zu verdeutlichen, was die Realisierung des Selbstanwendungsprinzips für einen Leiter des Instituts für Schulentwicklungsforschung bedeuten könnte, habe ich in den Ausführungen von Heinz Günter Holtappels (2007, 17 ff.) zur Erstellung einer lernenden *Schule* nur das Wort ›Schule‹ durch ›Institut‹ ersetzt. Demnach wäre ein »Lernendes Institut« folgendermaßen zu erstellen:

> »Bedürfnisse der Institutsmitglieder sind zu berücksichtigen und Überzeugung für Innovation wird erforderlich, neben grundlegender Innovationsbereitschaft und Akzeptanz für das Institutskonzept und die innovativen Vorhaben. Leitbildentwicklung und orientierende Ziele in dem Institut werden als Voraussetzungen für den Wandel benötigt. Von außen können Standards und Leitlinien der Systemebene förderliche Rahmung und Orientierung geben. Die Arbeitsorganisation erfordert effektives und innovationsorientiertes Institutsleitungshandeln und Innovationssteuerung. Hier liegt das Betätigungsfeld der institutsinternen Steuergruppe, die weitere Bereiche der Innovations-Infrastruktur initiieren, koordinieren, steuern und unterstützen soll: institutsweite Aktivierung und Partizipation der Institutsmitglieder sowie Entfaltung institutionalisierter Teambildungen im Kollegium einerseits und externe Beratung und Unterstützung sowie Impulse durch Netzwerke und externe Evaluation andererseits. Die Infrastruktur der Arbeitsorganisation – und damit Institutsleitung und Steuergruppe – soll dafür garantieren, dass Vision und Motivation gestärkt und Innovationsstrategien angewendet werden, womit Prozesssteuerung ins Spiel kommt. Systematische Verfahren der Institutsentwicklung sind für effiziente Innovation erforderlich. Das Verfahren der Organisationsentwicklung erweist sich im Kern als am ehesten geeignet, da es die unverzichtbaren und zentralen Elemente der Bestandsaufnahme, Zielbestimmung, Analyse und Diagnose, der Aktionsplanung und der Evaluation beinhaltet. Aus diesem Verfahren haben sich Institutskonzeptentwicklung (bezogen auf Leitbild und pädagogisches Konzept für Institutsorganisation und Lernkultur) sowie Institutsprogrammarbeit mit der Akzentuierung auf systematische Entwicklungsplanung mit Entwicklungszielen, Arbeitsplan und Fortbildungsplan sowie Evaluation (vgl. Holtappels 2004) entwickelt. Flankierend können gezielte Verfahren von Forschungsentwicklung und Personalentwicklung spezifischen Erfordernissen Rechnung tragen. (...) Erkenntnisse und Daten aus der Forschung können dabei hilfreich sein oder gar Entwicklung – als datengestützte Institutsentwicklung – initiieren. Die Skizze versucht, das Modell der Architektur einer lernenden Organisation auf der Basis theoretischer Reflexionen und empirischer Erkenntnisse auf die drei Ebenen und deren einzelne Komponenten für Ansätze erfolgreicher Innovation auf Institute zu übertragen, wobei Akzentverschiebungen und Erweiterungen unvermeidlich sind.«

Es ist wenig wahrscheinlich, dass Holtappels seinen eigenen klugen Ausführungen Folge leistet. Die Konfrontation der SE-Autoren mit dem Selbstanwendungsprinzip halte ich für berechtigt, weil die Angehörigen des Institutes für Schulentwicklungsforschung in Dortmund bestens mit den Kenntnissen und methodischen Fertigkeiten vertraut sind, die es für eine Schulentwicklung braucht. Sie sitzen diesbezüglich nicht nur an der Quelle, *sie sind die Quelle*. Dadurch ergäbe sich für sie eine hervorragende Ausgangslage, um all jene – angeblich – nützlichen Dinge, die Schulen zu lernenden Schulen mit funktionierendem Change- und Qualitätsmanagement machen sollen, glaubwürdig im Selbstversuch anzuwenden und sowohl in einer Selbstevaluation als auch durch eine Fremdevaluation überprüfen zu lassen. Sie hätten auch auf ihre Skeptiker und kritischen Freunde hören können. Bislang habe ich von derartigen Bemühungen noch nichts gehört.

Fairerweise ist zu berichten, dass es unter dem Aspekt des Selbstanwendungsprinzips innerhalb der Schulentwicklungsgeschichte eine löbliche Ausnahme gab. Und zwar haben sich seinerzeit in Bremen, als unter der wissenschaftlichen Begleitung von Hans-Günter Rolff Schulentwicklungsmoderatoren ausgebildet wurden und an etlichen Schulen ein Schulentwicklungsprozess initiiert wurde, sowohl die Schulbehörde als auch das Bremer Landesinstitut für Schule (LIS) in vergleichbarer Weise auf ein Entwicklungsvorhaben eingelassen. Die Führungskräfte und die Mitarbeiter beider Einrichtungen haben unter Anleitung von Hans-Günter Rolff einen Entwicklungsprozess begonnen, wie er von den Schulleitern und Lehrkräften erwartet wurde. So wurden auch in diesen Einrichtungen Steuergruppen ins Leben gerufen, die sich dafür verantwortlich fühlten, im eigenen Zuständigkeitsbereich nach besseren Arbeitsformen und Strukturen zu suchen. Meines Erachtens wurden hierdurch die Ernsthaftigkeit und Glaubwürdigkeit des Bremer Modellvorhabens erheblich gestärkt. Dass ihm kein nachhaltiger Erfolg beschieden war, sondern dass es bald versandete, lag nicht an einem Mangel an Wahrhaftigkeit der beteiligten Personen, sondern an den Schwächen der SE-Idee.

Das Selbstanwendungsprinzip wird durch die SE-Autoren auch dadurch massiv verletzt, dass sie von Schulleitungen und Lehrkräften verlangen, ihre berufliche Tätigkeit permanent zu evaluieren. Bei ihnen selbst sind jedoch keine Anzeichen zu erkennen, die eigenen Vorschläge und Konzepte auf theoretische Stimmigkeit und empirische Bewährung zu überprüfen. Im Gegenteil, sie immunisieren die SE-Idee gegen Einwände und Kontrolle. Hameyer (1995, 146) wehrt einen Evaluationsanspruch folgendermaßen ab: »Komplexere Veränderungen ganzer Systeme – zumeist als ›Reform‹ bezeichnet – sind ohnehin nur in dekadischen Einheiten zu messen.« Holtappels, Klemm & Rolff (2008, 332) beschönigen die mageren Ergebnisse ihres Modellvorhabens: »Obwohl das Fazit, das hier vorgestellt wird, Ergebnis einer fünfjährigen Begleitforschung ist, muss gesehen werden, dass es für eine endgültige Würdigung des Modellvorhabens noch zu früh ist. Die Wirkungen, gewünschte und erwartete ebenso wie unerwünschte und unerwartete, stellen sich in Schulentwicklungsprozessen vielfach erst im Verlauf längerer Entwicklungsprozesse heraus.« Ein solcher Kaschierungsversuch ist weder mit den Prinzipien einer guten wissenschaftlichen Praxis vereinbar noch ethisch vertretbar. Die Autoren arbeiten mit verschiedenen Maßstäben. Was sie von Schulleitungen und Lehrkräften erwarten, versuchen sie selbst zu umgehen.

Damit komme ich zu einem weiteren Gesichtspunkt: Der Verantwortungsethik. Diese fordert unter anderem, dass man für seine Worte und Taten einstehen und Verantwortung übernehmen muss. Daher ist es ethisch fragwürdig, wenn sich Autoren nicht zu ihren Äußerungen bekennen, sondern ihre Autorenschaft hinter Formulierungen wie »Es hat sich ergeben«, »Es hat sich durchgesetzt« oder »Es ist historisch entstanden« verbergen. In der SE-Literatur ist an vielen Stellen zu lesen, dass sich in der Schulentwicklung und/oder Bildungsforschung »Trends« oder »Tendenzen« ergeben hätten, die zur Begründung von Vorgehen herangezogen werden. Die Formulierungen klingen so, als ob sich Gedankenströmungen und/oder Sachlagen wie Naturereignisse von selbst ergäben.

Derartige Formulierungen sind insbesondere bei Rolff und Holtappels zu finden, die damit den Anschein erwecken, als hätten sie im Verlauf der SE-Debatte mit ihren Beiträgen keinerlei Rolle gespielt. Nicht sie als Autoren haben die Diskussionsverläufe (mit-)bestimmt, sondern »Trends« und »Schubkräfte«. Durch solche Anonymisierung entziehen sie sich ihrer Verantwortung als Autoren. Zugleich ersparen sie sich mit derartigen Formulierungen eigene Argumentationen und theoretische Auseinandersetzungen.

- »In der wissenschaftlichen Diskussion hat sich als theoretisches Grundmodell eine Gesamtkonzeption von Schulqualität durchgesetzt, das die System- und Steuerungsqualität (Inputqualität), die Gestaltungs- und Prozessqualität und die Ergebnisqualität berücksichtigt, wobei diese zentralen Dimensionen die schulische Qualität bilden und zumindest in einzelnen Komponenten zusammenwirken« (Holtappels & Voss 2008, 64).
- »In der Organisationstheorie und –entwicklung hat sich der Gedanke durchgesetzt, dass nicht nur die Individuen in sozialen Systemen sondern auch Organisationen lern- und entwicklungsfähig sein können.« (Holtappels 2007, 14).
- »Schulentwicklung bewegt sich (...) im Zyklus einer Trias bzw. eines Drei-Wege-Modells. Dieses Modell ist Schritt für Schritt, also historisch entstanden, wobei Schulentwicklung sich in den letzten zwei Jahrzehnten selbst entwickelt hat« (Rolff 2010b, 30).
- »Die aktuelle bildungspolitische Diskussion um die Qualitätsfrage im Schulwesen (...) hat sich in allen Industriestaaten zu einer Kernfrage entwickelt« (Holtappels & Voss 2008, 63).
- »Erst etliche Jahre später bildete sich das heute dominierende Verständnis von Schulentwicklung heraus« (Rolff 2007b, 22).
- »Die aktuellen Schulentwicklungskonzepte (...) sind aus OE- oder Management-Konzepten hervorgegangen oder aus systemischer Familientherapie weiterentwickelt worden« (Rolff 2007b, 38).
- »Die Schulreformdiskussion wird seit einiger Zeit dominiert durch Schlagworte wie erweiterte Selbstständigkeit, Stärkung der Einzelschule, Profilbildung, Öffnung oder Selbstorganisation« (Rolff 2007c, 50).
- »Es hat sich eingebürgert, QM bündig zu definieren ...« (Rolff 2011b, 9).

Wenn Paul Good (1982) »von der Verantwortung des Wissens« spricht, dann gilt diese Verantwortung auch für das Nicht-Wissen. Wer für seine Ideen weder klare Zielvorstellungen noch bewährte Methoden anbieten kann, sollte sich öffentlich zurückhalten, aber schon gar nicht anderen Personen in programmatischer Weise zu Maßnahmen auffordern. Da die SE-Autoren für die Bewährung der SE-Idee bislang keine überzeugenden Beweise liefern konnten, wird das Festhalten an ihr auch unter ethischen Gesichtspunkten immer problematischer.

Resümee: Schulentwicklungsidee und Schulentwicklungsdebatte genügen in mehrfacher Hinsicht nicht ethischen Maßstäben. Das wird von den Autoren vermutlich nicht so gewollt, wird aber von ihnen billigend hingenommen.

5 Bilanzierung und Bewertung der Prüfergebnisse

In diesem Kapitel möchte ich nun die Ergebnisse der einzelnen Prüffragen zu einer Gesamtbilanz zusammenzufassen. Außerdem werde ich auf einige Merkmale der SE-Debatte eingehen, die mir bei der Lektüre der SE-Literatur aufgefallen sind. Daraus ergibt sich die Frage, wieso die Schulentwicklungsidee entstehen und sich trotz ihrer Unfruchtbarkeit bis heute halten konnte, sogar immer noch boomt. In diesem Zusammenhang ist auch ein Blick auf die Schulentwicklungsforschung zu werfen. Danach möchte ich dieses Bilanz-Kapitel damit abschließen, dass ich auf die Auswirkungen der SE-Debatte eingehen werde.

5.1 Bilanzierung

Das Resultat der Analyse fällt eindeutig aus. Bei allen Prüffragen ergibt sich ein negatives Ergebnis. Das gilt in gleicher Weise für die im 3. Kapitel zusammengestellten Gelingensbedingungen von Vorhaben wie für die im 4. Kapitel bearbeiteten inhaltlichen Fragen. So oder so gefragt: In beiden Fällen ergibt sich eine defizitäre Bilanz. Die Defizite beginnen damit, dass ein klares und eindeutiges Verständnis von Schulentwicklung nicht existiert. Der Begriff »Schulentwicklung« erweist sich als so dehnbar, dass man mit ihm alles und nichts beschreiben kann. Zahlreiche missglückte Definitionsversuche führen zu einer Kakophonie, nicht aber zu einer präzisen Bedeutungsklärung. Die SE-Autoren beklagen selbst eine inflationäre Begriffsverwendung, können den bedauerten Sachverhalt jedoch nicht durch begründete Gegenvorschläge ins Positive wenden. Insgesamt wird die SE-Debatte durch einen unsorgfältigen Sprachgebrauch belastet. Dies erweist sich angesichts der Tatsache, dass alles Denken in der Wissenschaft wie in der Alltagspraxis sprachlich determiniert ist, als ein gewaltiges Manko. Die SE-Autoren bemerken nicht einmal, dass sie ›Schule‹ wie ein ›Teekesselchen‹ mal in dieser mal in jener Bedeutung verwenden, was zu unklaren und widersprüchlichen Aussagen führt. Sie lassen in ihren Darstellungen u. a. *Schule* wie ein handelndes, menschliches Subjekt erscheinen und erkennen in ihrer Sprachgefangenheit nicht, dass sie damit einem unrealistischen Gegenstandsverständnis aufsitzen. Ihre Rede von *ganzen Schulen* oder *Schulen als Ganzes*, von *guten Schulen, von Problemlöseschulen* sowie von *lernenden Schulen* erweist sich für theoretische Überlegungen wie für praktischen Handeln als nebulös und unbrauchbar.

Diese unbefriedigende Situation versuchen einige SE-Autoren dadurch zu lösen, dass sie Schulentwicklung als einen ganzheitlichen Lernprozess ausgeben, der in Phasen ablaufe, ohne jedoch Inhalte, Ablauf oder Ziel dieses Prozesses zu nennen. Auffällig ist ferner der vielfältige Gebrauch von Metaphern in der SE-Debatte. Zusammenhangslos ist mal von Motoren, Schubkräften und Treibsätzen oder von Kernen, Herzen und Gesichtern die Rede – ohne dass sich dadurch konstruktive Perspektiven erschließen lassen. Das gilt insbesondere für die häufig verwendete Metapher ›Entwicklung‹, die in der SE-Debatte ohne Unterschied auf unterschiedlichste Gegenstände bezogen wird. Laut Aussagen einiger SE-Autoren kann und muss sich *Entwicklung* sogar selbst *entwickeln*, womit dann die völlige Unklarheit in den Vorstellungen über Schulentwicklung garantiert ist.

Für Schulentwicklung gibt es keine eindeutigen und fest umschriebenen Zielvorstellungen. Die SE-Autoren nennen nur sehr unklare Richtwerte wie zum Beispiel das Entstehen einer Problemlöseschule, das Entstehen einer lernenden Schule, die Lernfortschritte von Schülerinnen und Schülern. Damit fehlt der entscheidende Bezugspunkt für Wahl geeigneter Methoden sowie für Ziel-Mittel-Abwägungen.

Die SE-Autoren bringen Schulleiter und Lehrkräfte in eine Doppelbindungsfalle. Sie haben keine Scheu, ihnen ganz pauschal die ›Qualitätsdefizite‹ und die ›Erneuerungsbedürftigkeit‹ ihrer Schulen wie ein Menetekel vorzuhalten. In kaum zu überbietenden Naivität setzen sie ›neu‹ mit ›besser‹ gleich. Wenn es jedoch darum geht, hierfür im Gegenzug konkrete Ziele und Maßnahmen vorzuschlagen, verweigern sie Lösungsvorschläge und reichen die Verantwortung für geeignete Reformmaßnahmen an die zuvor ermahnten und kritisierten Schulkollegien weiter.

- »Was Schulentwicklung in der einzelnen Schule sein kann und was sie sein soll, das müssen die Beteiligten herausfinden und verantworten« (Eikenbusch 1998, 14).
- »Bei der pädagogischen Schulentwicklung sind die Ziele dem pädagogischen Prozess verpflichtet und damit reflexiv. Die Reflexivität von Zielen lässt sich am ›hohen‹ Ziel ›Erziehung zur Mündigkeit‹ plausibel machen. (…) Was Mündigkeit jeweils konkret bedeutet, muss jeder selbst entscheiden und verantworten« (Rolff 2007b, 31).
- »Die Erfahrung (…) zeigt gleichzeitig, dass die konkreten Wege einer guten Unterrichtsentwicklung letztlich von jeder Schule selbst gefunden werden müssen« (Madelung & Weisker 2006, 16).
- »Eine Schule entscheidet letztlich selbst, was sie unter Qualität versteht« (Kempfert & Rolff 2002, 15).
- »Was die Ziele einer guten Schule sein sollen, kann also nicht vorgegeben werden, weder durch die Administration noch durch Schul- oder Bildungstheorie. Vorgaben führen höchstens zur Verdinglichung von Zielen oder/und zur inneren Kündigung der Kollegien, die die Zielvorgaben auf der Oberfläche bejahen, im praktischen Handeln jedoch negieren. Die realen Handlungsziele (im Rahmen der staatlichen Vorgaben) kann sich das Kollegium nur selber geben: Zunächst durch Zielklärung und dann durch Zielvereinbarung. Was

eine gute Schule ist, entscheidet die Schule letztlich selbst« (Dalin & Rolff 1990, 119f.).

- »›Qualitätsziele‹ stammen von den Akteuren vor Ort. Einzig sie können wissen, wohin ihre Entwicklung geht und gehen soll« (Oelkers 2008, 14).

Ein gleichsinniges Muster ist bei ihrem Plädoyer für Qualitätsentwicklung zu erkennen. Zunächst wird deren Notwendigkeit betont. Dann wird erläutert, weshalb es kein allgemein verbindliches Qualitätsverständnis geben könne. Und schließlich wird die Qualitätsbestimmung und die Auswahl geeigneter Verfahren wiederum den Schulleitungen und Lehrkräften überlassen. Hierbei wird ihnen noch mitgeteilt, dass es sich bei Schul- und Qualitätsentwicklung um nie endende Prozesse handle. Eine systematische Evaluation wird dadurch erschwert, wenn nicht unmöglich gemacht. Mit dieser Behauptung können sich die SE-Autoren auch einer Rechenschaftslegung entziehen und entstehende Fragen und Probleme im Sinne einer Bringschuld an die Schulleitungen und Lehrkräfte weiterleiten.

Der in der SE-Debatte immer wieder zitierte Systemzusammenhang von Organisations-, Personal- und Unterrichtsentwicklung erweist als Leerformel. Von Regeln, logischen Beziehungen oder einer Systematik ist nichts zu erkennen. Im Gegenteil: Anything goes. Der immer wieder vorgetragenen Behauptung, Schulentwicklung sei ein systematisches Vorgehen, fehlt jede Grundlage. Auch hier ist das Gegenteil der Fall: Schulentwicklung kennt keine innere Logik, sondern ermöglicht völlige Beliebigkeit. Obwohl die Schulentwicklungsforschung inzwischen auf eine mindest 20-jährige Geschichte zurück blicken kann, gibt es bis heute keine empirischen Untersuchungen, in denen unter kontrollierten Bedingungen die Bewährung und Nützlichkeit von Schulprogrammen, Leitbildern, Visionen, Steuergruppen und Bildungslandschaften nachgewiesen werden konnte. Das ist eine ebenso erschreckende wie beschämende Bilanz.

Etliche SE-Autoren nehmen an, der Ablauf von Team- und Gruppenprozessen sowie die Rollenübernahme in Arbeitsgruppen ergäben sich aus vorbestimmten Regeln bzw. aus Reifungsvorgängen. Mit solchen Annahmen können beteiligte Personen nicht mehr für ihr Handeln verantwortlich gemacht werden. Sie passen zu dem in der SE-Debatte praktizierten Sprachgebrauch, in dem Menschen als handelnde Akteure so gut wie gar nicht auftauchen. Auch die Schülerinnen und Schülern, denen letztlich der Nutzen von Schulentwicklung zukommen soll, werden allenfalls am Rande erwähnt. Stattdessen ist in der SE-Debatte von Kräften, Schüben, Motoren, Schwungrädern, Treibsätzen oder Kulturen und einer Selbsterneuerungsfähigkeit die Rede. Nicht Menschen, sondern anonyme Größen und Kräfte scheinen nach Ansicht der SE-Autoren das Geschehen in Schulen zu bestimmen.

Das Handlungsfeld für Schulentwicklung hat sich immer mehr erweitert. Galt ursprünglich die Einzelschule als geeigneter Ort für Entwicklungsmaßnahmen, so sollen sich nun Lehrkräfte und Schulleitungen auch in ›Bildungslandschaften‹ engagieren, um letztlich eine »lernende Gesellschaft« anzustreben. Dies führt nicht nur zu einer weiteren Aufteilung ihrer Zuständigkeit und Aufweichung ihrer Verantwortung; die Erweiterung ihres Aufgabenbereichs erhöht auch ihre Belastungen. Durch zusätzliche Erwartungen und Aufgaben wird Lehrkräften ihre *eigentliche* Berufstätigkeit erschwert.

Eine weitere erschreckende Ernüchterung stellt sich ein, wenn man nach dem Ertrag und dem Nutzen von Schulentwicklung für Schüler, Lehrkräfte oder Schulleitungen fragt. Die in Nordrheinwestfalen, Bremen und Schleswig-Holstein durch das Dortmunder Institut für Schulentwicklungsforschung angeregten und durch die jeweiligen Landesbehörden unterstützten Initiativen zur Schulentwicklung sind alle sang- und klanglos eingeschlafen. Sie mündeten in eine »Implementationslücke« und in ein »Realisierungsloch«. Als in Niedersachsen und in Nordrheinwestfalen sich auf freiwilliger Basis zahlreiche Schulen an mehrjährigen Modellvorhaben zur Schulentwicklung beteiligt haben, stellten die Projektplanung sowie die wissenschaftliche Begleitung durch das Dortmunder Institut für Schulentwicklungsforschung sicher, dass alle grundlegenden Maßnahmen einer so genannten Schulentwicklung präzise umgesetzt wurden. In diesen Modellversuchen waren also »Implementation« und »Realisierung« von Schulentwicklung in geradezu idealer Weise gegeben. Jedoch konnten trotz vieler Fortbildungs- und Unterstützungsmaßnahmen in beiden Projekten bei den Schülern keine systematischen Lernzuwächse nachgewiesen werden. Auch von den anderen, in der SE-Debatte immer wieder propagierten Zielsetzungen, nämlich dem Entstehen von »Problemlöseschulen« oder »Lernenden Schulen« kann nichts berichtet werden. Beide Modellvorhaben gingen somit letztlich aus wie das Hornberger Schießen.

Mehrere SE-Autoren haben von theoretischen Bezügen und Grundlagen der SE-Idee berichtet. Einige konstatierten sogar regelrechte *Theorieschübe und Theorieerneuerungen*. Bei einer sorgfältigen Literaturdurchsicht erweisen sich diese Behauptungen allerdings als haltlos. Es gibt keine explizierte, empirisch evaluierte Schulentwicklungstheorie. Die SE-Debatte kennt auch keine theoretischen Diskurse oder gar Kontroversen. Hans-Günter Rolff hat als maßgeblicher Begründer der SE-Debatte das Theoriedefizit der Schulentwicklungsidee eingestanden. Auch die von den SE-Autoren vorgestellten Modelle erfüllen keine theoretischen Mindestansprüche.

Ohne theoretische Fundierungen können Ideen jedoch nicht fruchtbar werden. Ohne theoretische Fundierungen lassen sich aus ihrem Scheitern nicht einmal Ansatzpunkte für Korrekturen ableiten. Theorielose Ideen sind von Wahngebilden kaum noch zu unterscheiden.

Von Lehrkräften und Schulleitern etwas zu verlangen, das sich nicht stimmig beschreiben und begründen lässt und über dessen Nutzen keine Nachweise vorliegen, ist ethisch nicht vertretbar. So können die Schulentwicklungsidee generell und etliche Vorschläge von SE-Autoren ethischen Maßstäben nicht Stand halten. Vor allem lösen die SE-Autoren das Selbstanwendungs- oder Gegenseitigkeitsprinzip nicht ein.

Insgesamt führt die Analyse der SE-Debatte zu einem ausgesprochen bedrückenden Ergebnis: Die Schulentwicklungsidee hat keine klaren Konturen. Aufgrund ihrer Inhaltsleere und Zielunklarheit kann man sie mit unzähligen Themen in Verbindung bringen. Ihr hoher Abstraktionsgrad verhindert handlungsrelevante Aussagen. Wo sich Schulleiter und Lehrkräfte für ihre Durchführung eingesetzt haben, ist sie nach relativ kurzer Zeit versandet. Wo sie mit behördlicher Unterstützung und unter der wissenschaftlichen Begleitung von Rolff bei günstigen Umständen in mehrjährigen Modellvorhaben praktiziert wurde, konnten die erhofften Ziele nicht erreicht werden. – Mehr als 20 Jahre sind sehr viele Menschen veranlasst worden, sich für eine Idee zu engagieren, die sich bei konsequentem Nachfragen als eine Mystifikation erweist. Das führt zu der Frage, wie es dazu kommen konnte. Bevor ich hierzu einige Überlegungen anstelle, möchte ich im nächsten Kapitel knapp auf einige Sachverhalte eingehen, die mir bei der Lektüre der SE-Literatur aufgefallen sind.

5.2   Eigentümlichkeiten der SE-Debatte

Die SE-Autoren bilden einen relativ geschlossenen Zirkel. Um einen kleinen Kern von Hochschulangehörigen scharen sich interessierte und engagierte Personen, die ihren Arbeitsplatz in Schulen oder Schulbehörden haben. In ihren Publikationen zitieren sie sich häufig gegenseitig. *Sie stellen keine Fragen.* So besteht der weitaus größte Teil der Schulentwicklungsliteratur darin, Schulleitungen und Lehrkräften auf abstrakter Ebene darzulegen, wie sie ihre schulische Praxis zu gestalten hätten. Oder es werden anhand von Fallbeispielen Maßnahmen und Methoden als Aspekte von Schulentwicklung propagiert, bei denen ein kohärenter Zusammenhang zu einer fundierenden Theorie nicht gegeben ist. *Untereinander führen die SE-Autoren keine kritischen Auseinandersetzungen.* Sie streiten nicht um einen besseren Weg. Dieser »in-group-orientation« (Büeler 2000, 19) entspricht, dass sie einer Reihe von Personen und Themen keine Beachtung schenken.

Die SE-Autoren schreiben Schulen erhebliche Mängel und Qualitätsdefizite zu, ohne sie näher zu beschreiben. Sie erwähnen diese aber nur als abstrakte Rechtfertigungsgrößen für die Schulentwicklungsidee. Für die konkreten Schwierigkeiten und Probleme von Schulleitungen und Lehrkräften, also für das, was diesen und ihren Schülern auf den Nägeln brennt, zeigen sie kein Interesse. Die *realen* Arbeitsbedingungen im schulischen Alltag sind für die SE-Idee kein Thema. Die Rütli-Schule in Berlin ist nicht wegen ihrer außerordentlich schwierigen Arbeitsverhältnisse in die Schlagzeilen gekommen, sondern weil sich die Lehrkräfte dort endlich einmal getraut haben, sich mit ihrer Rat- und Hilflosigkeit an die Öffentlichkeit zu wenden. Die Belastungen, unter solch erschwerten Bedingungen pädagogisch zu arbeiten, und die Erfahrung, dass sich Lehrkräfte und Schüler tagtäglich aneinander aufreiben, kennen Lehrkräfte und Schulleitungen an sehr vielen anderen Schulen auch. Leider kennen sie auch die Erfahrung, dass sie sich mit ihren Fragen und Problemen oft allein gelassen vorkommen. Schulen haben heute mit ihrer ursprünglichen Bedeutung »Muße« längst nichts mehr zu tun. Psychischen Druck kennen fast alle Schüler und Lehrkräfte. Solidarische und mitmenschliche Erfahrungen sind unter diesen Bedingungen selten geworden.

Häufiger wird offene oder indirekte Konkurrenz erlebt. Oelkers (2003) emp-fiehlt Konkurrenz sogar als Mittel von Schulentwicklung. Die Dienstherren zeig-ten sich durch die Politikberatung der SE-Autoren mehr willkürlich fordernd als fachlich umsichtig und fürsorglich. Das Lern- und Arbeitsklima ist daher nur sehr selten von gegenseitigem Respekt, von Wertschätzung, Freude und Neugier geprägt. Eher sind Anspannung und Lustlosigkeit zu verspüren. Insgesamt ist es in sehr vielen Schulen inzwischen so, dass für alle Beteiligten die Pausen und die Ferien zum Schönsten geworden sind. Etliche Schüler verlassen die Schule mit einem angeknacksten Selbstwertgefühl. Viele Lehrkräfte sind nach aufreibenden Schuljahren in ein Burnout oder in den Zynismus abgerutscht. Viele Schulleiter-stellen können nicht mehr besetzt werden, weil immer weniger Personen sich den Tort solcher Aufgaben zumuten möchten. Indem die SE-Autoren die Etablierung von »Problemlöseschulen« und »lernenden Schulen« als Ziel von Schulentwick-lung propagieren, sprechen sie sich von der Beachtung und Bearbeitung der zahl-reichen Alltagsprobleme frei und überlassen die Zuständigkeit für deren Über-windung den Kollegien und Schulleitungen als schwarzen Peter.

Da sich die SE-Autoren auf diese Weise von der Beachtung konkreter Pro-bleme und Herausforderungen befreit haben, können sie unbehelligt ihre Dar-legungen so abstrakt gestalten, dass ihnen Unklarheiten und Widersprüche der SE-Debatte nicht auffallen. So erkennen sie nicht, dass die SE-Idee keine innere Logik besitzt. Es scheint sie nicht zu stören, dass sie zur Erreichung der ultima-tiven Zielvorstellungen von Schulentwicklung kein Wirkgefüge benennen kön-nen. Die Beliebigkeit des so genannten Drei-Wege-Modell lässt sie nicht stutzig werden. Es irritiert die Autoren nicht, Schulentwicklung mit einem gewaltigen, auch moralischen Anspruch zu verbinden und für ihre Konkretisierung jedoch Gutdünken zuzulassen. So schreiben Buhren & Rolff (2002, 7) nicht ohne Dra-matik: »Wir brauchen eine von Grund auf erneuerte Schule« und geben sich 21 Zeilen weiter mit unverbindlichen Hoffnungen zufrieden: »Unser Buch hat sein Ziel erreicht, wenn sich die Leser/innen inspirieren lassen, mit dem einen oder an-deren Vorhaben in der Schule zu beginnen.« Bei Kempfert & Rolff (2005, 278) heißt es: »Unsere Absicht ist, realistische und auch bereits realisierte Verfahren und Instrumente vorzustellen und Schulen Mut zu machen, sich auf den Weg der *systematischen* Qualitätsentwicklung zu begeben. *Anfangen kann man eigentlich überall* (Hervorhebungen, J.S.).« Die von vielen SE-Autoren behauptete Syste-matik gibt es also gar nicht! Sie sind auf diesem Auge völlig blind. Es scheint ih-nen ebenfalls nicht aufzufallen, dass sie der SE-Idee Theorieschübe bzw. Theorie-entwicklungen bescheinigen, diese jedoch nie explizit darstellen und diskutieren (können).

SE-Autoren interessieren sich auch nicht dafür, was andere Wissenschaft-ler über das Geschehen in Schulen erarbeitet haben. So wird beispielsweise von Helmut Fends (1986) Aufsatz *nur* der Untertitel »Die einzelne Schule als päd-agogische Handlungseinheit« zur Kenntnis genommen und missverstanden zur Argumentation herangezogen, nicht aber sein weiterer Inhalt. Dort ist nämlich zu erfahren, dass die Aussage »Tanzveranstaltungen und ähnliches kommen an dieser Schule ziemlich selten vor« am besten zwischen ›guten‹ und ›schlechten‹ Schulen differenzierte. Welch eine Chance zur Hypothesenbildung für weitere

Erkundungen wurde dadurch vergeben! Auch die Ergebnisse der späteren Untersuchungen von Fend (1994, 2008) sind für die SE-Autoren offensichtlich ohne Belang. Wenn es darum geht, die Lern- und Arbeitsverhältnisse in Schulen zu verbessern, dann könnten weitere Autoren mit ihren Beobachtungen, Analysen und Hypothesen nützlich sein. So hat das »Tagebuch eines Studienrates« von Horst Rumpf (1966) bis heute nichts an Aktualität verloren. Theodor Schulzes (1980) »Schule im Widerspruch« hilft, die internen, oft gegensätzlichen Vorgänge besser zu verstehen und regt zu Fragestellungen an. Das gilt auch für Hans Brügelmanns (2005) »Schule verstehen und gestalten«. Last but not least bietet auch Hartmut von Hentigs (1993) »Schule neu denken« immer noch eine Fülle von Denkanstößen, die es wert sind, weiter verfolgt zu werden. Für die SE-Autoren scheinen diese sowie andere Arbeiten keinen Belang zu haben.

Merkwürdig ist auch, dass es für die SE-Autoren keinerlei Rolle spielt, welche gesetzlichen Aufträge Schulen zu erfüllen haben. In den Schulgesetzen der Bundesländer werden nicht nur viele Formalia festgelegt, sondern es werden für den Schulbesuch ziemlich klare Zielvorgaben gemacht. Sie haben Konsequenzen für das Handeln der Lehrkräfte wie für die Ablaufstrukturen und Organisationsformen eines Schulbetriebs. So wie die SE-Autoren kein Interesse für den konkreten Schulalltag mit seinen vielen Fragen und Schwierigkeiten zeigen, so finden bei ihnen auch die gesetzlichen Rahmenbedingungen und Bestimmungen keine Beachtung.

Selbst ihren eigenen thematischen Schwerpunktsetzungen scheinen die SE-Autoren keine Aufmerksamkeit zu schenken. Sonst würde ihnen auffallen, dass sich auch hier keine kohärenten Zusammenhänge ergeben. Von einem folgerichtigen Aufeinanderaufbauen kann nicht die Rede sein. Da die SE-Idee keine innere Logik kennt, mäandern (Dörner 1989a) ihre thematischen Beiträge. Im Netzwerk Schulentwicklung (www.netzwerk-schulentwicklung.de) haben sich engagierte und ernsthaft bemühte Persönlichkeiten zusammengeschlossen, denen das Wohl und Wehe von Schulen und Schülern am Herzen liegt. Da die SE-Idee keinen spezifischen und geklärten Annahmekern hat, ergibt sich jedoch die Themenfindung der jeweiligen Tagungen aus mehr oder weniger zufälligen Suchprozessen.

Vor allem scheinen die SE-Autoren nicht zu realisieren, dass die SE-Idee keine Früchte trägt. Wenn Konzepte trotz vieler Bemühungen über 20 Jahre lang keine erkennbaren Erfolge nachweisen können, ist das normalerweise ein Anlass, um an der Güte der eigenen Annahmen zu zweifeln. Ein Sprichwort rät in einer solchen Lage dem Reiter, vom toten Gaul zu steigen. Diese Vernunft gilt nicht für die SE-Autoren. Sie machen trotz »Implementationslücke« und »Realisierungsloch« weiter und versuchen unverdrossen, einem toten Gaul die Sporen zu geben. Mit Vertröstungen und Immunisierungsideen versuchen sie die SE-Idee aufrecht zu erhalten. So gesteht Rolff (2011a) ein, dass die bisherigen Schulentwicklungsbemühungen insbesondere bei den Lernleistungen der Schüler nichts eingebracht hätten. Hierfür läge Hauptgrund darin, dass die Maßnahmen zur Unterrichtsentwicklung zu unverbunden und isoliert durchgeführt worden seien. Daher müsse Schulentwicklung künftig *ganzheitlich* gestaltet werden, was hauptsächlich bedeute, mit den Ressourcen nicht zu kleckern, sondern zu klotzen. Wenn mehrere Maßnahmen und Zugänge zu einer ganzheitlichen Schulentwicklung kombiniert würden, dann könnten die Schulen in Deutschland viel besser werden. Und das in einem erheblich kürzeren Zeitraum, als Rolff bislang für die Auswirkungen von Schulentwicklung veranschlagt hatte. Wiederum spielen nicht theoretische Überlegungen eine Rolle, sondern es geht nach dem Motto »Mehr desselben!« Nach diesen zuversichtlichen Versprechungen zieht sich Rolff (2011a, 41) mit einer immunisierenden Klausel aus der Affäre: »Letztendlich wird Ganzheitliche Schulentwicklung (GSE) nur gelingen, wenn die politische Spitze, also die Ministerin und die OBs bzw. Landräte, sich die Sache voll und ganz zu Eigen machen!« Wer zunächst große pädagogische Zusicherungen macht, dann aber die Verantwortung für deren Einlösung fachfremden Politikern zuschiebt, bringt sich um seine Glaubwürdigkeit. In einer solchen Aussage vereinen sich Immunisierung und Abwiegeln von Verantwortung mit einem Mangel an Einsicht.

Insgesamt also setzen sich die SE-Autoren weder mit den Ungereimtheiten und Widersprüchen der SE-Idee, mit den konkreten Verhältnissen und Schwierigkeiten in Schulen, mit den Beiträgen anderer Schultheoretiker, mit dem gesetzlichen Auftrag der Schulen noch mit der Tatsache auseinander, dass die SE-Idee gescheitert ist. Sie haben sich gegen Anregungen von außen und eigenes Nachdenken völlig abgeschottet. Damit erfüllen die SE-Autoren über weite Strecken die Merkmale für das, was Ludwik Fleck (1983) als »Denkkollektiv« bezeichnet hat – mit der Einschränkung, dass die SE-Idee kaum etwas mit *Denken* zu tun hat. Schley (2003) bescheinigt der Schulentwicklung in einer Glosse sogar das Alzheimersyndrom.

5.3 Wie konnte es dazu kommen?

Wie diese Entwicklung entstehen konnte, lässt sich im Nachhinein nicht mit Sicherheit sagen. Mit hoher Wahrscheinlichkeit spielt jedoch der in den 1980er Jahren vollzogene Bedeutungswechsel des Schulentwicklungsbegriffs eine erhebliche Rolle. Mit ihm erhielten Fachleute für Schulentwicklungsplanung weitere Aufgaben und Zuständigkeiten zugewiesen, für die sie nach ihrer Qualifikation keine Kompetenzen haben konnten. Zu dem Zeitpunkt, als sich der Bedeutungswechsel vollzog, waren Rolff und seine Mitarbeiter Experten für Schul- und Bildungsplanungen auf kommunaler und Landesebene, nicht aber für die Gestaltung von innerschulischen Vorgängen. Fragen einer angemessenen Schulleitung oder kollegialer Kooperation sowie die Strukturierung schulischer Lehr-Lernsituationen gehörten nicht zu ihrem Fachgebiet. Als sich Rolff durch die Begegnung mit Per Dalin für das Thema »Organisationsentwicklung in Schulen« begeistern ließ, war er nicht einmal Fachmann für Organisationsentwicklung.

Nicht ohne Grund wird Rolff seine Veröffentlichungen zu der für ihn neuen Thematik »Organisationsentwicklung in Schulen« in Koautorenschaft (Philipp & Rolff 1990, Dalin & Rolff 1990, Dalin, Rolff & Buchen 1998) geschrieben haben. Sein eigenes Verständnis von Organisationsentwicklung in Schulen konkretisiert er in einer Spiegelstrichaufzählung von Schulprogramm, Schulkultur,

Erziehungsklima, Schulmanagement, Teamentwicklung, Evaluation, Kooperation und Steuergruppen (Rolff 2010b, 34) (▶ Kap. 4.2.6), was Fachleuten wie von Rosenstiel, Molt & Rüttinger (1995), Girschner (1990), Kieser (1999) oder Scherer (1999) ein lächelndes Staunen entlocken dürfte.

Da für das Dortmunder Institut und seine Tätigkeiten sich die Bezeichnung ›Schulentwicklung‹ jedoch nicht veränderte, wurde nicht bemerkt, dass auf diese Weise neue Aufgaben in fachfremde Hände gelegt wurden. So kam es, dass auf einmal Soziologen, die Fachleute für Schulentwicklungsplanung waren, sich mit innerschulischen und zwischenmenschlichen Vorgängen befassten, für die eigentlich Pädagogen und Psychologen zuständig sind. Soziologen abstrahieren in ihren Fragen und Aufgaben von einzelnen Individuen, sie befassen sich mit Einrichtungen und anderen sozialen Gebilden. Für pädagogische Fragestellungen sind ihre Kategorien ungeeignet, weil sie dafür durch ihre Abstraktion viel zu grob gerastert sind.

Einige Jahre später hat Rolff dann eine *zweite Bedeutungsveränderung* von ›Schulentwicklung‹ vorgeschlagen, indem er 1997 auf der 5. Tagung des Netzwerkes Schulentwicklung anregte, neben der Organisationsentwicklung auch Unterrichts- und Personalentwicklung ebenfalls als Felder der Schulentwicklung zu verstehen. Diese Anregung hat sich in der SE-Debatte durchgesetzt. Damit fügte Rolff dem Verständnis von Schulentwicklung zwei weitere, für ihn fachfremde Bereiche hinzu. Auch zu diesen Themenbereichen sind die entsprechenden Veröffentlichungen von Rolff in Koautorenschaft entstanden (Horster & Rolff 2001, Kempfert & Rolff 2002, Philipp & Rolff 2004).

Die Schulentwicklungsidee ist in Deutschland somit von einer Persönlichkeit vorangetrieben worden, der für Verhandlungen mit Schulleitungsverbänden, Schulverwaltungen, Politikern, Wirtschafts- und Gewerkschaftsvertretern ein großes Geschick und viel Erfolg bescheinigt worden ist (Kiper 2009, 131), für die jedoch die Handlungsfelder Organisationsentwicklung Unterrichtsentwicklung und Personalentwicklung fachfremd waren. Rolffs diesbezüglicher Mangel an Feldkompetenz und fachlicher Expertise konnte aber von Schulleitern, Lehrkräften und Schulbehörden nicht erkannt werden, weil Rolff konkrete Aussagen sowohl über die Desiderate in Schulen als auch über die Ziele und Methoden der schulischen Erneuerungen tunlichst vermied, indem er mit unterschiedlichen Begründungen die Devise ausgab, dass bei einer Schulentwicklung die erforderlichen Klärungen, Entscheidungen und Konzeptualisierungen an der schulischen Basis zu erfolgen hätten.

- »Kräfte für Erneuerung tauchen in vielen Formen, Intensitäten und Qualitäten auf. Sie variieren deshalb erheblich von Schule zu Schule. Es gibt deshalb kein einheitliches Rezept, um diesen Herausforderungen entgegenzutreten« (Dalin & Rolff 1990, 15):
- »Was die Ziele einer guten Schule sein sollen, kann also nicht vorgegeben werden. (…) Was eine gute Schule ist, entscheidet die Schule letztlich selbst« (Dalin & Rolff 1990, 119 f.).
- »Ein objektives und allgemein gültiges Verständnis von Qualität kann es in einer pluralen und dynamischen Gesellschaft nicht geben; deshalb muss jede

Schulgemeinde (im Rahmen der Vorgaben) selbst und neu klären, was sie unter Qualität versteht und woran sie zu messen ist« (Kempfert & Rolff 2002, 61).

- »Nach dem neuen Paradigma muss die Einzelschule (...) entscheiden können, ob sie bei der Organisationsentwicklung ansetzt oder bei der Unterrichtsentwicklung oder bei der Personalentwicklung. Das Proklamieren von Vorzugswegen und Prioritäten steht auch im Gegensatz zu einem Denken in Systemzusammenhängen« (Rolff 2007b, 29).

- »Bei der pädagogischen Schulentwicklung sind die Ziele dem pädagogischen Prozess verpflichtet und damit reflexiv. Die Reflexivität von Zielen lässt sich am ›hohen‹ Ziel ›Erziehung zur Mündigkeit‹ plausibel machen. (...) Was Mündigkeit jeweils konkret bedeutet, muss jeder selbst entscheiden und verantworten« (Rolff 2007b, 31).

Wirkliche Fachleute für innerschulische Vorgänge und für die Gestaltung schulischer Lehr-Lernsituationen hätten sich nicht so der Verantwortung entzogen. Tatsächlich haben die bereits erwähnten Autoren Rumpf, Schulze, Brügelmann, von Hentig und Fend in ihren Büchern kein allgemeines Memento und Lamento über Schule vorgetragen, sich dann aber mit konkreten Fragen und Aussagen zurückgehalten. Vielmehr haben sie sehr deutlich gemacht, wo sie in Schulen Probleme und Schwierigkeiten sehen und wo sie sich welche Veränderungen wünschen. Umgekehrt würde vermutlich Rolff als Experte für Schul- und Bildungsplanung folgende Stellungnahme nicht akzeptieren: »Schul- und Bildungsplanung haben für Kommunen und Länder eine große Bedeutung. Da wir aber in einer pluralen und dynamischen Gesellschaft leben und die örtlichen Verhältnisse überall anders aussehen, kann es hierfür keine allgemeinen Regeln geben, so dass jede Kommune sich selbst entscheiden muss, was sie unter Schul- und Bildungsplanung verstehen will.«

Der Boom der SE-Idee lässt sich aber nicht allein auf die Initiativen von Rolff zurückführen. Redlicherweise muss man zugestehen, dass weitere Sachverhalte dazu beigetragen haben, dass ›Schulentwicklung‹ sich trotz ihrer Schwächen durchsetzen konnte. Zum einen haben die anderen SE-Autoren in dem Bewusstsein, sich für eine gute Sache zu engagieren, versäumt, die SE-Idee theoretisch auf ihre Stimmigkeit und empirisch auf ihre Bewährung und Nützlichkeit zu prüfen, bevor sie mit viel Elan Schulpraktikern und Behördenvertreter die Durchführung von Schulentwicklung empfahlen. Hier ist insbesondere den Hochschulvertretern ein Mangel an wissenschaftlicher Skepsis und Sorgfalt vorzuwerfen. Dass Hochschulangehörige sich mit so vielen Leerformeln Gehör verschaffen konnten, wirft viele peinliche Fragen auf. In den Schulen stieß die SE-Idee auf viele Lehrer und Schulleiter, die mit ihrer beruflichen Alltagssituation nicht zufrieden waren. Sie wurden zu SE-Befürwortern, weil sie sich durch Schulentwicklungsmaßnahmen eine Zunahme von Verbindlichkeit, gemeinsames Engagement und kollegialen Austausch erhofften. Dahinter stand in vielen Fällen der Wunsch nach größerer Wirksamkeit und beruflicher Erfüllung.

Größere Wirksamkeit erhofften sich auch die Behördenvertreter und Bildungspolitiker, die eingesehen hatten, dass sie mit ihren bislang praktizierten Entscheidungen und (Verwaltungs-)Maßnahmen schnell an Grenzen ihrer

163

Einflussmöglichkeiten kamen. Die Idee, die Zuständigkeit und Verantwortung für eine wirkungsvollere Schularbeit an die Basis abzugeben, war für sie bestechend – vor allem aber entlastend. Daher hat die Bildungspolitik durch Bereitstellung von Mitteln und die Schulverwaltung durch entsprechende Erlasse die Umsetzung der SE-Idee erheblich befördert. Zumal auch hier eine vorangehende Tauglichkeitsprüfung der Empfehlungen, wie sie etwa bei Schulbüchern der Fall sind, nicht unternommen wurden. Deshalb kann man zu Recht fragen, ob die Schulbehörden ihrer Fürsorgepflicht im erforderlichen Maß nachgekommen sind.

Die bildungspolitischen Verordnungen zur Durchsetzung der SE-Idee veränderten nicht nur die Anforderungen an Lehrkräfte und Schulleitungen, sondern ließen als Nebeneffekt auch einen großen Markt entstehen. Stiftungen, Beratungsfirmen, schnell entstandene »Institute«, selbst ernannte »Zentren« und »Arbeitsstellen« sahen Chancen auf Einflussnahme und Verdienstquellen. Dies wiederum ermöglichte das Erscheinen neuer Zeitschriften und die Veröffentlichung unzähliger Bücher. Auf diese Weise wurden »Schulentwicklung« und »entwickeln« zu gängigen Begriffen, die inzwischen in der pädagogischen Diskussion wie selbstverständlich verwendet werden, obwohl niemand sagen kann, was mit diesen Metaphern genau gemeint sein soll. Zwar konnte die SE-Idee in den Schulen die erhofften Auswirkungen nicht erbringen. Weder Schüler noch Lehrkräfte und Schulleitungen haben Erleichterungen oder Nutzen von ihr. Doch um so mehr können viele Schulentwicklungsberater, Institute, Autoren und Verlage von ihr Gewinn haben. Deren Gaul liegt nach wie vor gut im Rennen. Weshalb sollten sie dann absteigen? Es liegt in ihrem Interesse, dass der Boom aufrechterhalten wird.

So ergibt sich insgesamt eine Gemengelage, die zur Situation in Hans Christian Andersens Märchen von des Kaisers neuen Kleidern frappante Ähnlichkeiten aufweist.

5.4   Ein Wort zur Schulentwicklungsforschung

Am Scheitern der SE-Idee ist auch die so genannte Schulentwicklungsforschung beteiligt. In der SE-Debatte wird häufig bedauert, dass gewisse Sachverhalte noch zu wenig oder gar nicht erforscht seien. Für diese Desiderate werden von den SE-Autoren jedoch keine Fragestellungen entworfen und/oder Versuchspläne konzipiert, die das Entstehen von Erklärungs- oder Handlungswissen anregen könnten. In der Schulentwicklungsforschung wird keine Hypothesenbildung und Hypothesenprüfung gepflegt. Insbesondere sind Hypothesen, die potentiell auch scheitern könnten, so gut wie unbekannt. Die Schulentwicklungsforschung versteht sich nicht als Interventionsforschung (vgl. Hascher & Schmitz 2010). So stellen die Schulentwicklungsforscher keine Hypothesen zum Wirkgefüge von Schulentwicklung oder zu anderen Optimierungsmaßnahmen für den schulischen Alltag auf, um sie dann unter kontrollierten Bedingungen empirisch zu überprüfen. Sie sind nicht an technologischem Wissen, also an Gestaltungs-, Herstellungs-

oder Veränderungswissen interessiert. Stattdessen möchten sie bestehende Sachverhalte und Abläufe möglichst genau beschreiben können. Daher drehen sich ihre Fragestellungen bei der Erhebung von Daten um die Fragen ›wie‹, ›welche‹ oder ›auf welche Weise‹. Unter solchen Fragen sind empirische Ergebnisse nie falsch, sondern immer ›richtig‹. Mit ihnen kann man nie scheitern. Sie ermöglichen es außerdem, sich aus den Befunden solche Beobachtungen herauszupicken, die man für ›interessant‹ hält, und die ›uninteressanten‹ unter den Tisch fallen zu lassen.

In dem von Bohl, Helsper, Holtappels & Schelle (2010) herausgegebenen »Handbuch für Schulentwicklung« stellt Stefanie van Ophuysen (2010) die Vorgehensweisen dar, die für eine theoriegeleitete und nutzbringende Schulentwicklungsforschung erforderlich wären. Diese Verfahren sind mit den anspruchsvolleren Methoden und Kriterien der empirischen Sozialforschung identisch und gehören spätestens seit dem Beitrag von Elisabeth Schwarz (1970) zu den Grundlagen empirischer Schulforschung. Die Schulentwicklungsforschung hat sich jedoch bislang nicht an diesen Ansprüchen ausgerichtet. Holtappels (2010d) gelingt es kaum, die so genannte Schulentwicklungsforschung von anderen Forschungsrichtungen abzugrenzen.

Wie die schon mehrfach erwähnten Modellversuche in Niedersachsen und Nordrhein-Westfalen gezeigt haben, ziehen es die Vertreter des Instituts für Schulentwicklungsforschung vor, ihre Daten ohne vorhergehende Hypothesenbildung und ohne Kontroll- oder Wartegruppen (!) zu erheben. Sie messen stattdessen an vielen Personen viele Merkmale und kommen auf diese Weise zu einer gewaltigen Datenfülle. Dank der elektronischen Rechenmöglichkeiten können große Datenmengen ohne weitere Schwierigkeiten wie mit einem Schleppnetz auf signifikante Korrelationen oder Unterschiede durchsiebt werden kann. Die herausgefilterten Befunde dienen dann ex post für Plausibilitätserwägungen. Dabei kommt es nicht selten vor, dass aus den Befunden als Ist-Daten unter der Hand für die Schulpraxis Empfehlungen als Soll-Werte abgeleitet und damit naturalistische Fehlschlüsse gezogen werden.

Diese Art von Forschung führt nicht zu weiterführenden Erkenntnissen, sondern man »schnuppert«, dreht sich dann um sich selbst. Um es an einem Beispiel zu verdeutlichen: An der Universität Bielefeld wurde ein von der Deutschen Forschungsgemeinschaft gefördertes Forschungsprojekt »Wie beraten die Berater?« durchgeführt. Das Ziel der Forschungsbemühung bestand darin, einen Überblick darüber zu gewinnen, wie externe Schulberater an Sekundarschulen Schulentwicklungsberatung durchführen. Wer solche »Was-ist«- oder »Was-liegt-vor«-Fragen ohne begründete Hypothesenbildung stellt, wird immer zu irgendwelchen Befunden kommen. Er kann aber nicht in systematisch überprüfter Weise erkennen, welche Beratungsformen sich unter welchen Randbedingungen als besonders wirksam erweisen. Die Bielefelder Forscher erhoffen sich jedoch aus der Nachzeichnung des Beratungshandelns von externen Schulentwicklungsberatern einen Beitrag zur empirischen Fundierung einer Theorie der Schulentwicklung. Mit solch einem Vorgehen bekommen die empirisch gefundenen Ergebnisse, deren Zustandekommen nicht unabhängig von den Erhebungsmethoden ist, eine normative Kraft. So geht man den eigenen impliziten Prämissen auf den Leim.

165

Es ist naiv, aus Beobachtungen und Messergebnissen bedeutungsvolle Informationen ableiten zu wollen, wenn man sich nicht zuvor Klarheit über Annahmen und Eignung der Methoden verschafft hat. Solche Daten sind für sich genommen völlig belanglos. Man kann ihnen nur dann nützliche Informationen entnehmen, wenn man sie zu Theorien oder Hypothesen in Beziehung setzen kann, auf die man sich *zuvor* festgelegt hat.

Forschung im Sinne des Bielefelder Projekts oder der Modellvorhaben in NDS und NRW möchte herausfinden, wie etwas *ist* oder *abläuft*. Mit derart gewonnenen Befunden kann man allenfalls Hypothesenbildungen anregen, nicht aber theoretische Fundierungen gewinnen. So hat man in der Schulentwicklungsforschung über viele Jahre versucht, aus den Charakteristika von Schulen, die man für ›gut‹ oder ›erfolgreich‹ hielt, Handlungsempfehlungen für andere Schulen abzuleiten. Aus ex-post-gewonnenen Ist-Daten wurden Soll-Werte abgeleitet. Die Bielefelder Kollegen können nur herausfinden, wie die von ihnen befragten Berater beraten. Mehr nicht! Obwohl sich dieses unproduktive Vorgehen nicht als erkenntniswirksam erwiesen hat, wird es seit einiger Zeit mit umgekehrten Vorzeichen fortgesetzt. Nun versucht man in der Schulentwicklungsforschung die Besonderheiten von »belasteten Schulen« oder »Failing Schools« zu erfassen, um daraus für diese Hilfsmaßnahmen abzuleiten. Es ist abzusehen, dass es auch in diesem Forschungsfeld zunächst wieder lange Auseinandersetzungen darüber geben wird, was genau unter einer »Failing School« zu verstehen ist. Es werden dann Listen mit Merkmalen und möglichen Ursachen aufgestellt sowie internationale Vergleiche dazu angestellt werden. Wiederum werden *dadurch* Unklarheiten entstehen, dass Präskriptionen zur Beschreibung und Erklärung herangezogen werden. Und während einige Autoren wegen der widersprüchlichen Forschungsbefunde klare Aussagen scheuen, beginnen andere Autoren erste Typologien zu bilden (Schwier 2005, Holtappels 2012, Huber 2012). So erschöpft sich die Schulentwicklungsforschung in »Schulporträtforschung« (Rahm 2005, 71) und »›Qualität-von-Schule‹-Forschung« (Rahm 2005, 72). Handlungs- und Gestaltungswissen kann man auf diese Weise jedoch nicht gewinnen. Das wird die SE-Autoren und Forscher aber nicht abhalten, auch die Hattie-Studie unter dem Motto »Wir haben es schon immer gewusst!« für sich in Anspruch zu nehmen und aus empirischen Korrelationsbefunden pädagogische Empfehlungen abzuleiten.

Die Schulentwicklungsforscher interessieren sich nicht einmal für die der SE-Idee zugrunde liegenden Annahmen. Ich kenne kein einziges Beispiel, in dem die Wirkungskette von einem Schulprogramm oder der Etablierung einer Steuergruppe bis zu der Lernfähigkeit und der Lernbereitschaft von Schülern dargestellt und durch Forschung auf seine Berechtigung hin empirisch überprüft worden ist. Solange die Schulentwicklungsforschung keine systematische, theoriefundierte Interventionsforschung betreibt, wird sie nicht fruchtbar werden können. Gefangen in ihren eigenen ungeklärten Annahmen wird sie sich hauptsächlich mit sich selbst beschäftigen.

Holtappels (2010d, 28) schreibt: »Für die Schulentwicklungsforschung stellt sich die Frage, wie aus Ergebnissen von Leistungsstudien und Datenrückmeldungen Schulentwicklung in Gang kommen und Schulqualität verbessert werden

kann.« Damit offenbart er einen ebenso naiven wie unerfüllbaren Forschungs-
wunsch. So kann nur jemand fragen, dem die unterschiedlichen Funktionen von
Annahmen, (technologischen) Theorien und Datengewinnung nicht vertraut
sind, dem der Primat der Theorie nicht bekannt ist. Wie bereits erwähnt, aus Ist-
Daten lassen sich weder Zielvorstellungen noch Handlungsempfehlungen ableiten. Fruchtbares Handlungs- und Gestaltungswissen kann man nur durch theoriefundiertes und hypothesengeleitetes Handeln und kontrolliertes Ausprobieren
gewinnen. Die praktizierte Schulentwicklungsforschung führt hingegen zu Be-
trachtungs- und Räsonierungswissen. Die SE-Forscher haben sich wie die Menschen in Platons Höhlengleichnis zwar nicht in Ketten, doch in einem Gespinst
von ungeklärten Annahmen und unfruchtbaren methodischen Forschungsprak-
tiken verfangen, begrenzen ihre Erkenntnismöglichkeiten und lassen dadurch die
so genannte Schulentwicklungsforschung zu Sandkastenspielen mit Zahlen verkommen.

5.5   Unbeabsichtigte Auswirkungen

Schulentwicklung und Schulentwicklungsforschung sind gescheitert. Das bedeutet aber nicht, dass sie keine Auswirkungen haben. So fließen in die »Implemen-
tationslücken« und »Realisierungslöcher« von Schulentwicklungsmaßnahmen
nach wie vor nicht unerhebliche Mittel. Mit der Frage, ob und wie diese sinn-
voller verwendet werden können, sollten sich auch die Landesrechnungshöfe befassen.

Ferner enthält die SE-Idee mehrere verhängnisvolle (Doppel-)Botschaften an
Schulleitungen und Lehrkräfte. Zunächst wird ihnen von Hochschulangehörigen, die sich als Experten für Schulen darstellen, sowie von ihrem Dienstherren
eröffnet, ihre schulischen Arbeitsformen seien nicht effektiv genug und müssten deshalb verbessert werden. Aber wo die Schwächen und Verbesserungserfor-
dernisse genau liegen sollen, wird ihnen weder von den Experten noch von den
Dienstherren mitgeteilt. Diese seien von Schule zu Schule unterschiedlich und
müssten vor Ort durch Stärken-Schwächen-Analysen, durch Selbst- und Fremd-
evaluationen, durch Stellungnahmen kritischer Freunde oder durch andere Maßnahmen herausgefunden werden. Und zwar in einem permanenten Kreisprozess.
Wenn die eine Optimierungsmaßnahme abgeschlossen sei, habe die Suche nach
weiteren Verbesserungen gleich anzuschließen. Dies sind keine Anstöße zu konzeptionellen Lösungen, sondern Aufforderungen zu emsiger Betriebsamkeit.

Ohne genaue Kenntnis der Situation in den einzelnen Schulen werden deren
Schulleitungen und Kollegien von den selbst ernannten Experten und den Dienstherren die Durchführung von Maßnahmen angetragen, für deren Wirksamkeit
und Nützlichkeit keinerlei empirische Nachweise vorlagen und bis heute nicht
erbracht werden konnten. Söll (2002) hat in einer empirischen Studie die persönlichen Sichtweisen (Subjektiven Theorien) von Lehrkräften zur Schulentwicklung

167

erhoben. Aus ihnen lässt sich entnehmen, dass Lehrer Schulentwicklung *nicht* als ein von ihnen selbst gewolltes und initiiertes Vorhaben, sondern als eine von außen erzwungene Maßnahme erleben, durch die ihre bisherige pädagogische Arbeit entwertet wird. Mit anderen Worten: Die SE-Idee transportiert auch ein erhebliches Maß an Misstrauen, durch das die Beziehungen zwischen den Lehrkräften und ihrem Dienstherren stark belastet wird. Für viele Schulleitungen und Kollegien kommt es deshalb immer mehr darauf an, nach ›oben‹ und ›außen‹ einen guten Eindruck zu machen. Die SE-Idee hat dazu geführt, dass viele Homepages gestaltet und zahlreiche Konzepte in Ordner abgeheftet wurden, die mit der Schulrealität nur noch wenig zu tun haben. Schulleitungen und Lehrkräfte wurden damit implizit angehalten, ihre eigene Glaubwürdigkeit zu untergraben.

Nicht Erleichterungen oder Leistungssteigerungen sind das Resultat von Schulentwicklung, sondern Erschöpfung und in sehr vielen Fällen auch Verdruss. Hätten die SE-Vorhaben die erwünschten Effekte wirklich erbracht, würden Lehrkräfte, Schulleitungen und nicht zuletzt auch die Schüler aufgrund der guten Erfahrungen mit Freude und Zuversicht weitere Maßnahmen nachfragen. Wäre die Vorstellung von den Qualitätsentwicklungskreisläufen und -spiralen nicht naiv, sondern brächte tatsächlich für das Schulleben erfreuliche Resultate, für die Arbeit von Lehrkräften und Schulleitungen sowie für die Lernerfolge der Schülerinnen und Schüler praktikable, hilfreiche und produktive Auswirkungen, dann würden Lehrkräfte und Schulleitungen mit großer Freude und Zuversicht einen erheblichen Anteil ihrer Arbeitszeit in immer wieder neue Datenerhebungen, Beratungen, Zielformulierungen, Maßnahmenplanung und -durchführung, Evaluationen investieren. Doch ist das Gegenteil der Fall: Die Kollegien sind müde und ausgepowert. Sie begegnen allen Ansinnen »von oben« mit Skepsis und Misstrauen. In vielen Kollegien wird auch bei sinnvollen Reformvorschlägen inzwischen die Strategie »Erstmal Wegducken und abwarten« praktiziert. Daher wird inzwischen in fast allen Bundesländern unter dem Stichwort *Schulfrieden* darüber nachgedacht, wie man für eine längere Zeitspanne Schulen bzw. Schulleitungen und Kollegien vor »Reformen« und weiteren Zumutungen schützen kann.

Was sich über die Schulen ergoss, war eine Fülle von leeren Begriffen. Die Erfolglosigkeit der SE-Idee hängt nicht zuletzt mit dem ausgesprochen fahrlässigen Sprachgebrauch zusammen. Die Verwendung von Wortblasen, bedeutungsschwangeren Konstrukten, die sich bei genauer Prüfung als leere Worthülsen erweisen, der unkontrollierte Metapherngebrauch, die Reifizierungen von Abstrakta, die unreflektierte Begeisterung für das »Neue« und den »Wandel« führen zu einer regelrechten Verluderung der Sprache. So wird beispielsweise »Qualität« so benutzt, als ob es sich um eine deskriptive, klar definierte Kategorie handle, die man unabhängig von Bezugspunkten als solche verwenden könnte. Wenn Autoren formulieren, Schulen sollten Qualität produzieren, dann ist diese Präskription zu einer ausgesprochenen Bluff- und Imponiervokabel geworden. Die Verwendung des Qualitätsbegriffs bietet inzwischen längst keine Orientierung mehr, sondern ist zu einem Totschlagargument verkommen. Vergleichbar sieht es mit »Entwicklung« und »entwickeln« aus. Auch diese Bezeichnungen werden inzwischen mit großer Selbstverständlichkeit in den unterschiedlichsten Zusammenhängen wie beliebige Versatzstücke ohne präzisen Bedeutungsgehalt verwendet.

Nicht nur zwischen den Kollegien und ihrem Dienstherren sind durch die SE-Maßnahmen Skepsis und Misstrauen gewachsen, es werden in vielen Schulen auch die Beziehungen zwischen den Kollegien und ihrer Leitung belastet. Die vornehmste und wichtigste Aufgabe von Leitungspersonen ist die Führung der Mitarbeiter. Von deren Gelingen hängen ganz wesentlich das Engagement und der professioneller Elan derjenigen ab, die die eigentliche Arbeit mit den Schülern verrichten sollen. *Führen* verlangt Umsicht und Abwägen in den Entscheidungen und Maßnahmen sowie eine respektvolle Interaktion mit den Mitarbeitern. Hierbei spielt wiederum das Zuhören-Können eine wichtige Rolle. Die mit der SE-Idee transportierten Ansinnen tragen in vielen Schulen jedoch dazu bei, dass Schulleiter – da sie selbst unter einem hohen Erwartungsdruck stehen – ihre Führungsaufgabe nicht mehr nach ihren eigenen Vorstellungen ausführen können. Vielmehr fühlen sie sich in eine Sandwich-Position gepresst und daher verpflichtet, als »*Change-Agents*« in ihrem Kollegium Maßnahmen *durchzusetzen*. Sie sind dann nicht mehr autonome Führungskraft, sondern werden zu einem ausführenden Organ. Nicht selten werden auf diese Weise unnötige Frontenbildungen und Spannungen zwischen der Schulleitung und dem Kollegium veranlasst.

Es gibt einen weiteren, nicht unproblematischen Effekt der SE-Idee: Durch die Politikberatung der SE-Autoren haben sich die Schul- und Kultusbehörden auf die Sichtweise eingelassen, dass der so genannten Einzelschule und der »Einzelschulentwicklung« (Wenzel 2010, 264) bei der Gestaltung des Schulwesens eine Schlüsselrolle zukomme. Um Einzelschulen auf den richtigen Weg zu bringen, hätten deren Kollegien und Schulleitungen für ihre pädagogische Orientierung jeweils *spezifische Schulprogramme und Leitbilder* zu entwickeln. Sich hierbei von anderen Kollegien inspirieren zu lassen oder sich gar deren pädagogischen Vorstellungen anzuschließen, wird in der SE-Idee ausgesprochen verpönt. Unter dieser Vorgabe werden Schulleitungen und Kollegien angeregt, viel Energie in die Außendarstellung ihrer Schule zu stecken und durch sie die jeweils besondere, einzigartige pädagogische Ausrichtung der Schule zu proklamieren. Hierdurch werden – ob gewollt oder nicht – die in den Schulgesetzen niedergelegten *Zielvorstellungen für alle Schulen* in ihrer Bedeutung relativiert. Schulleitungen und Kollegien werden nicht angehalten, mit ihrer Arbeit nach Kräften dem gesetzlichen Auftrag der Schule(n) gerecht zu werden, sondern ermuntert, sich um einer Originalität willen in der umfänglichen Vergleichs- und Konkurrenzsituation mit den anderen Schulen irgendwelchen Besonderheiten zu verschreiben.

Da die SE-Idee ihre offiziell propagierte Wirksamkeit nicht erreichen kann, werden solche Nebeneffekte zu Haupteffekten.

5.6 Zusammenfassende Einschätzung

Ich kann mir vorstellen, dass es Schulleiter und Lehrkräfte gibt, die meinen Einschätzungen zur SE-Idee nicht folgen mögen, weil sie mit ihr in ihrer Schule positive Erfahrungen gemacht haben. Unter dem Stichwort Schulentwicklung haben sich Kollegien zusammengesetzt, über ihre beruflichen Tätigkeiten nachgedacht und gemeinsam nach Verbesserungsmöglichkeiten gesucht. Ich weiß von mir selbst, dass ich in meinem Berufsleben derartige Situationen als ausgesprochen ermutigend und motivierend erlebte. Wenn es unserem Kollegium gelang, zu gemeinsamen Perspektiven und Verabredungen zu kommen, wurde meinem Wunsch nach Zugehörigkeit und nach sinnvollem Handeln Rechnung getragen. Die Vorstellung, mit den Kollegen gemeinsam an einem Strang zu ziehen, hat mich regelmäßig beflügelt. Und tatsächlich konnten wir auf diese Weise das eine oder andere Vorhaben auf die Beine stellen.

Gegen ein derartiges Vorgehen und gegen vergleichbare Erfahrungen richten sich meine Ausführungen jedoch nicht. Es ist viel zu unspezifisch und verdient die Bezeichnung ›Schulentwicklung‹ nicht. Denn jegliche Tätigkeit erhält die Chance zur Verbesserung, wenn man die alltäglichen Routinen unterbricht und sich im kollegialen Austausch auf seine Ziele und Möglichkeiten besinnt. Das gilt nicht nur für Schulen, sondern generell. Ob sich derartige Klärungs- und Abstimmungsprozesse in Krankenhäusern, Sportvereinen, Kirchengemeinden, politischen Gremien, Kanzleien, Jugendclubs oder Familien abspielen, spielt keine Rolle: Wenn das Kommunikationsklima respektvoll ist und man zu akzeptierten Vereinbarungen kommen kann, erweisen sich derartige Vorgehen fast immer als Gewinn bringend. Aber um dies zu begreifen und umzusetzen, bedarf es keiner speziellen Handbücher und Zeitschriften, Programme und Profile oder Steuergruppen, Lehrstühle und Forschungsinstitute, Tagungen und Kongresse, Netzwerke und Bildungslandschaften, Modellversuche und Powerpoint-Präsentationen, Schulleiterakademien und ganzheitlicher Prozesse, Erlasse von Ministerien und Beschlüsse der Kultusministerkonferenz.

Wie schon in den Eingangskapiteln betont, gilt meine kritische Auseinandersetzung nicht einzelnen Aktionen oder Vorhaben an Schulen. Ein derartiges Vorgehen im Sinne von Bastians (1997) innerer Schulreform oder »Pädagogischer Schulentwicklung« kann man nur begrüßen. Meine Kritik gilt *der* Schulentwicklungsidee, die ich im zweiten Kapitel skizziert und auf deren Eigenheiten ich im vierten Kapitel ausführlich eingegangen bin. Diese – nebulöse – Idee hat durch unzählige Publikationen, durch offizielle Verlautbarungen, durch die Einrichtung von Instituten und nicht zuletzt durch wissenschaftlich nicht haltbare Auslassungen von Hochschullehrern die gesamte Schul- und Bildungspolitik durchdrungen. Sie bindet Mittel und Energien. Obwohl ihre unklaren Versprechungen nicht eingelöst werden konnten, wird ihre Mystifikation unter nebulösen Ansprüchen (»Schule soll Qualität produzieren«) weiterhin aufrechterhalten. Watzlawick, Weakland & Fisch (1974) haben anhand theoretischer Überlegungen sowie durch zahlreiche nachvollziehbare Beispiele aufzeigen können, dass sich anfängliche Unzulänglichkeiten und Schwierigkeiten zu massiven, oft unlösbaren Problemen verschlimmern können, wenn man sie mit ungeeigneten Vorstellungen und Mitteln zu beheben versucht. Die Schulentwicklungsidee bzw. die Schulentwicklungsdebatte lassen sich ohne Mühe in die Beispiele solch verhängnisvoller Vorgänge einreihen.

6 Desiderate und Alternativen

In diesem abschließenden Kapitel möchte ich die kritische Analyse der SE-Idee mit der Skizzierung eines alternativen Vorgehens abschließen. Denn es wäre ein verhängnisvoller Umkehrschluss, aus der Kritik an der SE-Idee zu folgern, dass in den deutschen Schulen alles zum Besten bestellt wäre und Veränderungen deshalb nicht erforderlich wären. Im Gegenteil: Es gibt zahlreiche Gründe, für Lehrkräfte und Schüler die schulischen Lern- und Arbeitsbedingungen zu reformieren, so dass sich die Einen in ihrem Lernen begleitet und unterstützt fühlen und den Anderen das Unterrichten erleichtert wird. Allerdings muss für die Verbesserung der Schulen die Herangehensweise völlig anders geplant und durchgeführt werden, als es die SE-Autoren empfehlen. Dieses ausführlich darzustellen, muss einer eigenen Publikation vorbehalten werden. Hier können nur einige Leitlinien angedeutet werden.

6.1 Klärung der (Gegenstands-)Annahmen

Um die Reformen im schulischen Geschehen stimmig planen und durchführen zu können, braucht man zunächst zwei Bezugspunkte: Einerseits klare und angemessene Zielvorstellungen und andererseits klare und angemessene Gegenstandsannahmen (▶ Kap. 3.8 und 3.9). Die erste Bedingung dürfte allen Pädagogen einsichtig sein, die zweite ist vermutlich vielen Pädagogen unvertraut. Zwischen beiden Größen besteht eine Beziehung, in der die Gegenstandsannahmen die Zielvorstellungen dadurch bestimmen, dass sie durch ihre innere Logik sowohl deren Möglichkeiten als auch Begrenzungen vorgeben. Die Klärung und die Festlegung der Gegenstandsannahmen sind somit der Klärung und Festlegung der Zielvorstellungen logisch und zeitlich vorzuordnen (Metanorm: Sollen impliziert Können; ▶ Kap. 3.20). Die innerhalb eines Vorhabens zur Zielerreichung erforderlichen Handlungen und Maßnahmen müssen ebenfalls der inneren Logik des Gegenstandsverständnisses Rechnung tragen. *Damit wird die Klärung der im Gegenstandsverständnis enthaltenen Annahmen zur zentralen Voraussetzung für eine stimmige Planung und Gestaltung.*

Die SE-Autoren haben diesem Erfordernis keine Rechnung getragen. Sie haben ihr Verständnis von Schule nicht oder nur sehr unzulänglich geklärt (Mehrdeutigkeit, ▶ Kap. 4.1.5; Lernende Schule, ▶ Kap. 4.1.7; Gleichsetzung von Schulen mit handelnden Subjekten, ▸Kap. 4.1.4). Tatsächlich sind Schulen alles andere als handelnde Wesen. Schulen sind von Menschen konzipierte Einrichtungen zur Erreichung bestimmter Zwecke. Durch ihre Zweckbestimmung unterscheiden sie sich von anderen Einrichtungen in ihrer Logik, beispielsweise von Krankenhäusern, Banken, Schuhfabriken, Werften. In Schulen sollen Kinder und Jugendliche Kenntnisse, Fertigkeiten und Haltungen erwerben (können). Daher haben sie den Charakter von Instrumenten. Deren Güte und Eignung ergibt sich daraus, ob und wie es ihnen gelingt, ihrer zentralen Aufgabe – der Lernanregung und Lernunterstützung von Schülern – gerecht zu werden.

Es geht also darum, Schülerinnen und Schülern angemessene Lernanregungen und Lernhilfen bereit zu stellen. Da dies der Zweck von Schulen ist, muss man sich sehr genau mit den Bedingungen auseinandersetzen, unter denen Kinder und Jugendliche Lernangebote optimal nutzen können. Es gilt zu klären, wie man sich das Lernen von Kindern und Jugendlichen vorstellen kann bzw. muss. Und unter welchen Bedingungen ihr Lernen möglichst günstig verlaufen kann. Ebenso ist heraus zu finden, was zu vermeiden ist, um ihre Lernprozesse nicht zu beeinträchtigen. Entsprechend hat die von der KMK eingesetzte Expertenkommission mehrfach betont, dass Lehrkräfte Experten für Lernen und für die Gestaltung von Lehr-Lernsituationen sein sollen (Terhart 2000b). Je genauer ihre Kenntnisse über Lernbedingungen sind, desto leichter können sie für ihre Schüler geeignete Randbedingungen und Organisationsformen entwickeln. Auch wenn in den letzten Jahrzehnten die Lernpsychologie zu wichtigen Erkenntnissen gekommen ist, ist das Wissen über menschliche Lernvorgänge immer noch rudimentär. Trotz seiner häufigen Verwendung lässt die theoretische Fassung des Lernbegriffs noch viele Fragen offen. Auch wenn auf diesem Gebiet schon viel an Erkenntnissen erarbeitet wurde und für Hypothesenbildungen reichlich Material vorliegt, es gibt noch viel zu tun. Trotz oder wegen der offenen Fragen dürfte aber klar sein, dass Pädagogen, Psychologen und (Fach-)Didaktiker für ihre Bearbeitung in größerem Ausmaß zuständig sein sollten als Soziologen, Schulentwicklungsplaner und Organisationsentwickler.

Auch diesem Desiderat haben die SE-Autoren keine weitere Beachtung geschenkt. Statt darüber nachzudenken, wie sich das Lernen von Schülern erfolgreicher anregen und unterstützen ließe, haben sie die abwegige Behauptung aufgestellt, *Schulen* könnten und müssten lernen. Die tatsächlich entscheidende Frage ist jedoch, wie muss man sich das *Lernen von Menschen* vorstellen. Menschen sind der eigentliche ›Gegenstand‹, um den es in Schulen geht. Sie bilden den letztendlichen Bezugspunkt. Daher spielen für Überlegungen zur Reformierung von Schulen die anthropologischen Kernannahmen als Bezugspunkt die ausschlaggebende Rolle. Denn die Logik von Schulen muss sich an der inneren Logik von Menschen ausrichten. Nicht umgekehrt. Das gilt für Schüler, Lehrkräfte und Schulleitungen gleichermaßen. Logisch und zeitlich sind daher zuerst die Menschenbildannahmen zu klären. Aus ihnen sind dann die Vorstellungen zum Lernen sowie zu den Möglichkeiten, es zu »organisieren« abzuleiten. Bei Helmut Fend (2008) zeigt sich dieser Gedanke an zahlreichen Stellen, wird aber vom ihm nicht konsequent durchgehalten, weil der von ihm vorgestellte Masterplan einer Top-Down-Orientierung folgt.

Die Organisationslogik von Schulen hat sich an der Psycho-Logik von Menschen – insbesondere beim Lernen – auszurichten. Da in Schulen Menschen im Plural lernen sollen, ist ferner die Logik sozialpsychologischer Abläufe und Regeln in den Lerngruppen zu bedenken. Um es einmal sehr salopp zu formulieren: Wenn bei der Gestaltung schulischen Organisationsformen (Orte und Raumgestaltung, zugestandene Zeitkontingente, Gruppengrößen, Zuständigkeits- und Entscheidungsstrukturen etc.) nicht angemessen berücksichtigt wird, wie Menschen (Schüler, Lehrkräfte und Schulleitungen) – insbesondere in Interaktionen – »ticken«, wird die Einrichtung Schule nur mit Einschränkungen erfolgreich werden können. Denn auch in diesem Zusammenhang gilt die Metanorm »Sollen impliziert Können«! Das heißt: Der »Gegenstand« um den es eigentlich geht, sind Menschen. Wenn Schulen gut funktionierende Einrichtungen werden sollen, dann müssen sich ihre Strukturen und Organisationsformen an diesem Gegenstandsverständnis, an menschlicher Logik orientieren. Die in dem so genannten Drei-Wege-Modell zwischen Organisationsentwicklung, Personalentwicklung und Unterrichtsentwicklung postulierte Gleichwertigkeit ist daher unangemessen. Wie bereits oben (▶ **Kap. 4.3.1**) dargelegt, muss die Unterrichtsentwicklung mit ihren theoretischen Implikationen der Organisations- und Personalentwicklung logisch vorgeordnet werden. Ich vermute, dass Meyer (2001, 178) auf der Grundlage einer vergleichbaren Sichtweise schreibt: »Schulentwicklungsarbeit ist primär Beziehungsarbeit und erst sekundär Organisationsentwicklung!«

Schulischen Schwierigkeiten und Probleme ergeben sich daher, wenn die Abläufe und Organisationsformen von Schulen der inneren Logik von Menschen nicht optimal gerecht werden. Und zwar bei Schülern ebenso wie bei den Lehrkräften. Obwohl in der Einrichtung Schule Menschen mit Menschen arbeiten, findet diese Tatsache bei den SE-Autoren wegen der abstrakten Betrachtungsebene keine Beachtung (▶ **Kap. 3.6, 4.3.8**). Als ich 1997 auf der 5. Netzwerktagung den kritischen Hinweis vortrug, handelnde Personen und ihre Interaktionen würden in der SE-Debatte übersehen, stieß ich bei Veranstaltern und Teilnehmern nicht auf Verständnis.

Anthropologische Kernannahmen beschreiben Menschen nicht in Gänze. Sie erheben keinen Anspruch, *alle* Aspekte des Menschseins zu erfassen, vielmehr heben sie bestimmte Aspekte hervor und vernachlässigen andere. Durch ihre Hervorhebungen sind sie nicht wertneutral, sondern wertgetränkt. Die Entscheidung für ein bestimmtes Menschenbild ist somit immer mit Wertvorstellungen verbunden. So macht es beispielsweise für das Verständnis vom Lernen, seinen Organisationsformen sowie für die Zielvorstellen einen Unterschied, ob man Menschen im Sinne der klassischen Psychoanalyse in ständiger Auseinandersetzung der psychischen Instanzen Ich, Es und Über-Ich begreift, ob man sie als ein System versteht, das wiederum in vielfältigen Zusammenhängen mit anderen Systemen steht, ob man sie als Reiz-Reaktionswesen konzipiert oder ob man zur Beschreibung und Erklärung ihres Verhaltens die Computermetapher für geeignet hält. Da viele weitere Menschenbildannahmen denkbar sind, brauchen ihre Klärung und Festlegung sorgfältige Überlegungen und Begründungen. So spielt in diesem Zusammenhang eine Rolle, ob man die vorgeschlagenen

173

Menschenbildannahmen auch für sich selbst gelten lassen möchte oder nicht (Selbstanwendungsprinzip, ► Kap. 3.20, 4.6).

6.2   Folgerungen und Hypothesen

Wenn die Entscheidungen für bestimmte anthropologische Kernannahmen nach sorgfältigen Abwägungen gefallen sind, dann gilt es, daraus Folgerungen abzuleiten; zunächst für das Verständnis von Lernen, danach für das Verständnis von Lehren, danach für die Gestaltung von Lehr-Lernsituationen in Gruppen (Wahl 2006) und schließlich für die Strukturen, unter denen das alles für größere Zahlen von Schülern, Lerngruppen und Lehrkräften organisiert werden kann. Auf diese Weise kommt man Schritt für Schritt von der Mikroebene zur Makroebene. Hierbei haben sich die Logiken der jeweils erforderlichen Strukturen und Organisationsformen immer an der Logik der Aufgaben der jeweils darunter liegenden Ebenen zu orientieren. Diese haben jene möglichst zu schützen und sollten nicht im Widerspruch zu ihnen liegen. Mit anderen Worten: Mikro muss immer Ausgangspunkt und Maßstab für Meso und Makro bleiben. Diese logische Vorordnung gilt übrigens nicht nur für Schulen, sondern für alle Einrichtungen.

Helmut Fend (2008) hat die unterschiedlichen Gestaltungs- und Organisationsebenen des Schulsystems, einschließlich ihrer Übergänge sehr sorgfältig und anschaulich beschrieben. Allerdings nimmt er in seinen Beschreibungen die Perspektive des top-down, also von Makro zu Mikro ein, weil ihn die Frage der Steuerbarkeit interessiert. Doch kann man meines Erachtens Einrichtungen und Organisationen erst dann erfolgreich top-down gestalten und steuern, wenn man zuvor ihre Logiken aus der Perspektive bottom-up durchdacht und begriffen hat. Dieser Voraussetzung kommt Fend (2008) in seinen – sonst sehr fundierten – Darstellungen leider nicht konsequent nach. Er konzipiert seinen »Masterplan der schulischen Menschenbildung« von »oben« nach »unten« ohne zuvor auf der Grundlage explizierter Menschenbildannahmen den Aufbau der Schulhierarchie bottom-up durchdacht und konzipiert zu haben.

Bei der Festlegung der anthropologischen Kernannahmen und den Ableitungen der Zielvorstellungen ist zu beachten, dass sie im Einklang mit dem gesetzlichen Auftrag von Schulen stehen (müssen). In der SE-Debatte spielen hingegen die Schulgesetze als Bezugspunkt keine Rolle. Vielmehr wurden internationale Vergleichsuntersuchungen zur Begründung für SE-Maßnahmen herangezogen. Die Plätze deutscher Schüler im internationalen Ranking fanden Interesse und sorgten für Aufsehen. Ob hingegen Lehrerkollegien und Schulleitungen aufgrund ihrer Möglichkeiten und zugestandenen Mittel den gesetzlichen Auftrag von Schulen einlösen können, scheint weder für die Öffentlichkeit noch für die zuständigen Kultusbehörden, schon gar nicht für die SE-Autoren von wirklicher Bedeutung zu sein. Die SE-Debatte hat dazu beigetragen, dass in den bildungspolitischen Diskussionen das Abschneiden im Vergleich mit anderen Ländern ein größeres Gewicht erhält als eventuelle Defizite bei der Einlösung eigener Ansprüche und Vorgaben.

In einem weiteren Strang sind auch die Konsequenzen für die Lehrerbildung zu berücksichtigen. Auch ihre Wirksamkeit hängt letztlich von gelingenden Lernprozessen ab. Was sich beim schulischen Lernen zur Reformierung bewährt, dürfte in der Lehrerbildung prinzipielle Parallelen finden. Von SE-Autoren wurde bislang nur gefordert, »Schulentwicklung« als *Thema und Ausbildungsinhalt* in die Lehrerbildung einzubringen. Konsequenzen für ihre Gestaltung und Strukturierung der Lehrerbildung selbst wurden von den SE-Autoren nicht gezogen. Ein konsequenter Bezug zu den anthropologischen Kernannahmen muss sich aber auch auf die methodische Gestaltung der Lehrerbildung auswirken. Hierbei stellen die Brüche zwischen den drei Phasen ein seit Jahrzehnten ungelöstes Problem dar. Bislang sind sie nicht so gestaltet, dass sie einander ergänzen und aufeinander aufbauen. Vielmehr ist es so, dass sie unverbunden nebeneinander existieren und sich sogar teilweise gegenseitig invalidieren. Die oben erwähnte Expertenkommission der KMK (Terhart 2000b) hat daher vorgeschlagen, die Lehrerbildung durch eine vierte Phase zu ergänzen. Man kann die postulierte Notwendigkeit zu einer solchen Berufs-Eingangs-Phase (BEP) auch als Bankrotterklärung für die bestehende Lehrerbildung verstehen. Ferner wird das leidige Thema der »Theorie-Praxis-Kluft« so diskutiert, als ob diese Kluft zwischen der Hochschule einerseits und der schulischen Praxis andererseits bestünde. Tatsächlich existiert die Unverträglichkeit zwischen »Theorie« und »Praxis« in der Hochschule, weil sich Inhalte und Ansprüche einerseits mit den (Organisations-)Formen und Prozeduren des Lehramtstudiums andererseits nicht auf einen stimmigen Nenner bringen lassen. Um es im Klartext zu formulieren: Die theoretischen Inhalte der Lehrerbildung werden von den Lehramtsstudenten und Referendaren nur erworben, um sie in Prüfungen als Tauschmittel für gute Noten einsetzen zu können. Was den Erwerb ihrer Handlungskompetenzen betrifft, so werden sie in den Hochschulen dadurch beeinflusst, dass sie nach wie vor wie unmündige Schüler behandelt werden, denen anscheinend alle Formen ihres Denkens und Handelns vorzuschreiben sind.

Wenn die Ableitungen und Folgerungen als plausibel und stimmig gelten können, dann müssen sie empirischen Bewährungsproben ausgesetzt werden. Diese sollten von Erfahrungen aus Alltagsbeobachtungen über Fallstudien bis zu empirischen Datenerhebungen in quasiexperimentellen, möglichst multivariaten Versuchsanordnungen reichen (▶Kap. 5.4). Eine wichtige Rolle wird dabei auch die Kontrolle bzw. Überprüfung von unterschiedlichen Rand- und Rahmenbedingungen spielen müssen (▶Kap. 3.12).

Bei allen Ableitungen und Folgerungen ist immer zu bedenken, dass es sich nicht um Wahrheiten, sondern allein um Hypothesen handelt. Nicht nur sie, sondern auch ihre fundierenden Annahmen sind daher immer wieder reflexiv zu bedenken. Da es bei der Erarbeitung von Modellen und Theorien zur Unterrichtsgestaltung und zur Organisation von Schulen um Gestaltungswissen (technologisches Wissen, ▶Kap. 3.11) handelt, ist zu beachten, welche Hypothesen dem Wahrheitskriterium »wahr oder falsch« genügen müssen und welche Hypothesen ein technologisches Wahrheitskriterium zu erfüllen haben. In diesem Fall ist zu fragen, ob die entsprechenden Handlungen und Maßnahmen praktikabel, wirksam, nützlich und ökonomisch sind. Nicht zuletzt müssen sich alle Ableitungen auch an den ethischen Maßstäben, insbesondere am Selbstanwendungsprinzip und an der Metanorm »Sollen impliziert Können« (▶ Kap. 3.20, 4.6) messen lassen. Nur so können schulische Pädagogik und Lehrerbildung eine theoretische Stimmigkeit und Glaubwürdigkeit erlangen.

Technologisches Wissen zur Unterrichtsgestaltung und Organisation von schulischen Abläufen auf der Grundlage von geklärten anthropologischen Kernannahmen zu erarbeiten, stellt somit insgesamt ein sehr umfangreiches Vorhaben dar. Es ist so umfangreich, dass Skeptiker es für utopisch oder gar für naiv halten mögen. Diesem Einwand ist entgegenzuhalten, dass sich ein solches Vorhaben als stimmiger und glaubwürdiger, letztlich auch als praktikabler, nützlicher und erfolgreicher erweisen dürfte als die SE-Forschung, die sich weder auf geklärte Prämissen noch auf klare Zielvorstellungen beziehen kann. Zumal sich nach Ansicht der SE-Autoren die »Qualität« von Lehr-Lernsituationen und schulischen Organisationsformen von Schule zu Schule an unterschiedlichen Kriterien auszurichten habe, so dass letztlich nur das jeweilige Kollegium darüber befinden könne. Hält man jedoch nicht am Mythos von der Einmaligkeit der Einzelschule fest, sondern besinnt sich darauf, dass Schulen viel mehr Gemeinsames als Unterschiedliches haben, dann können alle Kollegien und Forschungseinrichtungen, die sich in ihrer Arbeit den selben anthropologischen Kernannahmen verpflichtet fühlen, gemeinsam fruchtbares Handlungswissen erarbeiten. Sie können sich gegenseitig anregen und ergänzen. Sie können sich innerhalb der Zusammenarbeit auch spezielle Teilaufgaben als Fragestellung vornehmen, ohne dadurch in eine Konkurrenzsituation zu geraten.

Die in der SE-Debatte vertretene These, dass die Einzelschule sich durch ihre Einzigartigkeit auszeichne, erschwert es, gemeinsame Probleme zu erkennen und gemeinsamen an Lösungsperspektiven zu arbeiten. Sie förderte Zersplitterung von Interessen und Ressourcen. Sie trägt dazu bei, dass Schulleitungen und Kollegien Zeit und Ressourcen in die Außendarstellung ihrer Schule investieren, die der Arbeit mit den Schülern fehlen.

6.3 Veränderungen von Positionen und Verantwortungen

Wenn die Arbeit an der Schulreform in ihrer Logik konsequent bottom-up konzipiert werden würde, würde sich dadurch auch das Verständnis für die Aufgaben und Verantwortlichkeiten auf den unterschiedlichen Hierarchieebenen des Schulsystems ändern. Die in der SE-Debatte immer wieder vorgetragene Behauptung, dass der Unterricht das Kerngeschäft einer Schule darstelle, würde aus der Unverbindlichkeit herausgeholt und ernst genommen. Damit würde anerkannt, dass letztlich das Expertentum der Lehrkräfte für die Wirksamkeit von Schulen

Ausschlag gebend ist. Lehrerinnen und Lehrer sind – ganz im Sinne verschiedener Beschlüsse der KMK – die Fachleute für das Kerngeschäft Unterricht. Alle anderen Aufgaben, die sich aus der Notwendigkeit zur Aufrechterhaltung, Strukturierung und Organisation der Unterrichtstätigkeit in größeren Einheiten ergeben, haben zwar ebenfalls eine wichtige, doch letztlich nachgeordnete Funktion.

Peter Fürstenau hat 1969 in einem damals viel beachteten Beitrag die ungünstigen Auswirkungen geschildert, die dadurch entstehen, dass das Schulwesen nach der Logik einer klassischen Bürokratie top-down organisiert ist. Als alternative Möglichkeit beschreibt er Aufgaben und Organisationsformen, die sich aus einem Human-Relation-Modell ergeben, das sich in seiner Logik daran orientiert, dass in Schulen das Gelingen zwischenmenschlicher Interaktionen von großer Bedeutung für ihren Erfolg ist. Entsprechend heißt es in einer gemeinsamen Erklärung von KMK und den Bildungs- und Lehrergewerkschaften: »Die Qualität einer guten Schule und die Wirksamkeit eines guten Unterrichts werden entscheidend durch die professionellen und die menschlichen Fähigkeiten von Lehrerinnen und Lehrern geprägt. (...) Schülerinnen und Schüler müssen spüren, dass ihre Lehrerinnen und Lehrer ›ein Herz‹ für sie haben« (Kultusminsterkonferenz 2000, 3). Wenn Interaktionen und Beziehungsgestaltung als grundlegende Gelingensbedingungen anerkannt werden und die Lehrkräfte als die dafür zuständigen Experten angesehen werden, dann verschieben sich die Aufgaben der Schulaufsicht immer mehr von der Kontrolle zur Unterstützung der Lehrkräfte. Zumal in der Perspektive des Human-Relation-Modells von Organisationen für die Entwicklung und Einhaltung der professionellen Leitlinien von den Experten selbst in Fachverbänden gesorgt wird.

Unter der Perspektive, dass die Lehrkräfte als die eigentlichen Experten für das schulische Kerngeschäft anerkannt werden, bekommen auch Erziehungswissenschaftler eine andere Position. Ihre Aufgabe ist es dann, praktikable und vor allem fruchtbare Konzepte, Modelle und Theorien für ihre Kollegen in der Schulpraxis zu entwickeln. Sie bekommen somit eine Unterstützungs- und Zuliefererfunktion. Ihr Renommee ergibt sich in dieser Funktion daraus, dass sich die Wirksamkeit und Nützlichkeit ihrer wissenschaftlichen Arbeit und Forschungen in der pädagogischen Praxis erkennbar als produktiv nachweisen lassen. Erziehungswissenschaftler können sich unter dieser Vorgabe ohne nachgewiesene Praxistauglichkeit ihrer Konzepte nicht mehr als Besserwisser betätigen. Es führt nicht zu ihrer Anerkennung, wenn sie behaupten, aus unterschiedlichsten Theorien und Disziplinen einen »Theorienverbund« zusammengefügt zu haben. Es gilt dann auch nicht mehr als verdienstvoll, aus vielfältigen, eklektischen Aspekten ein Mosaik oder gar ein Modell einer ›Lernenden Schule‹ geschaffen zu haben. Ebenso wenig fördert es ihre wissenschaftliche Reputation, wenn sie nur schlicht behaupten, alles müsse *neu* gedacht und geschaffen werden. Lehrkräfte und Schulleitungen würden sich mit derartigen Leerformeln nicht zufrieden geben. Und der Öffentlichkeit wäre klar, dass universitäre Lehrstühle falsch besetzt sind, wenn ihre Vertreter für die schulische Praxis keine wirklich hilfreichen Erkenntnisse anzubieten haben.

Erziehungswissenschaftler können sich dann eine abgehobene, blumige, metaphernreiche Sprache nicht mehr leisten. Sie müssen klare und eindeutige Begriffe verwenden und zu Aussagen kommen, die auf Argumenten beruhen und sich überprüfen lassen (►Kap. 3.1 – 3.5). Ebenfalls müssen sie die unterschiedlichen Funktionen von De- und Präskriptionen unterscheiden und beachten können. Um es klar zu benennen: Erziehungswissenschaftler können nur dann für das Gelingen von schulischem Lernen einen Beitrag leisten, wenn sie von wissenschaftlicher Arbeit, Forschung und ethischer Redlichkeit ein diametral anderes Verständnis als die SE-Autoren haben.

Verändern müsste sich auch die Position und Verantwortung der Schulbehörden. Ihre Vertreter hätten gegenüber den Erziehungswissenschaftlern, wenn sich diese als Politikberater andienen, eine skeptischere Haltung einzunehmen. Sie müssen von ihnen den Nachweis der Bewährung und Nützlichkeit ihrer Ideen verlangen. Nicht zuletzt auch im Sinne der Fürsorge für die Lehrkräfte und Schulleitungen. Dazu gehört es auch, dass Reformen nicht sofort flächendeckend, sondern erst nach erfolgreichen Bewährungsproben eingeführt werden (►Kap. 3.17). So bleibt beispielsweise unverständlich, wieso in Bremen und Schleswig-Holstein das »Institutionelle Schulentwicklungsprogramm (ISP)« mit Unterstützung der Schulbehörden eingeführt wurde, obwohl zu diesem Zeitpunkt in NRW schon zu erkennen war, dass sich die damit verbundenen Hoffnungen nicht einlösen lassen.

Es mag für die zuständigen Behördenvertreter und Wissenschaftler sehr enttäuschend gewesen sein, dass die aufwändigen Modellversuche zur Schulentwicklung in NDS und NRW unter dem Strich keine bedeutsamen Effekte nachweisen konnten. Noch viel bedauerlicher ist aber die Tatsache, dass sie daraus keine Lehren gezogen haben. Die in die Modellversuche eingegangenen Annahmen wurden keiner Revision unterzogen, so dass sie in der bildungspolitischen Diskussion nach wie vor eine Rolle spielen, Lehrkräfte und Schulleitungen belasten und die Steuerzahler ein Vermögen kosten.

Wie vorschnell, leichtfertig und unbedacht bislang in den Schulbehörden von Lehrkräften und Schulleitungen schulische Reformen erwartet wurden, zeigt sich daran, dass inzwischen in fast allen Bundesländern um einen »Schulfrieden« gerungen werden muss.

Nicht zuletzt verändert sich auch die Position der Lehrkräfte, wenn sie als die eigentlichen Experten für das schulische Kerngeschäft gelten. Sie müssen sowohl den Erziehungswissenschaftlern als auch den Behördenvertretern gegenüber selbstbewusster auftreten (können). Sie setzen sich mit deren Anregungen und den Ansinnen kompetent und kritisch auseinander. Sie trauen sich, Aussagen wie »Das ultimative Ziel von Schulentwicklung sind die Lernfortschritte der Schüler«, Begriffe wie »Problemlöseschule«, »Architektur einer Lernenden Schule« oder »Ganzheitliche Schulentwicklung (GSE)«, »Selbsterneuerungsfähigkeit von Schulen« und andere Thesen der SE-Debatte als Leerformel zu entlarven. Sie lassen sich nicht mehr durch pompöse Formulierungen beeindrucken, sondern orientieren sich an einem sorgfältig durchdachten Berufsethos. Sie entwickeln in ihren Fachverbänden aufgrund ihrer Expertise eigene Reformvorschläge. Wenn sie ihren gesetzlichen Auftrag erfüllen sollen, dann fordern sie hierfür die erforderlichen Rahmenbedingungen ein. Es gehört zu ihrem Expertentum, dass sie sich konsequent um die eigene Fort- und Weiterbildung bemühen. Das meint auch, dass Supervision und Coaching nicht mehr als Beratungsformen für solche Lehrkräfte angesehen werden, die »es nötig haben«, sondern als wichtige Instrumente zur Sicherung von Kompetenz und Professionalität sowie der eigenen Gesundheit gelten.

Es verändert sich nicht nur die Position der Lehrkräfte, sondern es wird auch ihre Zuständigkeit und Verantwortung präzisiert. Sie sind für das erfolgreiche Lernen ihrer Schüler zuständig. Für nichts anderes. Wenn laut KMK Schülerinnen und Schüler spüren sollen, dass ihre Lehrerinnen und Lehrer ein Herz für sie haben, und umgekehrt die Lehrkräfte das Herz ihrer Schüler gewinnen sollen, dann erfordert das den ganzen Einsatz. Mit ihrer Forderung, Lehrkräfte sollten nicht mehr nach dem Motto »Ich und meine Klasse« bzw. »Ich und meine Schüler« sondern nach dem Wahlspruch »Ich und meine Schule« handeln, zeigen die SE-Autoren, dass sie das Wesentliche einer Organisationslogik nicht begriffen haben. Organisationen können ihre Leistungen nur aufgrund von klaren Arbeitsteilungen und unterschiedlichen Zuständigkeiten erreichen (Girschner 1990). Lehrer haben für ihre Schüler zuständig und verantwortlich zu sein. Für alle anderen schulischen Aufgaben gibt es Schulleitungen, Koordinatoren, Obleute, Verwaltungskräfte, Sekretärinnen, Hausmeister, Reinigungskräfte, Fahrer usw. Diese haben den Lehrkräften den Rücken frei zu halten, damit sie sich mit ganzer Kraft und Aufmerksamkeit dem Fortkommen ihrer Schüler widmen können. Je mehr sie dadurch Erfolg und Zufriedenheit in ihrem beruflichen Alltag erreichen können, desto leichter fällt ihnen auch die Identifikation mit ihrer Schule. Nicht umgekehrt. Der Wahlspruch »Ich und meine Schule«, vielleicht noch »Ich in der kooperativen Vernetzung« oder »Ich und meine Bildungslandschaft« tragen im Schulbetrieb zur Verunklarung von Zuständigkeit und Verantwortung bei. Das gilt vermutlich auch für Steuergruppen.

Zwar wird das Schul- und Bildungswesen nach wie vor top-down *verwaltet* werden müssen. Doch die Kriterien für die Strukturen und Organisationsformen der *pädagogischen Arbeit* müssen die anthropologischen Kernannahmen als Gegenstandsverständnis sowie die in den Schulgesetzen niedergelegten Zielvorstellungen liefern. Damit diese Bottom-up-Orientierung an der Logik des Menschenbildes nicht durch die Vorschriften und Abläufe der Verwaltung konterkariert werden, empfiehlt Schulze (2012, 27) eine spezielle Einrichtung, deren Aufgabe es ist, die Aufrechterhaltung der Bottom-up-Orientierung in der pädagogischen Arbeit zu sichern.

Wenn man bedenkt, dass Lernen einen ganz persönlichen, subjektiven Prozess darstellt, der von außen nur bedingt beeinflusst werden kann, muss man die Frage nach der entsprechenden Zuständigkeit und Verantwortung auch bei den Schülern stellen. Sie von der Verantwortung für ihren Lernprozess völlig zu entbinden, ist vermutlich nicht mit dem gesetzlichen Auftrag von Schulen vereinbar. Ihnen die Verantwortung völlig zuzuschieben ist ebenfalls nicht zu rechtfertigen. Abhängig von ihrem Alter und von den situativen Bedingungen, muss vermutlich zwischen den Lehrkräften und ihren Schülern die Zuständigkeit und die (Mit-)Verantwortung für den Lernerfolg immer wieder neu geklärt und festgelegt werden. In der SE-Debatte werden jedoch Schüler, um deren Lernen es in Schulen geht, – wenn überhaupt – nur am Rande erwähnt.

179

So weit erste Umrisse zu Desideraten und zu Alternativen der SE-Debatte. Hilbert Meyer (1997, 199) hat sich von einer Scheiternsforschung der Schulentwicklung erhellende Einsichten erhofft. Die Einsicht besteht darin, dass es bei der Reformierung von Schulen erforderlich ist, völlig anders vorzugehen als es von den SE-Autoren vorgesehen ist. Die Schulentwicklungsdebatte schafft somit viele Anlässe, Erfordernisse und Möglichkeiten, aus Fehlern klug zu werden. Hierfür sollte in diesem letzten Kapitel ein Vorgehen skizziert werden.

Literaturverzeichnis

Altrichter, H. (2006): Schulentwicklung: Widersprüche unter neuen Bedingungen. Bilanz und Perspektiven nach 15 Jahren Entwicklung von Einzelschulen. Pädagogik, 58, Heft 3, 6–10.

Altrichter, H. & Salzgeber, S. (1996): Zur Mikropolitik schulischer Innovation. In: H. Altrichter & P. Posch (Hrsg.): Mikropolitik der Schulentwicklung. Förderliche und hemmende Bedingungen für Innovationen in der Schule. Innsbruck (Studienverlag), 96–169.

Altrichter, H., Schley, W. & Schratz, M. (Hrsg.) (1998): Handbuch zur Schulentwicklung, Innsbruck (Studienverlag).

Altrichter, H. & Rolff, H.-G. (2000): Theorie und Forschung in der Schulentwicklung. Journal für Schulentwicklung, Heft 4, 4–8.

Altrichter, H. & Maag Merki, K. (2010): Steuerung der Entwicklung des Schulwesens. In: H. Altrichter & K. Maag Merki (Hrsg.): Handbuch Neue Steuerung im Schulsystem. Wiesbaden (Verlag für Sozialwissenschaften), 15–39.

Bätz, R. (2007): Kritik der »Einführung in die Theorie der Schulentwicklung« von Sibylle Rahm. – Ein öffentlicher Beitrag aus der Provinz. Bamberg. (www.roland-baetz.de/¬dokumente/baetz_kritik-der-einfuehrung.pdf).

Bastian, J. (1997): Pädagogische Schulentwicklung. Von der Unterrichtsreform zur Entwicklung der Einzelschule. Pädagogik, Heft 2, 6–12.

Bastian, J. (1999): In Schulentwicklungsprozessen lernen. Oder: Was hilft bei der Entwicklung der eigenen Schule? Pädagogik, Heft 2, 6–7.

Bastian, J. (2010): Pädagogische Schulentwicklung. In: Th. Bohl, W. Helsper, H. G. Holtappels & C. Schelle (Hrsg.): Handbuch Schulentwicklung. Theorie – Forschungsbefunde – Entwicklungsprozesse – Methodenrepertoire. Bad Heilbrunn (Klinkhardt), 93–96.

Bauer, K.-O. (2010a): Schule leiten mit dem Schulprogramm. In: R. Pfundtner (Hrsg.): Grundwissen Schulleitung I. Handbuch für das Schulmanagement. Köln (Carl Link), 27–36.

Bauer, K.-O. (2010b): Methoden und Techniken der Evaluation. In: Th. Bohl, W. Helsper, H. G. Holtappels & C. Schnelle (Hrsg.): Handbuch der Schulentwicklung. Bad Heilbrunn (Klinkhardt), 535–542.

Berkemeyer, N. & Feldhoff, T. (2010): Schulische Steuergruppen. In: Th. Bohl, W. Helsper, H. G. Holtappels & C. Schelle (Hrsg.): Handbuch Schulentwicklung. Theorie – Forschungsbefunde – Entwicklungsprozesse – Methodenrepertoire. Bad Heilbrunn (Klinkhardt), 183–186.

Berkemeyer, N., Lehmkuhl, U. & Pfeiffer, H. (2010): Netzwerke. In: Th. Bohl, W. Helsper, H. G. Holtappels & C. Schelle (Hrsg.): Handbuch Schulentwicklung. Bad Heilbrunn (Klinkhardt), 303–306.

Binneberg, K. (1993): Sprache, Logik, Pädagogik. Weinheim (Deutscher Studienverlag).

Böhmann, M. & Hoffmann, K. (1999): Motoren in Sachen Schulentwicklung? Warum junge Kolleg/innen Reformkräfte sein wollen und nur selten sein können. Journal für Schulentwicklung, Heft 4, 64–67.

Böttcher, W. & Schratz, M. (2005): Die Gestaltung regionaler Bildungslandschaften als Qualitäts- und Gleichheitsauftrag. Journal für Schulentwicklung, Heft 1, 4–9.

Bohl, Th. (2009): Theorien und Konzepte der Schulentwicklung. In: Blömeke, S., Bohl, Th., Haag, L., Lang-Woitasik, G. & Sacher, W. (Hrsg.): Handbuch Schule. Bad Heilbrunn (Klinkhardt), 553–559.

Bohl, Th., Helsper, W., Holtappels, G. & Schelle, C. (Hrsg.) (2010): Handbuch Schulentwicklung. Theorie – Forschungsbefunde – Entwicklungsprozesse – Methodenrepertoire. Bad Heilbrunn (Klinkhardt).

Bonsen, M. (2010): Die Bedeutung der Schulleitung für die Schulentwicklung. In: Th. Bohl, W. Helsper, G. Holtappels & C. Schelle (Hrsg.) (2010): Handbuch Schulentwicklung. Theorie – Forschungsbefunde – Entwicklungsprozesse – Methodenrepertoire. Bad Heilbrunn (Klinkhardt), 199–203.

Brügelmann, H. (2005): Schule verstehen und gestalten. Konstanz/Lengwil (Libelle).

Brüsemeister, T. (2009): Steuergruppen als Basis von Schulentwicklung. Zum Gewinn mehrdeutiger Akteure und loser Kopplung. In: N. Berkemeyer, M. Bonsen & B. Harazd (Hrsg.): Perspektiven der Schulentwicklungsforschung. Festschrift für Hans-Günter Rolff. Weinheim (Beltz), 103–117.

Buchmann, F. (2009): Schulentwicklung verstehen. Die soziale Konstruktion des Wandels. Münster (Waxmann).

Büeler, X. (2000): Schulentwicklung – Praxis *und* Wissenschaft? Journal für Schulentwicklung, 4, Heft 4, 17–31.

Buhren, H. (1994): Personalentwicklung in der Schule. In: H. Buchen, L. Horster & H.-G. Rolff (Hrsg.): Schulleitung und Schulentwicklung. Loseblattsammlung, C 2.1, Stuttgart (Raabe).

Buhren, C. G. (1995): Entfaltung der Lernkultur durch Organisationsentwicklung. In: H. G. Holtappels (Hrsg.): Entwicklung von Schulkultur. Ansätze und Wege schulischer Erneuerung. Neuwied (Luchterhand), 200–221.

Buhren, C. G. (2010): Einführung: Personalentwicklung, Personalmanagement und Professionalisierung. In: Bohl, Th., Helsper, W., Holtappels, H. G. & Schelle, C. (Hrsg.): Handbuch Schulentwicklung. Bad Heilbrunn (Klinkhardt), 225–231.

Buhren, C. G. & Rolff, H.-G. (2002): Personalentwicklung in Schulen. Konzepte, Praxisbausteine, Methoden. Weinheim (Beltz).

Buhren, C. G. & Rolff, H.-G. (2009): Personalmanagement für die Schule. Ein Handbuch für Schulleitung und Kollegium. Weinheim (Beltz). (2., erw. Auflg.)

Burkard, C. (1995): Können Schulen durch Evaluation lernen? Organisationsberatung, Supervision, Clinical Management, 2, 141–156.

Burkard, C. & Eikenbusch, G. (2000): Praxishandbuch Evaluation in der Schule. Berlin (Cornelsen/Scriptor).

Burkard, C. & Eikenbusch, G. (2006): Evaluation. Ein Leitfaden. In: H. Buchen & H.-G. Rolff (Hrsg.): Professionswissen Schulleitung. Weinheim (Beltz), 1292–1342.

Cohn, R. (1975): Von der Psychoanalyse zur Themenzentrierten Interaktion. Stuttgart (Klett).

Czerwanski, A. (Hrsg.) (2003): Schulentwicklung durch Netzwerkarbeit. Erfahrungen aus den Lernnetzwerken im ›Netzwerk innovativer Schulen in Deutschland‹. Gütersloh (Bertelsmann Stiftung).

Dalin, P. (1986): Organisationsentwicklung als Beitrag zur Schulentwicklung. Innovationsstrategien für die Schule. Paderborn (Schöningh).

Dalin, P. (1997): Schule auf dem Weg in das 21. Jahrhundert. Neuwied (Luchterhand).

Dalin, P. & Rolff, H.-G. (1990): Institutionelles Schulentwicklungsprogramm. Eine neue Perspektive für Schulleiter, Kollegien und Schulaufsicht. Soest (Verlagskontor).

Dalin, P., Rolff, H.-G. & Buchen, H. (1998): Institutioneller Schulentwicklungsprozess. Ein Handbuch. Bönen (Verlag für Schule und Weiterbildung). (4. Aufl.)

Diekmann, A. (2010): Empirische Sozialforschung. Grundlagen, Methoden, Anwendungen. Reinbek bei Hamburg (Rowohlt). (4. Aufl.)

Döbler-Eschbach, S. (2011): Umgang mit Widerstand im Qualitätsprozess: Wie nehme ich mein Kollegium mit auf den Weg? In: H.-G. Rolff, E. Rhinow, Th. Röhrich & J. Teichert (Hrsg.): Qualität in allen Schulen – Handbuch für ein schulinternes Qualitätsmanagement. Neuwied (Wolters Kluwer/Carl Link), 204–210.

Dörner, D. (1989a): Die Logik des Misslingens. Strategisches Denken in komplexen Situationen. Hamburg (Rowohlt).

Dörner. D. (1989b): Unser Denken: Katastrophal? Psychologie heute, 46–55.

Dubs, R. (2006): Qualitätsmanagement. In: H. Buchen & H.-G. Rolff (Hrsg.): Professions-wissen Schulleitung. Weinheim (Beltz), 1206–1270.

Eikenbusch, G. (1998): Praxishandbuch Schulentwicklung. Berlin (Cornelsen).

Esslinger-Hinz, I. (2006): Schulentwicklungstheorie. Ein Beitrag zum schulentwicklungs-theoretischen Diskurs. Jena (Verlag IKS).

Feldhoff, T. (2007): Qualifizierungsmaßnahmen der schulischen Steuergruppen im Rah-men des Modellvorhabens »Selbständige Schule« in NRW. In: N. Berkemeyer & H. G. Holtappels (Hrsg.): Schulische Steuergruppen und Change Management. Theore-tische Ansätze und empirische Befunde zur schulinternen Schulentwicklung. Weinheim (Juventa), 139–156.

Feldhoff, T. & Gebauer, M. (2008): Qualifizierung und Professionalisierung im Modellvor-haben. In: H. G. Holtappels, K. Klemm & H.-G. Rolff (Hrsg.) (2008): Schulentwick-lung durch Gestaltungsautonomie. Ergebnisse der Begleitforschung zum Modellvorha-ben ›Selbständige Schule‹ in Nordrhein-Westfalen. Münster (Waxmann), 92–102.

Feldhoff, T., Kanders, M. & Rolff, H.-G. (2008a): Verortung und empirische Operationa-lisierung erweiterter Selbstständigkeit. In: H. G. Holtappels, K. Klemm & H.-G. Rolff (Hrsg.) (2008): Schulentwicklung durch Gestaltungsautonomie. Ergebnisse der Begleit-forschung zum Modellvorhaben ›Selbständige Schule‹ in Nordrhein-Westfalen. Münster (Waxmann). 47–62.

Feldhoff, T., Kanders, M. & Rolff, H.-G. (2008b): Schulleitung und innere Schulorgani-sation. In: H. G. Holtappels, K. Klemm & H.-G. Rolff (Hrsg.) (2008): Schulentwick-lung durch Gestaltungsautonomie. Ergebnisse der Begleitforschung zum Modellvorha-ben ›Selbständige Schule‹ in Nordrhein-Westfalen. Münster (Waxmann). 146–173.

Fend, H. (1986): »Gute Schulen – schlechte Schulen«. Die einzelne Schule als pädagogische Handlungseinheit. Die Deutsche Schule, 275–293.

Fend, H. (1994): Was ist eine gute Schule? In: K.-J. Tillmann (Hrsg.): Was ist eine gute Schule? Hamburg (Bergmann + Helbig), 14–25.

Fend, H. (2008): Schule gestalten. Systemsteuerung, Schulentwicklung und Unterrichtsqua-lität. Wiesbaden (Verlag für Sozialwissenschaften).

Fischer, D. (1998): Braucht Schulentwicklung eine Steuergruppe? Aufgaben und Funktio-nen von Steuergruppen. Journal für Schulentwicklung, Heft 4, 26–30.

Fitzen, S. (2007): Entwurf eines Modells zur Beschreibung schulischer Steuergruppen. In: N. Berkemeyer & H. G. Holtappels (Hrsg.): Schulische Steuergruppen und Change Ma-nagement. Theoretische Ansätze und empirische Befunde zur schulinternen Schulent-wicklung. Weinheim (Juventa), 157–176.

Fleck, L. (1983): Schauen, sehen, wissen. In: L. Fleck: Erfahrung und Tatsache. Gesammelte Aufsätze. Frankfurt/M. (Suhrkamp), 147–174.

Fleischer-Bickmann, W. (1994): Rahmenplan und Schulcurriculum. Einen Konsens über pädagogische Fragen und Zielsetzungen gemeinsam tragen. In: H. Buchen, L. Horster & H.-G. Rolff (Hrsg.): Schulleitung und Schulentwicklung. Loseblattsammlung, H 1.1, Stuttgart (Raabe).

Fooken, E. (1991): Zur Syntax-Problematik in der pädagogischen Fachsprache. In: J. Ruhloff & K. Schaller (Hrsg.): Pädagogische Einsätze 1991. Festschrift für Theodor Ballauff zum achtzigsten Geburtstag. St. Augustin (Academia). 87–103.

Fürstenau, P. (1969): Neuere Entwicklungen der Bürokratieforschung und das Schulwesen. Ein organisationssoziologischer Beitrag. In: C.-L. Furck (Hrsg.): Zur Theorie der Schule. Weinheim (Beltz), 47–66.

Fullan, M. (1999): Die Schule als lernendes Unternehmen. Konzepte für eine neue Kultur in der Pädagogik. Stuttgart (Klett-Cotta).

Fullan, M. (2000): Schulentwicklung im Jahr 2000. Journal für Schulentwicklung, Heft 4, 4–8.

Gipper, H. (1987): Das Sprachpriori. Sprache als Voraussetzung menschlichen Denkens und Erkennens. Bad Cannstatt (Frommann/Holzboog).

Girschner, W. (1990): Theorie sozialer Organisationen. Eine Einführung in Funktionen und Perspektiven von Arbeit und Organisation in der gesellschatlich-ökologischen Krise. Weinheim (Juventa).

Good, P. (1982): Von der Verantwortung des Wissens. In: P. Good (Hrsg.): Von der Verantwortung des Wissens. Frankfurt/M. (Suhrkamp), 123–159.

Groeben, N. (1986): Handeln, Tun, Verhalten als Einheiten einer verstehend-erklärenden Psychologie. Tübingen (Francke).

Hameyer, U. (1995): Innovation in Schritten – Ergebnisse zur Selbsterneuerungsfähigkeit von Grundschulen in vier Nationen. In: H. G. Holtappels (Hrsg.): Entwicklung von Schulkultur. Ansätze und Wege schulischer Erneuerung. Neuwied (Luchterhand), 146–164.

Hameyer, U. (1998): Orientierungspunkte für die Entwicklung von Schulprogrammen. In: Ministerium für Bildung, Wissenschaft, Forschung und Kultur des Landes Schleswig-Holstein (Hrsg.): Wege zum Schulprogramm. Kiel, 6–41.

Hameyer, U. (1999): Stolpersteine im Schulentwicklungsprozess. Aus Denkfehlern lernen. Journal für Schulentwicklung, Heft 2, 66–72.

Hameyer, U. & Schratz, M. (1998): Schulprogramme: Wegweiser von der Vision zur Gestaltung der Schule. In: H. Altrichter, W. Schley & M. Schratz (Hrsg.): Handbuch zur Schulentwicklung. Innsbruck (Studienverlag). 86–110.

Hameyer, U. & Schley, W. (1999): Konflikte bei Licht – Triebfeder der Schulentwicklung? Journal für Schulentwicklung, Heft 2, 4–8.

Hameyer, U., Fleischer-Bickmann, W. & Reimers, H. (Hrsg.) (2000): Schulprogramme. Porträts ihrer Entwicklung. Kronshagen (Körner).

Händeler, E. (2003): Die Geschichte der Zukunft. Sozialverhalten heute und der Wohlstand von morgen. Moers (Brendow).

Harazd, B., Bonsen, M. & Berkemeyer, N. (2009): Schule als Gestaltungsaufgabe. In: N. Berkemeyer, M. Bonsen & B. Harazd (Hrsg.): Perspektiven der Schulentwicklungsforschung. Festschrift für Hans-Günter Rolff. Weinheim (Beltz), 50–69.

Hascher, T. & Schmitz, B. (Hrsg.) (2010): Pädagogische Interventionsforschung: Theoretische Grundlagen und empirische Handlungswissen. Weinheim (Juventa).

Hattie, J. (2007): Developing Potentials for Learning: Evidence, assesment, and progress. PPP (www.education.auckland.ac.nz/webdav/site/education/shared/hattie/docs/EARLI-¬ presentation-by-john-hattie.ppt). Aufruf 25.V.2011.

Helmke, A. (2003): Unterrichtsqualität – erfassen, bewerten, verbessern. Seelze (Kallmeyer).

Helsper, W. (2010): Einführung: Die Bedeutung der Einzelschule. In: Th. Bohl, W. Helsper, H. G. Holtappels & C. Schelle (Hrsg.): Handbuch Schulentwicklung. Theorie – Forschungsbefunde – Entwicklungsprozesse – Methodenrepertoire. Bad Heilbrunn (Klinkhard), 389–396.

Höher, P. & Rolff, H.-G. (1996): Neue Herausforderungen an Schulleiterrollen: Management-Führung-Moderation. In: H.-G. Rolff, K.-O. Bauer, K. Klemm & H. Pfeifer (Hrsg.): Jahrbuch der Schulentwicklung, Band 9: Daten, Beispiele und Perspektiven. Weinheim (Juventa), 187–220.

Holtappels, H. G. (1995a): Schulkultur und Innovation - Ansätze, Trends und Perspektiven der Schulentwicklung. In: H. G. Holtappels (Hrsg.): Entwicklung von Schulkultur. Ansätze und Wege schulischer Erneuerung. Neuwied (Luchterhand), 6–36.

Holtappels, H. G. (1995b): Innere Schulentwicklung: Innovationsprozesse und Organisationsentwicklung. In: H.-G. Rolff (Hrsg.): Zukunftsfelder von Schulforschung. Weinheim (Beltz), 327–354.

Holtappels, H. G. (2002): Schulentwicklung mit dem Schulprogramm. Inhaltsanalyse der Schulprogrammtexte Hamburger Schulen. Journal für Schulentwicklung, Heft 3, 8–18.

Holtappels, H. G. (2007): Schulentwicklungsprozesse und Change Management. In: N. Berkemeyer & H. G. Holtappels (Hrsg.): Schulische Steuergruppen und empirische Befunde zur schulinternen Schulentwicklung. Weinheim (Juventa), 11–39.

Holtappels, H. G. (2009): Unterrichtsentwicklung und Schulentwicklung. In: Blömeke, S., Bohl, Th., Haag, L., Lang-Woitasik, G. & Sacher, W. (Hrsg.): Handbuch Schule. Bad Heilbrunn (Klinkhardt), 588–591.

Holtappels, H. G. (2010a): Schule als Lernende Organisation. In: Th. Bohl, W. Helsper, H. G. Holtappels & C. Schelle (Hrsg.): Handbuch Schulentwicklung. Theorie – Forschungsbefunde – Entwicklungsprozesse – Methodenrepertoire. Bad Heilbrunn (Klinkhardt), 99–105.

184

Holtappels, H. G. (2010b): Schulprogramm als Entwicklungsinstrument. In: Th. Bohl, W. Helsper, H. G. Holtappels & C. Schelle (Hrsg.): Handbuch Schulentwicklung. Theorie – Forschungsbefunde – Entwicklungsprozesse – Methodenrepertoire. Bad Heilbrunn (Klinkhardt), 266–272.

Holtappels, H. G. (2010c): Methoden zur Entwicklung eines Schulprogramms. In: Th. Bohl, W. Helsper, H. G. Holtappels & C. Schelle (Hrsg.): Handbuch Schulentwicklung. Theorie – Forschungsbefunde – Entwicklungsprozesse – Methodenrepertoire. Bad Heilbrunn (Klinkhard), 527–534.

Holtappels, H. G. (2010d): Schulentwicklungsforschung. In: Th. Bohl, W. Helsper, H. G. Holtappels & C. Schelle (Hrsg.): Handbuch Schulentwicklung. Theorie – Forschungsbefunde – Entwicklungsprozesse – Methodenrepertoire. Bad Heilbrunn (Klinkhardt), 26–29.

Holtappels, H. G. (2012): Typologien über das Scheitern von Schulen – Problemzusammenhänge. In: SchulVerwaltung Spezial 14, Heft 2, 14–16.

Holtappels, H. G. & Müller, S. (2002): Inhalte und Struktur von Schulprogrammen. Inhaltsanalyse der Schulprogramme Hamburger Schulen. In: H.-G. Rolff, H. G. Holtappels, K. Klemm, H. Pfeiffer & R. Schulz-Zander (Hrsg.): Jahrbuch der Schulentwicklung, Band 12. Weinheim (Juventa), 209–231.

Holtappels, H. G. & Rolff, H.-G. (2004): Zum Stand von Schulentwicklungstheorie und – forschung. In: U. Popp & S. Reh (Hrsg.): Schule forschend entwickeln. Schul- und Unterrichtsentwicklung zwischen Systemzwang und Reformansprüchen. Weinheim (Juventa). 51–74.

Holtappels, H. G., Klemm, K. & Rolff, H.-G. (Hrsg.) (2008): Schulentwicklung durch Gestaltungsautonomie. Ergebnisse der Begleitforschung zum Modellvorhaben ›Selbständige Schule‹ in Nordrhein-Westfalen. Münster (Waxmann).

Holtappels, H. G. & Voss, A. (2008): Schulqualität. In: H. G. Holtappels, K. Klemm & H. -G. Rolff (Hrsg.): Schulentwicklung durch Gestaltungsautonomie. Ergebnisse der Begleitforschung zum Modellvorhaben ›Selbständige Schule‹ in Nordrhein-Westfalen. Münster (Waxmann), 62–76.

Holtappels, H. G. & Feldhoff (2010): Einführung: Change Management. In: Th. Bohl, W. Helsper, H. G. Holtappels & C. Schelle (Hrsg.): Handbuch Schulentwicklung. Theorie – Forschungsbefunde – Entwicklungsprozesse – Methodenrepertoire. Bad Heilbrunn (Klinkhardt), 159–166.

Holtappels, H. G. & Rolff, H.-G. (2010): Einführung: Theorien der Schulentwicklung. In: Th. Bohl, W. Helsper, H. G. Holtappels & C. Schelle (Hrsg.): Handbuch Schulentwicklung. Theorie – Forschungsbefunde – Entwicklungsprozesse – Methodenrepertoire. Bad Heilbrunn (Klinkhardt), 73–79.

Horster, L. (1996): Störungen bearbeiten. Der schulinterne Entwicklungsprozess als Störpotential. Bönen (Verlag für Schule und Weiterbildung), (2. Aufl.).

Horster, L. (2006): Changemanagement und Organisationsentwicklung. In: H. Buchen & H.-G. Rolff (Hrsg.): Professionswissen Schulleitung. Weinheim (Beltz), 229–293.

Horster, L. & Rolff, H.-G. (2001): Unterrichtsentwicklung. Grundlagen, Praxis, Steuerungsprozesse. Weinheim (Beltz).

Huber, S. G. (2009a): Steuergruppenarbeit und Schul(entwicklungs)management. Bereits der Prozess der Etablierung einer Steuergruppe bedeutet schulische Weiterentwicklung. SchulVerwaltung Spezial. 11, Heft 2, 4–5.

Huber, S. G. (2009b): Spannungsfelder, Machbarkeit und Gelingensbedingungen. Das »magische Viereck« der Machbarkeit: Kompetenzen, Motivation, Akzeptanz und Legitimation sowie Ressourcen. SchulVerwaltung Spezial. 11, Heft 2, 8–10.

Huber, S. G. (2009c): Steuergruppen – eine Einführung. In: S. G. Huber (Hrsg.): Handbuch für Steuergruppen. Grundlagen für die Arbeit in zentralen Handlungsfeldern des Schulmanagements. Köln/Neuwied (LinkLuchterhand), 1–10.

Huber, S. G. (2009d): Handbuch für Steuergruppen. Grundlagen für die Arbeit in zentralen Handlungsfeldern des Schulmanagements. Köln/Neuwied (LinkLuchterhand).

Huber, S. G. (2012): Failing Schools – besonders belastete Schulen. SchulVerwaltung. Spezial. Heft 2, 2.

Huber, S. G. & Feldhoff, T. (2009): Steuergruppen – theoretische Verortung und empirische Forschung. In: S. G. Huber (Hrsg.): Handbuch für Steuergruppen. Grundlagen für die Arbeit in zentralen Handlungsfeldern des Schulmanagements. Köln/Neuwied (Link-Luchterhand). 13–19.

Huber, S. G. & Hader-Popp, S. (2010): Die Schule als Ort hoher Beratungskultur. Schul-Verwaltung Spezial, 12, 4–6.

IFS – OE-Netzwerk (2000): Leitbild für Schulentwicklung & Schulentwicklungsbegleitung. Journal für Schulentwicklung, Heft 1, 86–89.

Kanders, M. & Voss, A. (2008): Forschungsdesign und methodisches Vorgehen. In: H. G. Holtappels, K. Klemm & H.-G. Rolff (Hrsg.): Schulentwicklung durch Gestaltungsautonomie. Ergebnisse der Begleitforschung zum Modellvorhaben ›Selbständige Schule‹ in Nordrhein-Westfalen. Münster (Waxmann), 37–46.

Kastirke, N. (2005): Schulprogramm an Sonderschulen. ›Angeordnete Innovation‹ als unauflösbarer Widerspruch in der Schulentwicklung? Oldenburg (Universität Oldenburg, Didaktisches Zentrum).

Kempfert, G. & Rolff, H.-G. (2002): Pädagogische Qualitätsentwicklung. Ein Arbeitsbuch für Schule und Unterricht. Weinheim (Beltz). (3. Aufl.).

Kempfert, G. & Rolff, H.-G. (2005): Qualität und Evaluation. Ein Leitfaden für Pädagogisches Qualitätsmanagement. Weinheim (Beltz). (4., überarb. und erweit. Aufl.).

Kieser, A. (Hrsg.) (1999): Organisationstheorien. Stuttgart (Kohlhammer).

Kiper, H. (2009): Unterrichtsentwicklung auf der Basis empirisch fundierter Theorien über Lehren und Lernen in institutionellen Kontexten. In: N. Berkemeyer, M. Bonsen & B. Harazd (Hrsg.): Perspektiven der Schulentwicklungsforschung. Festschrift für Hans-Günter Rolff. Weinheim (Beltz), 131–148.

Kleingeist-Poensgen, H. (1995): Grundschulen entwickeln ihr Schulprogramm. In: H. Buchen, L. Horster & H.-G. Rolff (Hrsg.): Schulleitung und Schulentwicklung. Loseblattsammlung, B 4.5. Stuttgart (Raabe).

Kleingeist-Poensgen, H. (1996): Schulentwicklung als Lernprozess. Die Grundschulzeitschrift, Nr. 99, 30–35.

Klippert, H. (2000): Pädagogische Schulentwicklung. Planungs- und Arbeitshilfen zur Förderung einer neuen Lernkultur. Weinheim (Beltz). (2. Aufl.).

Kober, U. (2005): Erfolgsfaktoren für Schulentwicklung am Beispiel des Projekts »Selbständige Schule«. Vortragsmanuskript vom Workshop »Lernen aus SWA – Transferstrategien entwickeln«, Bundesinstitut für Berufsbildung, Berlin 2005.

Krainz-Dürr, M. (2002): Schulprogrammentwicklung: Erfolgsfaktoren und Knackpunkte. Journal für Schulentwicklung, Heft 3, 29–40.

Kultusministerkonferenz (2000): Gemeinsame Erklärung des Präsidenten der Kultusministerkonferenz und der Vorsitzenden der Bildungs- und Lehrergewerkschaften. Beschluss vom 05.10.2000 (Manuskript).

Kultusministerkonferenz (2004): Standards für die Lehrerbildung: Bildungswissenschaften. Beschluss der Kultusministerkonferenz vom 16.12.2004 (Manuskript).

Kussau, J. & Brüsemeister, T. (2007): Educational Governance: Zur Analyse der Handlungskoordination im Mehrebenensystem der Schule. In: H. Altrichter, T. Brüsemeister & J. Wissinger (Hrsg.): Educational Governance. Handlungskoordination und Steuerung im Bildungssystem. Wiesbaden (Verlag für Sozialwissenschaften), 15–54.

Landwehr, N. (2009): Ein Gesamtsystem des pädagogischen Qualitätsmanagements (PQM). In: N. Berkemeyer, M. Bonsen & B. Harazd (Hrsg.): Perspektiven der Schulentwicklungsforschung. Festschrift für Hans-Günter Rolff. Weinheim (Beltz), 180–197.

Liessmann, K. P. (2011): Theorie der Unbildung. München (Piper). (5. Aufl.).

Maag Merki, K. (2008): Die Architektur einer Theorie der Schulentwicklung. Voraussetzungen und Strukturen. Journal für Schulentwicklung, Heft 2, 22–30.

Madelung, P. & Weisker, K. (2006): Unterrichtsentwicklung. Problemzonen und Entwicklungsmöglichkeiten. Pädagogik, 58, Heft 3, 16–19.

Maritzen, N. (1998): Autonomie der Schule: Schulentwicklung zwischen Selbst- und Systemsteuerung. In: H. Altrichter, W. Schley & M. Schratz (Hrsg.): Handbuch zur Schulentwicklung. Innsbruck (Studienverlag), 609–637.

186

Meehan, E. J. (1992): Praxis des wissenschaftlichen Denkens. Reinbek bei Hamburg (Rowohlt).

Meyer, H. (1997): Schulpädagogik. Band II: Für Fortgeschrittene. Berlin (Cornelsen).

Meyer, H. (1998): Was ist eine lernende Schule? Supplement zu Heft 1 der Zeitschrift Lernende Schule.

Meyer, H. (1999): Leitfaden zur Schul(programm)entwicklung. Oldenburger Vor-Drucke 390. Oldenburg (Universität Oldenburg, ZpB),

Meyer, H. (2001): Türklinkendidaktik. Aufsätze zur Didaktik, Methodik und Schulentwicklung. Berlin (Cornelsen).

Meyer, H. (2011): Die Rolle der Schulleitung bei der Unterrichtsentwicklung. Handreichungen des Programms SINUS an Grundschulen. Broschüre des Leibniz-Institutes für die Pädagogik der Naturwissenschaften, Kiel, Universität Kiel (IPN).

Meyer, H. & Vogt, D. (1997): Schulpädagogik, Band II: Schulen entwickeln sich. Oldenburg (Universität Oldenburg, ZpB).

Müller-Using, S. (2010): Ethos und Schulqualität. Pädagogisch-ethische Aspekte im professionellen Umgang mit SchülerInnen in Dänemark, Finnland und Deutschland. Opladen/ Mi (Budrich UniPress).

Oechslein, K. (2002): Qualitätsentwicklung als Schulprogramm. Journal für Schulentwicklung, Heft 3, 41–48.

Oelkers, J. (1995): Wie lernt ein Bildungssystem? Die Deutsche Schule, 4–20.

Oelkers, J. (2003): Wie man Schule entwickelt. Eine bildungspolitische Analyse nach PISA. Weinheim (Beltz).

Oelkers, J. (2005): Neue Strategien der Schulentwicklung. Vortrag im Rahmen des Projekts »Bildungsstandards – 8. Schulstufe« am 10. Oktober 2005 in St. Georgen im Attergau. (www.ife.uhz.ch/index.php?treenode_id=240)

Oelkers, J. (2008): Systemische Betrachtung neuer Schulentwicklungsprozesse. In: B. Busemann, J. Oelkers & H. Rosenbusch (Hrsg.): Eigenverantwortliche Schule – ein Leitfaden. Köln (LinkLuchterhand). 11–20.

Opp, K.-D. (2005): Methodologie der Sozialwissenschaften. Einführung in Probleme ihrer Theoriebildung und praktischen Anwendung. Wiesbaden (Verlag für Sozialwissenschaften). (6. Aufl.).

Osswald, E. (1995a): Gemeinsam statt einsam. Kriens (Brunner).

Osswald, E. (1995b): Stilwandel. ... am wichtigsten ist der Mut. Kriens (Brunner).

Osswald, E. (1996): Schulentwicklung ist kein einsamer Spaziergang – Einsichten und Folgerungen aus langjährigen Erfahrungen. In: J. Schlee & W. Mutzeck (Hrsg.): Kollegiale Supervision. Modelle zur Selbsthilfe für Lehrerinnen und Lehrer. Heidelberg (Winter/ Schindele), 235–256.

Peek, R. (2006): Dateninduzierte Schulentwicklung. In: H. Buchen & H.-G. Rolff (Hrsg.): Professionswissen Schulleitung. Weinheim (Beltz). 1343–1366.

Pfeifer, H. (2008a): Ziele des Modellvorhabens und Fragestellungen der Begleitforschung. In: H. G. Holtappels, K. Klemm & H.-G. Rolff (Hrsg.): Schulentwicklung durch Gestaltungsautonomie. Ergebnisse der Begleitforschung zum Modellvorhaben Selbständige Schule in Nordrhein-Westfalen. Münster (Waxmann), 5–15.

Pfeifer, H. (2008b): Selbständigkeit von Schule – Entwicklungen und empirische Befunde. In: H. G. Holtappels, K. Klemm & H.-G. Rolff (Hrsg.): Schulentwicklung durch Gestaltungsautonomie. Ergebnisse der Begleitforschung zum Modellvorhaben Selbständige Schule in Nordrhein-Westfalen. Münster (Waxmann), 16–36.

Pfeiffer, H. (2010): Schule in erweiterter Verantwortung aus erziehungswissenschaftlicher Sicht. In: Th. Bohl, W. Helsper, H. G. Holtappels & C. Schelle (Hrsg.): Handbuch Schulentwicklung. Theorie – Forschungsbefunde – Entwicklungsprozesse – Methodenrepertoire. Bad Heilbrunn (Klinkhardt), 19–26.

Philipp, E. (2006): Teamentwicklung. In: H. Buchen & H. G. Rolff (Hrsg.): Professionswissen Schulleitung. Weinheim (Beltz), 728–750.

Philipp, E. (2007): Die Steuergruppe steuert – und irritiert. Problemskizze und Strategieempfehlungen aus Beratersicht. In: N. Berkemeyer & H. G. Holtappels (Hrsg.): Schulische Steuergruppen und Change Management. Theoretische Ansätze und empirische Befunde zur schulinternen Schulentwicklung. Weinheim (Juventa), 85–95.

187

Philipp, E. (2010a): Teamentwicklung. In: Th. Bohl, W. Helsper, H. G. Holtappels & C. Schelle (Hrsg.): Handbuch Schulentwicklung. Theorie – Forschungsbefunde – Entwicklungsprozesse – Methodenrepertoire. Bad Heilbrunn (Klinkhardt), 284–288.

Philipp, E. (2010b): Methoden und Techniken der Teamentwicklung. In: Th. Bohl, W. Helsper, H. G. Holtappels & C. Schelle (Hrsg.): Handbuch Schulentwicklung. Theorie – Forschungsbefunde – Entwicklungsprozesse – Methodenrepertoire. Bad Heilbrunn (Klinkhardt), 488–499.

Philipp, E. & Rolff, H.-G. (1990): Schulgestaltung durch Organisationsentwicklung. Braunschweig (SL-Verlag).

Philipp, E. & Rolff, H.-G. (2004): Schulprogramme und Leitbilder entwickeln. Ein Arbeitsbuch. Weinheim (Beltz). (4., überarb., erw. Aufl.).

Pörksen, U. (1994): Wissenschaftssprache und Sprachkritik. Untersuchungen zu Geschichte und Gegenwart. Tübingen (Narr).

Postman, N. (1998): Der Auftrag der Schule heute. Wirklichkeit und Unwirklichkeit in der Erziehung. Stuttgart (Mayer).

Rahm, S. (2005): Einführung in die Theorie der Schulentwicklung. Weinheim (Beltz).

Rahm, S. (2008a): Theorie der Schulentwicklung – ein komplexer Theorieverbund zur Schulreform. Journal für Schulentwicklung, Heft 2, 14–21.

Rahm, S. (2008b): Der Beitrag von bürgerschaftlichem Engagement zur Schulentwicklung – Erfahrungen in Bayern. In: Bundesnetzwerk Bürgerschaftliches Engagement (Hrsg.): Schule und Bürgerengagement. Nürnberg (Dokumentation der Fachtagung in Dillingen). 15–24.

Rahm, S. (2010): Kooperative Schulentwicklung. In: Th. Bohl, W. Helsper, H. G. Holtappels & C. Schelle (Hrsg.): Handbuch Schulentwicklung. Theorie – Forschungsbefunde – Entwicklungsprozesse – Methodenrepertoire. Bad Heilbrunn (Klinkhardt), 83–86.

Rahm, S. & Schröck, N. (2004): Mitwirkung an der Schulentwicklung. In: S. Blömeke, P. Reinhold, G. Tulodziecki & J. Wildt (Hrsg.): Handbuch Lehrerbildung. Bad Heilbrunn (Klinkhardt), 531–543.

Rahm, S. & Schröck, N. (2007): Schulentwicklung – von verwalteten Schulen zu lernenden Organisationen. In: H. J. Apel & W. Sacher (Hrsg.): Studienbuch Schulpädagogik. Bad Heilbrunn (Klinkhardt), 155–174.

Rahm, S. & Schley, W. (2005a): Paradoxien und mentale Modelle. Journal für Schulentwicklung, Heft 3, 4–8.

Rahm, S. & Schley, W. (2005b): Von der Kraft der Paradoxien. Journal für Schulentwicklung, Heft 3, 9–21.

Reh, S. (2010): Widerstand in Schulentwicklungsprozessen. In: Th. Bohl, W. Helsper, H. G. Holtappels & C. Schelle (Hrsg.): Handbuch Schulentwicklung. Theorie – Forschungsbefunde – Entwicklungsprozesse – Methodenrepertoire. Bad Heilbrunn (Klinkhardt), 292–294.

Riffert, F. & Paschon, A. (2005): Selbstevaluation von Schulentwicklungsprojekten. Münster (LIT-Verlag).

Rösner, E. (1998): Sieben Warnungen an die Schulforschung, entwickelt in der Tiefe des Erfahrungsraumes, verfasst und zum Vortrag gebracht gelegentlich der Feier zum 25–jährigen Bestehen des Instituts für Schulentwicklungsforschung in Dortmund. Journal für Schulentwicklung, Heft 4, 104–108.

Rolff, H.-G. (1996): Interne Schulentwicklung mit externer Unterstützung. Ein Fallbeispiel aus der Praxis des Institutionellen Schulentwicklungsprozesses. In: C. G. Buhren & H.-G. Rolff (Hrsg.): Fallstudien zur Schulentwicklung. Zum Verhältnis von innerer Schulentwicklung und externer Beratung. Weinheim (Juventa), 9–36.

Rolff, H.-G. (2000a): Die Rolle der Schulleitung bei der Unterrichtsentwicklung. Sechs Verantwortungs- und Unterstützungsfelder. Journal für Schulentwicklung, Heft 2, 8–19.

Rolff, H.-G. (2000b): Schulentwicklung und Profilbildung. Ein Exposé zur Expo 2000. (http://¬www.nibis.de/nli/expo/galerie/exposes/rolff/rolff0.htm), Web-Aufruf am 04.08.2011.

Rolff, H.-G. (2006a): Schulentwicklung, Schulprogramm und Steuergruppe. In: H. Buchen & H.-G. Rolff (Hrsg.): Professionswissen Schulleitung. Weinheim (Beltz). 296–364.

Rolff, H.-G. (2006b): Was wissen wir über die Entwicklung von Schule. Pädagogik, 58, Heft 6, 42–47.

Rolff, H.-G. (2007a): Studien zu einer Theorie der Schulentwicklung. Weinheim (Beltz).

Rolff, H.-G. (2007b): Entwicklung von Einzelschulen: Viel Praxis, wenig Theorie und kaum Forschung. In: H.-G. Rolff: Studien zu einer Theorie der Schulentwicklung. Weinheim (Beltz), 21–49.

Rolff, H.-G. (2007c): Autonomie als Gestaltungs-Aufgabe. In: H.-G. Rolff: Studien zu einer Theorie der Schulentwicklung. Weinheim (Beltz), 50–65.

Rolff, H.-G. (2007d): Unterrichtsentwicklung als Schulentwicklung. In: H.-G. Rolff: Studien zu einer Theorie der Schulentwicklung. Weinheim (Beltz), 131–154.

Rolff, H.-G. (2007e): Die niedersächsischen Qualitätsnetzwerke als Beispiel für systemumfassende Schulentwicklung. In: H.-G. Rolff: Studien zu einer Theorie der Schulentwicklung. Weinheim (Beltz), 222–236.

Rolff, H.-G. (2007f): Schulentwicklung: Entstehungsgeschichte, Begriff und Gelingensbedingungen. In: H.-G. Rolff: Studien zu einer Theorie der Schulentwicklung. Weinheim (Beltz), 11–20.

Rolff, H.-G. (2007g): Selbständige Schule: Begründung und Konkretisierung. In: H.-G. Rolff: Studien zu einer Theorie der Schulentwicklung. Weinheim (Beltz). 66–78.

Rolff, H.-G. (2007h): Zwei Linien der Steuerung der Qualität von Schulen. In: H.-G. Rolff: Studien zu einer Theorie der Schulentwicklung. Weinheim (Beltz), 195–221.

Rolff, H.-G. (2007i): Steuergruppen als Basis von Schulentwicklung. In: N. Berkemeyer & H. G. Holtappels (Hrsg.): Schulische Steuergruppen und Change Management. Theoretische Ansätze und empirische Befunde zur schulinternen Schulentwicklung. Weinheim (Juventa), 41–60.

Rolff, H.-G. (2007j): Ein Gesamtsystem des Pädagogischen Qualitätsmanagements (PQM). In: H.-G. Rolff: Studien zu einer Theorie der Schulentwicklung. Weinheim (Beltz), 237–257.

Rolff, H.-G. (2008a): Konzepte und Verfahren der Schulentwicklung. Fernstudium Schulmanagement. Studienbrief SEM0810. Technische Universität Kaiserslautern.

Rolff, H.-G. (2008b): Fazit. In: H. G. Holtappels, K. Klemm & H.-G. Rolff (Hrsg.): Schulentwicklung durch Gestaltungsautonomie. Münster (Waxmann), 331–332.

Rolff, H.-G. (2009a): Steuergruppen: Zusammensetzung und Startsituation. Gelingensbedingungen für einen erfolgreichen Start. SchulVerwaltung spezial. 11, Heft 2, 6–7.

Rolff, H.-G. (2009b): Über welche Kompetenzen sollte eine Steuergruppe verfügen? Entwicklung und Erweiterung von Kompetenzen durch Qualifizierung und externe Beratung. SchulVerwaltung Spezial. 11, Heft 2, 45.

Rolff, H.-G. (2010a): Vom Lehren zum Lernen – Von der Notwendigkeit einer pädagogischen Theorie des Lernens. Journal für Schulentwicklung, Heft 1, 11–17.

Rolff, H.-G. (2010b): Schulentwicklung als Trias von Organisations-, Unterrichts- und Personalentwicklung. In: Th. Bohl, W. Helsper, H. G. Holtappels & C. Schelle (Hrsg.): Handbuch Schulentwicklung. Theorie – Forschungsbefunde – Entwicklungsprozesse – Methodenrepertoire. Bad Heilbrunn (Klinkhardt), 29–36.

Rolff, H.-G. (2010c): Unterrichtsbezogenes Qualitäts-Management (UQM). Skizze eines komplexen Modells. In: Buchen, L. Horster & H.-G. Rolff (Hrsg.) Schulleitung und Schulentwicklung. Berlin (Raabe). (Ergänzungslieferung als Manuskript).

Rolff, H.-G. (2011a): Ganzheitliche Schulentwicklung (GSE). Zum Zusammenhang von Schulentwicklung und der Verbesserung von Schülerleistung. Pädagogik, Heft 3, 38–41.

Rolff, H.-G. (2011b): Rolle der Schulleitung beim Qualitätsmanagement. In: H.-G. Rolff, E. Rhinow, Th. Röhrich & J. Teichert (Hrsg.): Qualität in allen Schulen – Handbuch für ein schulinternes Qualitätsmanagement. Neuwied (Wolters Kluwer/Carl Link), 9–24.

Rolff, H.-G. (2011c): Unterrichtsentwicklung als Change Management. In: H.-G. Rolff (Hrsg.): Qualität mit System. Eine Praxisanleitung zum Unterrichtsbezogenen Qualitätsmanagement (UQM). Köln (Wolters Kluwer/Carl Link), 187–194.

Rolff, H.-G. (2011d): Das System des UQM im Überblick. In: H.-G. Rolff (Hrsg.): Qualität mit System. Eine Praxisanleitung zum Unterrichtsbezogenen Qualitätsmanagement (UQM). Köln (Wolters Kluwer/Carl Link), 1–16.

189

Rolff, H.-G. & Schley, W. (1997): Am Anfang muss man bereits auf's Ganze gehen. Zur Gestaltung der Anfangssituationen in Schulentwicklungsprozessen. Journal für Schulentwicklung, Heft 1, 12–21.

Rolff, H.-G. & Strittmatter, A. (1999): Beurteilung von Lehrkräften – eine Schlüsselstelle der Schulentwicklung? Journal für Schulentwicklung, Heft 1, 4–5.

Rolff, H.-G., Buhren, C. G., Lindau-Bank, D. & Müller, S. (2000): Manual Schulentwicklung. Handlungskonzept zur pädagogischen Schulentwicklungsberatung (SchuB). Weinheim (Beltz). (3. Aufl.).

Rolff, H.-G. & Schley, W. (2004): Qualifizierung für Steuergruppen in der Schulentwicklung. Journal für Schulentwicklung, Heft 2, 41–48.

Rumpf, H. (1966): 40 Schultage. Tagebuch eines Studienrats. Braunschweig (Westermann).

Scherer, A. G. (1999): Kritik der Organisation oder Organisation der Kritik? – Wissenschaftstheoretische Bemerkungen zum kritischen Umgang mit Organisationstheorien. In: A. Kieser (Hrsg.): Organisationstheorien. Stuttgart (Kohlhammer), 1–37.

Schlee, J. (1997): Organisationsentwicklung an Schulen. Über die Chancen unterschiedlicher Zugänge. Praxis Schule, Heft 5, 34–37.

Schley, W. (1995): Organisationsentwicklung und Schulkultur. Notwendigkeiten und Möglichkeiten der Gestaltung und Entfaltung. Organisationsberatung, Supervision, Clinical Management, 157–173.

Schley, W. (1998a): Change Management: Schule als lernende Organisation. In: H. Altrichter, W. Schley & M. Schratz (Hrsg.): Handbuch zur Schulentwicklung. Innsbruck (Studienverlag), 13–53.

Schley, W. (1998b): Teamkooperation und Teamentwicklung in der Schule. In: H. Altrichter, W. Schley & M. Schratz (Hrsg.): Handbuch zur Schulentwicklung. Innsbruck (Studienverlag), 111–159.

Schley, W. (2001): Sozialpsychologie der Schulentwicklung. Journal für Schulentwicklung, Heft 4, 8–14.

Schley, W. (2002): In welchem Tempel bist du zuhause? Bilder zur Kultur Deiner Organisation. Journal für Schulentwicklung, Heft 1, 55–59.

Schley, W. (2003): Nachhaltigkeit und Wirksamkeit der Schulentwicklung. Eine Glosse zum Alzheimersyndrom der Schulentwicklung. Journal für Schulentwicklung. Heft 2, 7–10.

Schley, W. (2004): Subjektivität und Emotionalität in der Schulentwicklung. Wahrnehmung der Organisation Schule. Journal für Schulentwicklung, Heft 3, 19–28.

Schley, W. (2007): »Gesunde Schulentwicklung als Lernprozess«, Vortrag auf der Interpädagogica am 22.11.2007.

Schlömerkemper, J. (1998): Soziale Interaktion als pädagogische Entwicklungsarbeit. In: H. Altrichter, W. Schley & M. Schratz (Hrsg.): Handbuch zur Schulentwicklung, Innsbruck (Studienverlag), 638–660.

Schönig, W. (2010): Psychoanalytische Theorie und Schulentwicklung. In: Bohl, Th., Helsper, W., Holtappels, H. G. & Schelle, C. (Hrsg.): Handbuch Schulentwicklung. Bad Heilbrunn (Klinkhardt), 122–125.

Schratz, M. (1996): Gemeinsam Schule lebendig gestalten. Anregungen zu Schulentwicklung und didaktischer Erneuerung. Weinheim (Beltz).

Schratz, M. (1998): Schulleitung als change agent: Vom Verwalten zum Gestalten von Schule. In: H. Altrichter, W. Schley & M. Schratz (Hrsg.): Handbuch zur Schulentwicklung. Innsbruck (Studien-Verlag). 160–189.

Schratz, M. & Steiner-Löffler, U. (1999): Die Lernende Schule. Arbeitsbuch pädagogische Schulentwicklung. Weinheim (Beltz). (2., korr. Aufl.).

Schratz, M., Iby, M. & Radnitzky, E. (2000): Qualitätsentwicklung. Verfahren, Methoden, Instrumente. Weinheim (Beltz).

Schulz von Thun, F. (1998): Miteinander Reden 1 und 2. Rowohlt (Reinbek bei Hamburg).

Schulze, Th. (1980): Schule im Widerspruch. München (Kösel).

Schulze, Th. (2012): Reformpädagogik und Schulreformpolitik. Eine Antwort auf die derzeit grassierende Kritik an der Reformpädagogik. In: U. Herrmann & S. Schlüter (Hrsg.): Reformpädagogik – eine kritisch-konstruktive Vergegenwärtigung. Bad Heilbrunn (Klinkhardt), 15–29.

Schwarz, E. (1970): Experimentelle und quasi-experimentelle Anordnungen in der Unterrichtsforschung. In: K. Ingenkamp (Hrsg.): Handbuch der Unterrichtsforschung, Teil I. Theoretische und methodologische Grundlegung. Weinheim (Beltz), 445–631.

Schwier, B. (2005): Ein blinder Fleck: Schulentwicklung als Schulverbesserung von »schwachen« Schulen in England und Wales. Probleme und Entwicklungsansätze. Zeitschrift für Pädagogik, 380–396.

Senge, P. (1990): Die fünfte Disziplin. Kunst und Praxis der lernenden Organisation. Stuttgart (Klett).

Seitz, H. & Capaul, R. (2005): Schulführung und Schulentwicklung. Theoretische Grundlagen und Empfehlungen für die Praxis. Bern (Haupt).

Söll, F. (2002): Was denken Lehrer/innen über Schulentwicklung. Eine qualitative Studie zu subjektiven Theorien. Weinheim (Beltz).

Steffens, U. (1995): Schulqualität und Schulkultur – Bilanz und Perspektiven der Verbesserung von Schule. In: H. G. Holtappels (Hrsg.): Entwicklung von Schulkultur. Ansätze und Wege schulischer Erneuerung. Neuwied (Luchterhand). 37–50.

Stegmüller, W. (1965): Hauptströmungen der Gegenwartsphilosophie. Stuttgart (Kröner), (3., erw. Aufl.).

Strittmatter, A. (1998): Kontrakte in Beratungsbeziehungen. In: H. Altrichter, W. Schley & M. Schratz (Hrsg.): Handbuch zur Schulentwicklung. Innsbruck (Studienverlag), 218–238.

Teichert, J. (2011): Perspektiven des Qualitätsmanagements aus verschiedenen Blickrichtungen – Ergebnisse einer Expertendiskussion. In: H.-G. Rolff, E. Rhinow, Th. Röhrich & J. Teichert (Hrsg.): Qualität in allen Schulen – Handbuch für ein schulinternes Qualitätsmanagement. Neuwied (Wolters Kluwer/Carl Link), 257–261.

Terhart, E. (2000a): Lehr-Lern-Methoden. Eine Einführung in die Probleme der methodischen Organisation von Lehren und Lernen. Weinheim (Juventa), (3., ergänzte Auflage).

Terhart, E. (Hrsg.) (2000b): Perspektiven der Lehrerbildung in Deutschland. Abschlussbericht der von der Kultusministerkonferenz eingesetzten Kommission. Weinheim (Beltz).

Terhart, E. (2010): Schulentwicklung und Lehrerkompetenzen. In: Th. Bohl, W. Helsper, H. G. Holtappels & C. Schelle (Hrsg.): Handbuch Schulentwicklung. Theorie – Forschungsbefunde – Entwicklungsprozesse – Methodenrepertoire. Bad Heilbrunn (Klinkhardt), 237–241.

Topitsch, E. (1960): Über Leerformeln. In: E. Topitsch (Hrsg.): Probleme der Wissenschaftstheorie. Wien (Springer), 233–264.

Topitsch, E. (1962): Einleitung. In: T. D. Weldon: Kritik der politischen Sprache. Vom Sinn politischer Begriffe. Neuwied (Luchterhand).

Topitsch, E. (1967): Sprachlogische Probleme der sozialwissenschaftlichen Theoriebildung. In: E. Topitsch (Hrsg.): Logik der Sozialwissenschaften. Köln (Kiepenheuer & Witsch), 17–36. (4. Aufl.).

Van Holt, N., Berkemeyer, N. & Bos, W. (2010): Kompetenzmessung und Schulentwicklung. In: Th. Bohl, W. Helsper, H. G. Holtappels & C. Schelle (Hrsg.): Handbuch Schulentwicklung. Theorie – Forschungsbefunde – Entwicklungsprozesse – Methodenrepertoire. Bad Heilbrunn (Klinkhardt), 66–69.

Van Ophuysen, S. (2010): Experimentelle Studien und Quasi-Experimentelle Studien. In: Th. Bohl, W. Helsper, H. G. Holtappels & C. Schelle (Hrsg.): Handbuch Schulentwicklung. Theorie, Forschungsbefunde, Entwicklungsprozesse, Methodenrepertoire. Bad Heilbrunn (Klinkhardt), 150–153.

Vomberg, E. (2010): Praktisches Qualitätsmanagement. Stuttgart (Kohlhammer).

Von Hentig, H. (1993): Die Schule neu denken: Eine Übung in pädagogischer Vernunft. München (Hanser). (2., erw. Aufl.).

Von Rosenstiel, L. (1992): Grundlagen der Organisationspsychologie: Basiswissen und Anwendungshinweise. Stuttgart (Schäffer-Poeschel). (3. Aufl.).

Wahl, D. (2006): Lernumgebungen erfolgreich gestalten. Vom trägen Wissen zum kompetenten Handeln. Bad Heilbrunn (Klinkhardt). (2., erw. Aufl.).

Watzlawick, P., Weakland, J.H. & Fisch, R. (1974): Lösungen. Zur Theorie und Praxis menschlichen Wandels. Bern (Huber).

Watzlawick, P., Beavin, J. H. & Jackson, J. J. (1990): Menschliche Kommunikation. Formen, Störungen, Paradoxien. Bern (Huber). (8. Aufl.).

Wenzel, H. (2010): Einführung: Entwicklungsprozesse an Einzelschulen gestalten. In: Th. Bohl, W. Helper, H. G. Holtappels & C. Schelle (Hrsg.): Handbuch Schulentwicklung. Bad Heilbrunn (Klinkhardt), 263–266.